Mara Andeck

Hundherum glücklich

Mara Andeck

HUNDHERUM GLÜCKLICH

Ein Freund. Ein Buch

Lübbe

Mara Andeck wurde 1967 geboren. Sie hat Journalismus und Biologie studiert, volontierte beim WDR und arbeitet heute als Wissenschaftsjournalistin. Im Boje Verlag erschienen 2013 ihre ersten beiden Jugendbücher *Wen küss ich und wenn ja, wie viele?* und *Wer liebt mich und wenn nicht, warum?*. Sie lebt mit ihrem Mann, zwei Töchtern und einem Hund in einem kleinen schwäbischen Dorf.

Mit ihrem Hund hat Mara Andeck inzwischen mehr als zehntausend Kilometer gemeinsam zurückgelegt, auf denen sie die Ideen für dieses Buch sammelte. Der Hund erwies sich bei der Recherche auch als unermüdlicher Testesser und beim Schreiben als inspirierende, wenn auch nicht immer wohlriechende Muse unterm Schreibtisch.

Originalausgabe

Copyright © 2013 by Bastei Lübbe GmbH & Co. KG, Köln

Textredaktion: Ulrike Strerath-Bolz
Umschlaggestaltung: Manuela Städele
Umschlagmotive: © shutterstock/Nikolai Tsvetkov/samodelkin8
Gestaltung, Illustration und Satz: Peter Frommann, Köln
Gesetzt aus der Scala Pro
Druck und Einband: CPI – Ebner & Spiegel, Ulm

Printed in Germany
ISBN 978-3-7857-2486-6

5 4 3 2 1

Sie finden uns im Internet unter: www.luebbe.de
Bitte beachten Sie auch: www.lesejury.de

Für Robin, Andi, Mira, Lola und Lilly

»Mein Leben hat keinen Sinn. Es hat keine Richtung,
kein Ziel, keine Bedeutung. Und trotzdem bin ich glücklich.
Wie kommt das? Was mache ich nur richtig?«
SNOOPY, HUND VON CHARLY BROWN

Inhalt

Vorwort: Ein Hund muss tun, was ein Hund tun muss

Kürzlich wollte ich einen Artikel über anstrengende Hunde schreiben, über wirklich schlecht erzogene Köter, die mit ihren Marotten das gesamte Leben ihrer Familien umkrempeln.

Weil mein Hund so nicht ist, konnte ich auf keine eigenen Erfahrungen zurückgreifen und fragte andere Hundebesitzer nach den Eigenarten ihrer Vierbeiner. Aber deren Hunde waren auch nicht von dieser Sorte, sie hatten ebenfalls keine schlechten Angewohnheiten.

Zufällig erwähnte ich das Thema dann in einer Runde von Nicht-Hundebesitzern, und plötzlich sprudelten die Geschichten nur so hervor. Jeder kannte einen schlecht erzogenen Hund. Da gab es welche, die sich leidenschaftlich gern in Aas wälzten und danach infernalisch stanken. Hunde, die Schlammbäder liebten, aber Vollbäder hassten. Hunde, die Lebensmittel stibitzten und an geheimen Orten überall in der Wohnung versteckten, wo diese Beute dann vor sich hin gammelte. Solche, die ihren Besitzern Kleidungsstücke sehr persönlicher Natur stahlen und damit ihr Körbchen auspolsterten. Knurrende Hunde, bellende Hunde, beißende Hunde.

Und Menschen gab es! Menschen, die angeblich ihr gesamtes Leben freiwillig den Bedürfnissen ihrer vierbeinigen Hausgenossen unterordneten, von der Wohnungseinrichtung über den Urlaubsort bis hin zu Freizeitbeschäftigungen, Essens- und Schlafenszeiten.

Mein Hund und ich

Ich verließ diese Runde früh, denn mein Hund wartete auf mich. Er roch nicht besonders gut, als er mich stürmisch begrüßte. Nachdem er meine Taschen durchschnüffelt und an meiner Jacke Sabberspuren hinterlassen hatte, rannte er zu seinen Näpfen und fraß und trank. Wenn ich weg bin, kann er nämlich weder Nahrung noch Flüssigkeit zu sich nehmen, er liegt dann an der Haustür, stellt sich tot und wartet, bis ich zurückkomme. Man erkennt es an dem braunen Dreckfleck auf dem hellen Boden vor der Haustür, der schattenrissartig sein Abbild wiedergibt. Mein Hund wartet still und ohne Vorwurf, aber ich weiß,

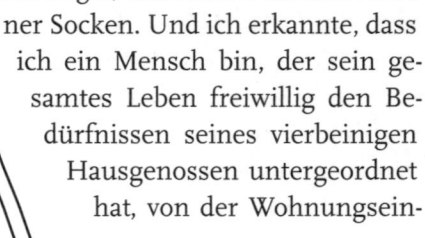

wie sehr er meine Rückkehr ersehnt, und deswegen bleibe ich nie lange weg. Als mein Hund an diesem Abend seine Mahlzeit beendet hatte, ließ ich ihn noch kurz in den Garten, dann rief ich ihn zu mir, betrat mein Schlafzimmer und sprang in mein Bett. Ich muss Anlauf nehmen, um hineinzugelangen, denn das Bett ist ziemlich hoch. Es steht auf vier Tischbeinen. Ich habe sie angeschraubt, damit mein Hund darunter mehr Platz hat. Er besteht nämlich auf diesen Schlafplatz, und wenn er nicht mit hoch erhobenem Haupt zu seinem Lager schreiten und sich bequem zusammenrollen kann, dann kriecht er eben nachts heimlich auf dem Bauch in diese seine Schlafhöhle. Er ist ziemlich groß, und unter normalen Betten bleibt er stecken. Man muss dann morgens das Bettgestell vorsichtig anheben und den stattlichen Hund befreien, ohne ihn zu verletzen. Seit wir die Tischbeine haben, ist das aber kein Problem mehr.

Bevor ich an diesem Abend einschlief, hörte ich mit gemischten Gefühlen, wie mein Hund an etwas nagte, vermutlich an einer meiner Socken. Und ich erkannte, dass

ich ein Mensch bin, der sein gesamtes Leben freiwillig den Bedürfnissen seines vierbeinigen Hausgenossen untergeordnet hat, von der Wohnungseinrichtung über den Urlaubsort bis hin zu Freizeitbeschäftigungen, Essens- und Schlafenszeiten.

Mein Hund ist aber wirklich kein schlecht erzogener Hund, dabei bleibe ich. Er tut, was ein Hund eben tun muss. Und als Hundemensch weiß ich das.

Konsequenz ist das Zauberwort

Als mein Hund in mein Leben trat, war ich gewappnet. Ich besaß eine Welpen-Erstausstattung, die der junger Eltern im neunten Monat der Schwangerschaft ähnelte: Körbchen, Decken, Näpfe, Spezialnahrung, Brustgeschirr, weiche Bürsten für zarte Babyhaare, harte Bürsten für hartnäckigen Schmutz. Und ich hatte Ratgeberliteratur für jede Lebenslage, Bücher über Hundehaltung, Hundeerziehung, Hundegesundheit und Hundeernährung. Ich wusste also schon an unserem ersten gemeinsamen Tag: Konsequenz ist in der Hundeerziehung das Zauberwort, und man muss jeden Befehl mindestens zweitausend Mal aussprechen, bevor der Hund ihn zuverlässig befolgt.

Mein Hund zeigte Konsequenz. Manche Befehle führte er schon beim ersten oder zweiten Mal zuverlässig aus und ignorierte sie danach nie wieder. Zum Beispiel den Befehl »Sitz!«, verbunden mit der Aufforderung »Bleib!«. Wenn ich das in freier Wildbahn zu meinem Tier sage, sitzt es wie festgetackert da. Nichts und niemand kann es dazu bewegen, sich zu erheben, bevor ich das Kommando »Lauf« gebe. Manchmal gehe ich in Gedanken versunken weiter und vergesse, den Befehl aufzuheben. Irgendwann höre ich dann ganz von fern ein klägliches »Wuff« und muss aus

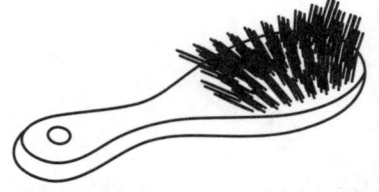

voller Lunge »Lauf!« brüllen, damit der Hund mir mit flatternden Ohren nachstürmt.

Andere Befehle aber ignorierte dieses Tier von Anfang an mit ebenso bewundernswerter Konsequenz, und nach etwa zweitausend vergeblichen Versuchen gab ich auf. Ich sah ein: Dieser Hund wird nie länger als zehn Schritte ordentlich an der Leine gehen. Er will es nicht, es liegt ihm nicht, es ist ihm wesensfremd. Und was er nicht will, das tut er zwar manchmal kurz mir zuliebe, wenn er merkt, dass es mir wirklich wichtig ist, in der Hundeschule zum Beispiel. Aber er tut so etwas niemals auf Dauer.

Die Hundebücher, die ich besitze, haben mich auf diesen Hund nicht vorbereitet. Ich weiß nach dieser Lektüre zwar alles übers Bellen, Beißen, Barfen und Bällchenholen. Aber mein Hund bellt nicht, er beißt nicht, er frisst kein rohes Fleisch, und Bälle bringt er mir nur aus Höflichkeit zurück; er selbst findet das langweilig. Natürlich ist er ein Hund, und auch für ihn gilt einiges, was für die meisten Hunde zutrifft. Aber er ist eben nicht irgendein Hund, sondern ein Individuum mit Vorlieben und Abneigungen – und er ist *mein* Hund. Er beobachtet mich seit unserem ersten Tag, und er benötigt kein Menschenbuch, um mich zu durchschauen. Er riecht meine Stimmung und reagiert darauf. Er hört es, wenn meine Stimme vor Wut bebt und verzieht sich dann lieber. Und wenn mir ein Befehl nicht wirklich wichtig ist, dann spürt er auch das und ignoriert ihn. Stets bemüht er sich, der zu sein, den ich mir

wünsche, soweit ihm dies möglich ist, aber gleichzeitig der zu bleiben, der er nun mal ist. Mit einem anderen Menschen wäre er ein
anderer Hund, und auch ich wäre mit einem anderen Hund ein anderer Mensch.

Ich und mein Hund

Mein Hund und ich haben inzwischen mehr als 10 000 Kilometer
gemeinsamen Weges zusammen zurückgelegt. Wir
haben auf diesen Strecken nette und
böse Hunde getroffen, freundliche und
griesgrämige Menschen, außerdem Hasen, Katzen, Eichhörnchen, Rehe, Wild-
schweine, Füchse und einmal sogar ein
Zebu. Wir haben einige entlaufene Hunde
sowie ein Pferd eingefangen und ein Sieben-
schläferbaby gerettet. Drei unserer Spaziergänge
endeten für ihn beim Tierarzt und einer für mich
beim Orthopäden.

Keines meiner Hundebücher hat mich wirk-
lich auf diese Spaziergänge vorbereitet. Auf die Momente der Angst,
wenn ein leinenloser Kampfhund die Pfiffe seines Besitzers ignoriert
und in vollem Galopp auf mein geliebtes Tier zurast. Auf die un-
glaubliche Wut auf den eigenen Hund, wenn er einem kleineren
Hund gegenüber wenig innere Größe zeigt oder wenn er einem Größeren gegenüber einfach nicht klein beigeben kann. Auf
das Glück, das man beim Beobachten selbstvergessen
spielender Hunde empfindet. Auf die eigene Verzweiflung,
wenn man nicht gut genug aufgepasst hat und dem Hund
etwas passiert.

Auf solche Situationen können Bücher gar
nicht vorbereiten.

Seit ich das weiß, lese ich keine Hundebücher mehr und höre stattdessen auf meinen
Hund. Seitdem kommen wir beide viel besser

miteinander aus, denn der beste Lehrer in der Ausbildung zum Hundemenschen ist eben doch der eigene Hund.

Warum dann doch ein Hundebuch?

Es gibt trotzdem Fragen, die allen Hundebesitzern bei langen, einsamen Hundespaziergängen durch den Kopf gehen. Und bisher gibt es kein Buch mit Antworten darauf.

Ist eine Zecke tot, wenn man sie in die Toilette wirft? Dürfen Jäger Hunde totschießen? Wo liegt eigentlich der sprichwörtliche Hund begraben? Und wie tief muss man einen Hund begraben, den man im Garten beerdigen möchte? Warum heben Rüden beim Pinkeln ihr Bein, Hündinnen aber nicht? War Lassie (der Name bedeutet immerhin »Mädchen«) eine Hündin? Sehen Hunde fern – und wenn ja, welche Filme mögen sie? Gibt es schlagfertige Alternativen zu dem abgegriffenen Satz »Der tut nichts, der will nur spielen«? Kommen Hunde in den Himmel? Sehen Hunde Farben? Wie lange hält sich ein Hundehaufen in freier Natur? Und warum spielt der Hundehaufen in der Kinderliteratur eine so wichtige Rolle?

Antworten auf solche und andere Fragen will dieses Buch geben, gründlich durchdacht, möglichst unterhaltsam, manchmal skurril, oft lehrreich, nie belehrend, immer alltagstauglich. Dabei soll dieses Buch kein Ratgeber sein, sondern einfach nur Stoff zum Nachdenken liefern für lange, einsame Spaziergänge mit dem Hundetier.

Übrigens: Wenn im Text von einem »Hund« die Rede ist, ist immer auch die weibliche Form gemeint. Dasselbe gilt für den Hundehalter, einfach deswegen, weil die Sätze sehr sperrig werden, wenn beide Geschlechter angemessen berücksichtigt werden. »Herrchen« allerdings sind immer männlich und »Frauchen« immer weiblich.

I.

HUND UND MENSCH

»Natürlich kann man ohne Hund leben.
Aber es lohnt sich nicht.«
HEINZ RÜHMANN

01 Einen Hund als Hund erkennen

Es gibt große Hunde, kleine Hunde, dicke Hunde, dünne Hunde, schwarze, braune, graue, gelbe, fuchsrote, weiße und gepunktete Hunde, haarige Hunde und nackte Hunde, schlappohrige und spitzohrige Hunde, Hunde mit Ringelschwänzen, Hunde mit langer Rute und Hunde ganz ohne Schwanz.

Hunde kommen in mehr Varianten vor als jede andere Tierart.

Kein Wunder, dass Kleinkinder vorsichtshalber jedes Tier, das ihnen begegnet, erst einmal »Wauwau« nennen. Meistens liegen sie damit richtig.

Beim Heranwachsen sammelt jeder Mensch dann aber vielfältige Erfahrungen auf dem Gebiet der Zoologie und ist spätestens als Erwachsener in der Lage, Hunde mit einer hohen Trefferquote als Hunde zu identifizieren. Damit das funktionieren kann, muss das menschliche Gehirn einen komplexen Entscheidungsprozess bewältigen, der im Schaubild auf der folgenden Doppelseite schematisch dargestellt ist.

02 Einen Hund definieren

Wenn man festgestellt hat, dass es sich bei einem Tier um einen Hund handelt, ist man als Mensch leider nur einen kleinen Schritt weiter. Denn sofort stellt sich die nächste Frage: Was ist eigentlich ein Hund? Ein Haustier? Ein Nutztier? Ein Kuscheltier? Ein Luxustier? Ein Rudeltier? Überhaupt kein Tier? Und obwohl es sich beim Hund um das älteste Haustier der Menschheit handelt, sind in den vergangenen Jahrtausenden ausnahmslos alle großen Geister an dieser Frage gescheitert. Hier ein paar Definitionsversuche:

Durch den Verstand des Hundes besteht die Welt.
Aus dem Avesta, dem heiligen Buch der Parsen, 1737 v.Chr.

Der hunt ist guot und nütze.
Berthold von Regensburg (1210–1272)

Der Hund ist ein von Flöhen besiedelter Organismus, der bellt.
Gottfried Wilhelm Leibniz (1646–1716)

Trinkt leckend; wässert seitlich, in guter Gesellschaft oft hundert Mal, beriecht des Nächsten After; Nase feucht, wittert vorzüglich; läuft der Quere, geht auf den Zehen; schwitzt sehr wenig, in der Hitze läßt er die Zunge hängen; vor dem Schlafengehen umkreist er die Lagerstätte; hört im Schlafe ziemlich scharf, träumt. (...) Mit Lecken heilt er Wunden, Gicht und Krebs. Heult zur Musik, beißt in einen vorgeworfenen Stein; bei nahem Gewitter unwohl und übelriechend.
Carl von Linné (1707–1778)

Es ist ein Tier. Aber ist es auch ein Hund?

JA ⟶

NEIN ┈┈▶

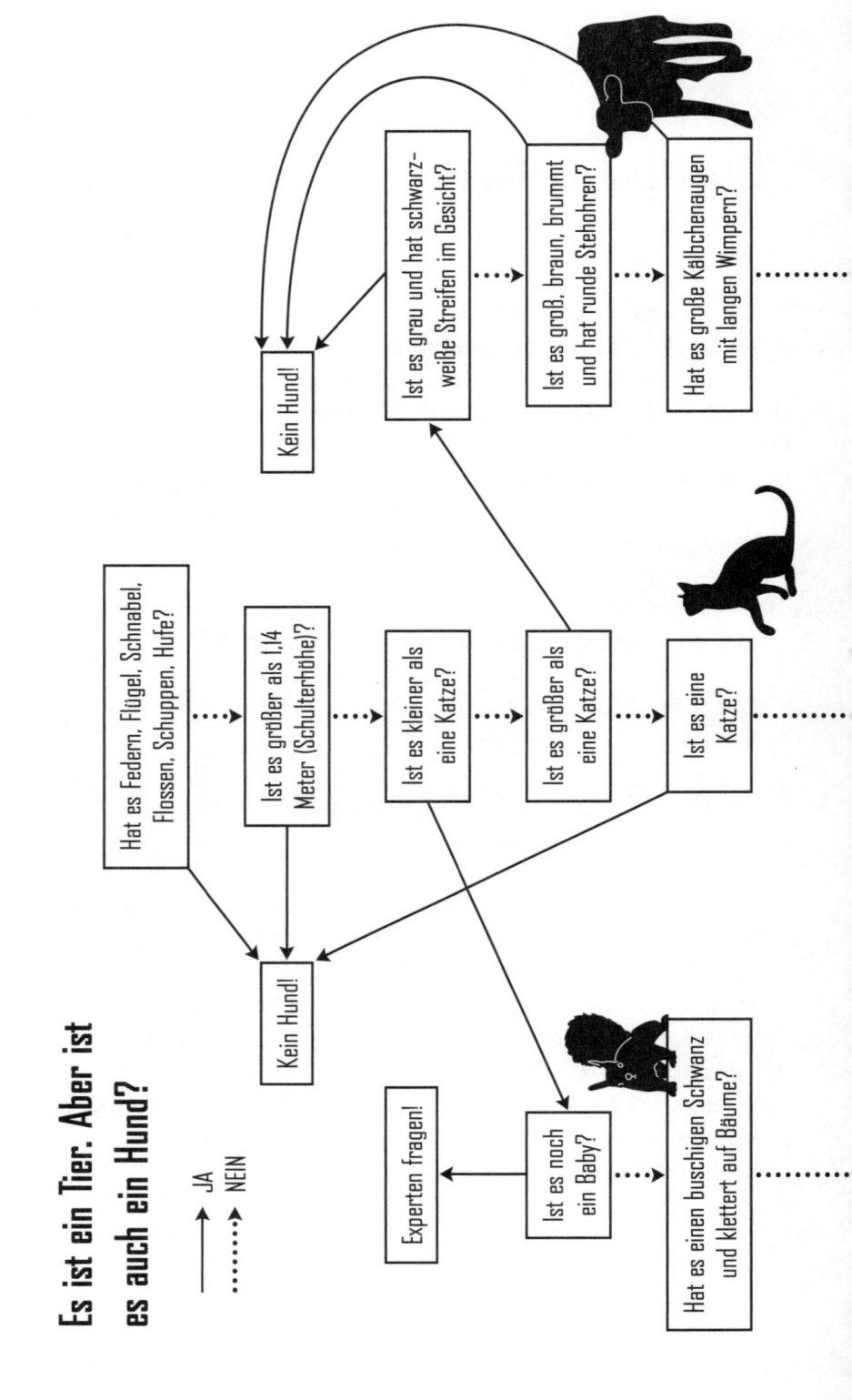

Hat es Federn, Flügel, Schnabel, Flossen, Schuppen, Hufe?

Ist es größer als 1,14 Meter (Schulterhöhe)?

Ist es kleiner als eine Katze?

Ist es größer als eine Katze?

Ist es eine Katze?

Ist es grau und hat schwarz-weiße Streifen im Gesicht?

Ist es groß, braun, brummt und hat runde Stehohren?

Hat es große Kalbchenaugen mit langen Wimpern?

Kein Hund!

Kein Hund!

Ist es noch ein Baby?

Experten fragen!

Hat es einen buschigen Schwanz und klettert auf Bäume?

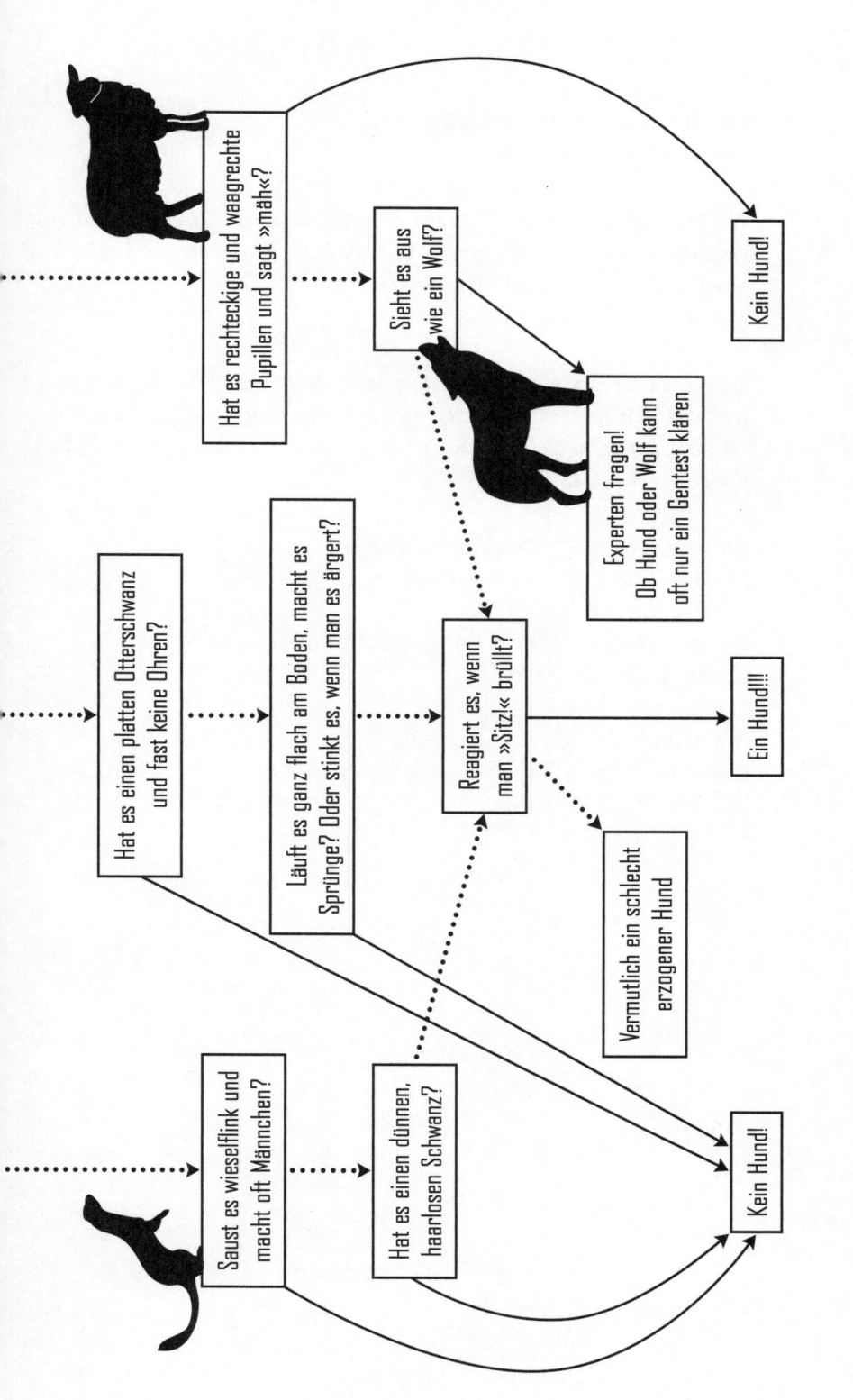

Hat es rechteckige und waagrechte Pupillen und sagt »mäh«?

Sieht es aus wie ein Wolf?

Kein Hund!

Experten fragen! Ob Hund oder Wolf kann oft nur ein Gentest klären

Hat es einen platten Otterschwanz und fast keine Ohren?

Läuft es ganz flach am Boden, macht es Sprünge? Oder stinkt es, wenn man es ärgert?

Reagiert es, wenn man »Sitz!« brüllt?

Ein Hund!!!

Vermutlich ein schlecht erzogener Hund

Saust es wieselflink und macht oft Männchen?

Hat es einen dünnen, haarlosen Schwanz?

Kein Hund!

Der Hund ist ein Zweidrittelmensch.
Alfred Brehm (1829–1884)

Wir sind allein, völlig allein auf diesem Planeten. Von all den Lebensformen um uns herum hat sich außer dem Hund keine auf ein Bündnis mit uns eingelassen.
Maurice Maeterlinck (1862–1949)

Der Hund ist ein monomaner Kapitalist. Er bewacht das Eigentum, das er nicht verwerten kann, um des Eigentums willen und behandelt das seines Herrn, als gebe es daneben nichts auf der Welt.
Kurt Tucholsky (1890–1935)

Ein Hund ist ein Herz auf vier Beinen.
Irisches Sprichwort (20. Jahrhundert)

Die meisten Hunde sind domestizierte Goldschakale.
Konrad Lorenz (1903–1989)

Alle Hunde sind domestizierte Wölfe.
Stand der Wissenschaft seit ca. 1960, inzwischen durch Genuntersuchungen belegt

03 Worte für Hunde finden

Viel leichter, als Hunde exakt zu definieren, ist es, Synonyme und Umschreibungen für sie zu finden. So werden Hunde gern genannt:

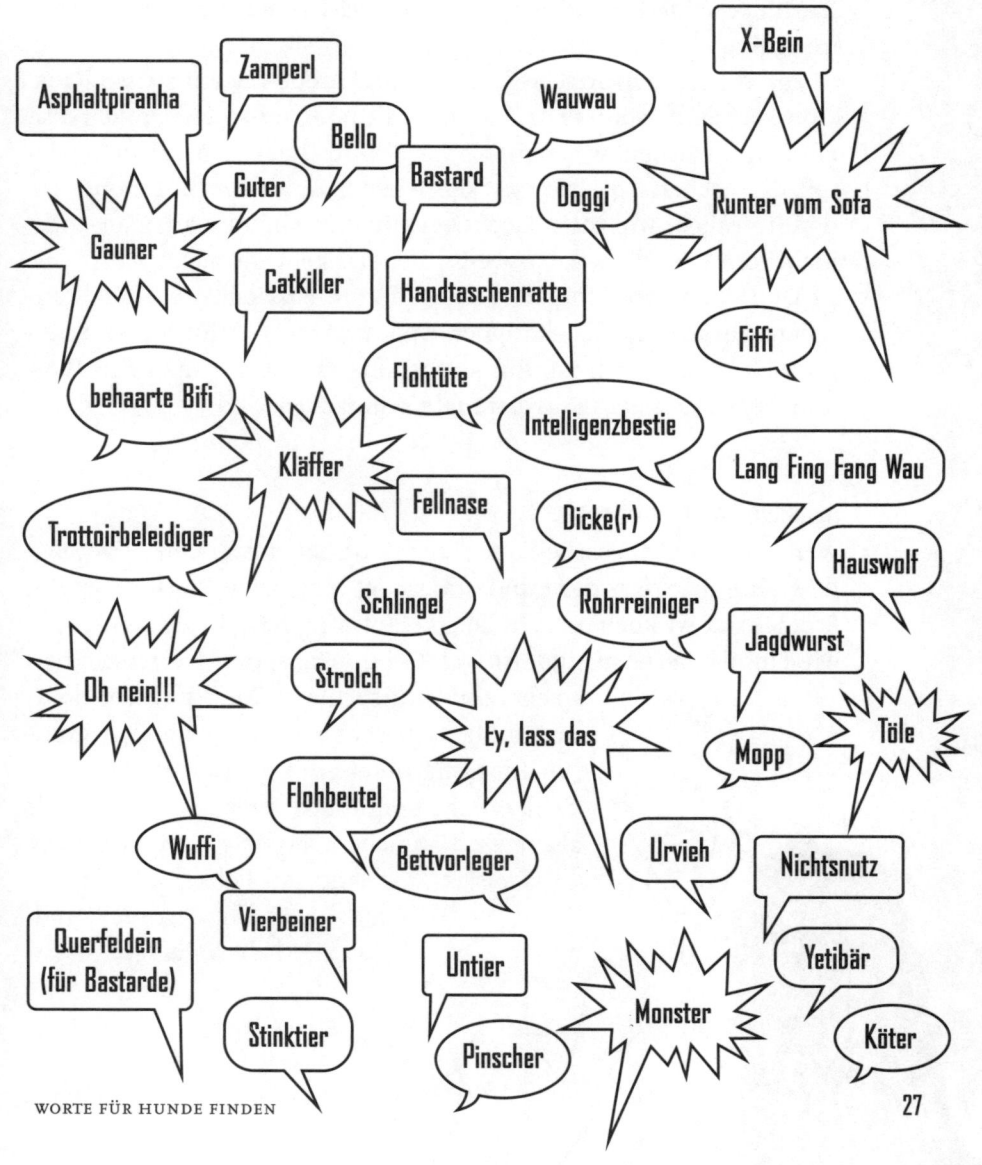

04 Einen Hund vermenschlichen

»Als Hund ist er eine Katastrophe, aber als Mensch ist er einfach unersetzlich.« Diesen Satz sagte der frühere Bundespräsident Johannes
Rau über seinen Hund Scooter, einen schwarzen Riesenschnauzer-
mischling.

Auf meiner persönlichen Hitliste mit Hunde-Zitaten stehen Raus
Worte auf dem ersten Platz. Wenn ich sie höre, muss ich nämlich erst
einmal laut lachen, weil darin so viel Wahres steckt. Aber dann bleibt
mir das Lachen im Halse stecken wie ein Knochensplitter, und ich
höre förmlich, wie mein Gewissen aufjault: Hunde darf man doch
nicht vermenschlichen, das weiß jeder, das geht gar nicht.

Und dann habe ich ganz viel Stoff zum Nachdenken: über Menschen, Hunde und Katastrophen und darüber, wer für wen hier eigentlich unersetzlich ist. Ein solcher Effekt mit nur dreizehn Wör-
tern – das muss man Rau erst mal nachmachen.

Johannes Rau und Scooter

Wenn man die Presseberichte über Deutschlands ersten First Dog
liest, ahnt man, was der Bundespräsident mit seinen Worten meinte.
Scooter war wirklich manchmal eine Katastrophe auf vier Beinen, so
wie Hunde das eben sind. Am 72. Geburtstag seines Herrchens beispielsweise verursachte er den Sturz des deut-
schen Staatsoberhauptes, als er Rau vor Freude ansprang und damit zu Fall brachte. Für
Schlagzeilen sorgte Scooter ein weiteres Mal,
als er ein Kaninchen verfolgte, von zu Hause
ausriss, tagelang von Polizei und Grenz-
schutz gesucht wurde und
schließlich in einem Berli-

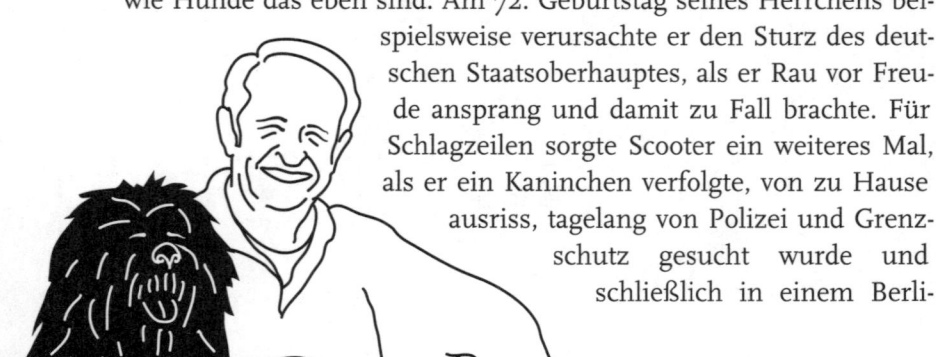

ner Gartenlokal wieder auftauchte, was ihm bei Zechfreunden viele Sympathien einbrachte.

Herrchen allerdings war in beiden Fällen wenig begeistert, denn jedes Mal gab es viel Presserummel.

Die Zeitungsbilder und -berichte zeigen aber auch die andere Seite dieser Mensch-Hund-Beziehung, die menschliche Note, die Scooter in das Leben des Bundespräsidenten brachte. Auf einem Bild beispielsweise flaniert Rau im dunklen Mantel mit roter Krawatte durch eine Großstadtstraße und sieht aus wie aus dem Ei gepellt. Und neben ihm latscht Scooter, groß, schwarz, zottig, und sieht aus wie aus einer Schlammpfütze gezogen. Auf einem anderen Pressefoto sitzt der Bundespräsident am Schreibtisch in Schloss Bellevue, ganz Staatsmann, und zu seinen Füßen schläft das riesige schwarze Zotteltier, ganz entspannt im Hier und Jetzt. Auch bei Interviews war Scooter manchmal dabei. Dann konnte man anschließend in Zeitungsartikeln, die eigentlich von Politik und Moral handelten, lesen, wie Scooter sich plötzlich mitten im Gespräch auf den Rücken drehte und den Bundespräsidenten zum Bauchkraulen animierte.

Als Rau dann bekannt gab, dass er kein weiteres Mal für das Amt kandidieren würde, da titelte die *Süddeutsche Zeitung:* »Sag zum Abschied leise Scooter«.

Man kann sich gut vorstellen, dass der Hund dem Menschen Johannes Rau in vielen Situationen Gelegenheit gab, seine menschliche Seite zu zeigen und sie auch zu leben. Und dass dieser Hauch von Menschlichkeit, der zusammen mit Scooters tierischem Fellgeruch in Schloss Bellevue einzog, keine Inszenierung für die Öffentlichkeit war, beweist schon allein die umwerfende Freude des Hundes beim Anblick seines Herrn an besagtem 72. Geburtstag. Diese beiden mochten sich wirklich, Hunde heucheln nicht.

Trotzdem: So was sagt man nicht!

»Als Hund ist er eine Katastrophe, aber als Mensch ist er einfach unersetzlich.« Das ist ein schöner, aber auch ein gewagter Satz, denn bei Hunde-Experten sträuben sich die Nackenhaare, wenn sie solche Worte hören.

»Niemals dürfen wir den Hund nach menschlichen Maßstäben formen und niemals nach menschlichen Gesichtspunkten behandeln.« Das kann man auf der Homepage des Verbandes für das deutsche Hundewesen, Landesverband Hessen, lesen. Und weiter: »Die Vermenschlichung des Hundes ist das Grundübel vieler Mensch-Hund-Beziehungen und die Ursache fast allen hundlichen Fehlverhaltens.«

Um solche Übel auszumerzen, hat der Landesverband zehn Gebote für den richtigen Umgang mit Hunden formuliert, die wichtigsten lauten pointiert und vereinfacht zusammengefasst so:

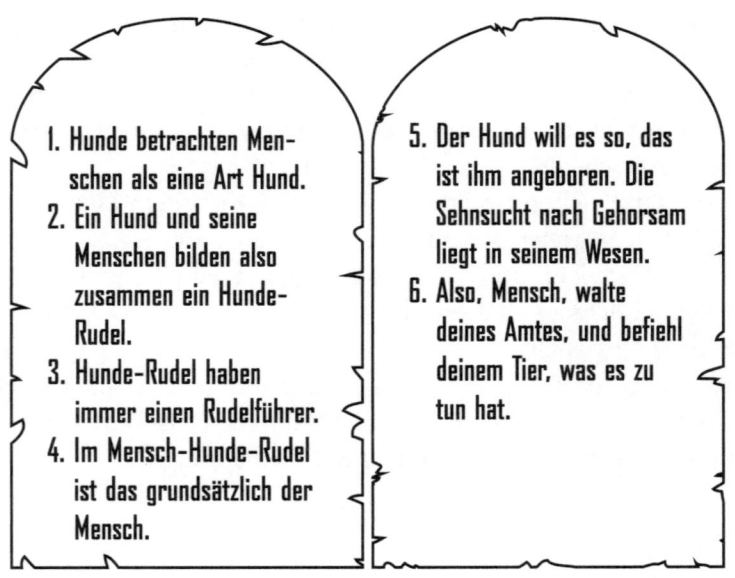

1. Hunde betrachten Menschen als eine Art Hund.
2. Ein Hund und seine Menschen bilden also zusammen ein Hunde-Rudel.
3. Hunde-Rudel haben immer einen Rudelführer.
4. Im Mensch-Hunde-Rudel ist das grundsätzlich der Mensch.
5. Der Hund will es so, das ist ihm angeboren. Die Sehnsucht nach Gehorsam liegt in seinem Wesen.
6. Also, Mensch, walte deines Amtes, und befiehl deinem Tier, was es zu tun hat.

In der Hundeszene gibt es aber auch Fachleute, die genau diesen Erziehungsansatz für das Schlimmste halten, was man einem Hund nur antun kann. Weil man ihn nämlich genau damit vermenschlicht, und das darf man nicht; hier immerhin sind sich die Experten einig.

Diese zweite Fraktion der »Hunde-Nicht-Vermenschlicher« bezweifelt, dass Hunde Menschen als ihresgleichen betrachten. Sie fragen: Wieso sollte ein Tier, das völlig problemlos einen Wuschelhund von einem Schaf oder eine Katze von einem Chihuahua unterscheiden kann, ausgerechnet einen haarlosen Zweibeiner für einen Artgenossen halten, der nach künstlichem Blumenduft riecht und in Supermärkten nach Dosennahrung jagt?

Auch die Annahme, Hund und Mensch würden gemeinsam ein Rudel bilden, halten sie für überholt, denn anders als Wölfe bilden wildlebende Hunde oft keine festen Rudel. Und das Wort Alpha-Tier verwenden selbst Wolfsforscher heute nur noch selten. Ein freilebendes Wolfsrudel besteht aus Eltern und ihren Nachkommen, nicht aus einem Leittier und seinen »Untertanen«. Die Elterntiere bestimmen zwar die Marschrichtung und die Jungtiere gehorchen meistens, aber eine strenge hierarchische Ordnung gibt es nicht.

Vertreter dieser zweiten Hunde-Philosophie bezeichnen den Wunsch nach Gehorsam und Disziplin nicht als typisch für den Hund, sondern als typisch für den Menschen. Auch sie formulieren gern Regeln, die aber ganz anders klingen:

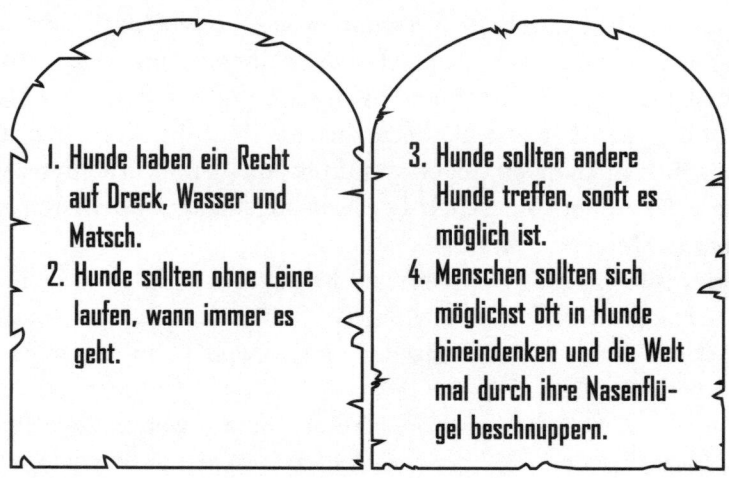

1. Hunde haben ein Recht auf Dreck, Wasser und Matsch.
2. Hunde sollten ohne Leine laufen, wann immer es geht.
3. Hunde sollten andere Hunde treffen, sooft es möglich ist.
4. Menschen sollten sich möglichst oft in Hunde hineindenken und die Welt mal durch ihre Nasenflügel beschnuppern.

Was auch diese Hundemenschen übersehen: Es bleiben dennoch menschliche Nasenflügel (siehe auch das Kapitel: »Die Welt mit der Nase wahrnehmen«).

Des Pudels Kern

Ich glaube, Menschen können gar nicht anders, als Hunde zu vermenschlichen, und sie haben es schon immer getan. »Ob wirklich Gott den Menschen nach seinem Ebenbild schuf, möchte ich in Anbetracht des Ergebnisses bezweifeln. Dass der Mensch aber den Hund nach seinem Ebenbild schuf, das steht fest.« Zu diesem Ergebnis kam beispielsweise der Wolfsforscher und Hundeexperte Erik Zimen. Und er hatte recht!

Irgendwann ist in grauer Vorzeit irgendwo auf der Welt das erste Wolfsbaby in die Nähe eines Menschen getapst, und dieser Urzeitmensch nahm es in seine Höhle auf und zog es groß. Die beiden blieben zusammen, ihre Nachkommen taten dasselbe, und so wurde der Wolf irgendwann durch den Einfluss des Menschen zum Hund.

Aber warum? Diese Beziehung hatte schließlich für beide Seiten erhebliche Nachteile. Mensch und Wolf jagten dieselben Beutetiere und fraßen sich in kargen Wintern gegenseitig das Futter weg.

Manche Wissenschaftler vermuten, dass der Mensch den Wolf zähmte, um in ihm einen Jagdgehilfen zu finden. Andere sagen, dass Wölfe beim Jagen keine große Hilfe seien, und spekulieren, dass es vermutlich der Wolf war, der beharrlich die Nähe der Menschen suchte, um sich in knappen Zeiten von ihren Abfällen zu ernähren. Aber hatten die frühen Menschen bei Nahrungsmangel überhaupt nennenswerte Mengen von Abfällen?

Inzwischen denken Wissenschaftler darüber nach, ob es vielleicht von Anfang an bei der Beziehung Wolf–Mensch auch um Neugier und den Wunsch nach Gesellschaft ging, sowohl beim Menschen als auch beim Wolf.

Und manche gehen sogar noch einen Schritt weiter. Sie diskutieren, ob vielleicht nicht nur der Mensch den Hund erschaffen hat.

Möglicherweise hat auch der Hund den modernen Menschen mitgestaltet.

Ist vielleicht der Homo sapiens nichts anderes als ein verhundlichter Höhlenmensch?

Zahme Gene

Was auf den ersten Blick bizarr klingt, könnte tatsächlich ein Knöchelchen Wahrheit enthalten. Das zeigt ein Experiment sibirischer Wissenschaftler, denen es gelang, innerhalb von nur vierzig Jahren aus Füchsen hundeähnliche Tiere zu züchten.

Im Jahr 1959 begann der russische Genetiker Dmitri Konstantinowitsch Beljajew mit der Zucht von Silberfüchsen. Sein einziges Kriterium bei der Auswahl der Elterntiere war das Verhalten der Füchse Menschen gegenüber. Beljajew wählte stets die von Natur aus zahmsten, zutraulichsten Exemplare zur Zucht aus.

Nur vierzig Jahre später waren drei Viertel all seiner Jungtiere menschenfreundlich und zahm. Sie freuten sich winselnd und schwanzwedelnd über die Anwesenheit ihrer Pfleger und leckten ihnen die Hände, wenn sie gestreichelt wurden. Auf der Internetplattform Youtube kann man Filmaufnahmen dieser Tiere sehen; sie erinnern in ihrem Verhalten verblüffend an Hunde. Man kann daraus schließen, dass die Entwicklung vom Wolf zum Hund möglicherweise viel schneller ging als bisher gedacht.

Was das Experiment aber zu einer Sensation machte, waren weitere Ergebnisse. Die Füchse veränderten sich nämlich nicht nur in ihrem Charakter in Richtung Hund, sondern auch in ihrem Aussehen. Bei einigen variierte die Fellfarbe, manche bekamen Schlappohren, andere einen Ringelschwanz, wieder andere kürzere Beine oder einen mopsähnlichen Überbiss. Und das, obwohl Beljajew und sein Team bei der Zucht stets nur aufs Wesen, aber nie aufs Aussehen geachtet hatten.

Als Beljajew dann feststellte, dass im Blut der zahmen Tiere weniger Stresshormone enthalten waren als in dem wilder Füchse, war eine neue Theorie geboren: Möglicherweise sind es genau diese

Stresshormone, die bei wildlebenden Arten die Ausprägung vieler genetisch eigentlich vorhandener Eigenschaften unterdrücken. Ein zahmes Tier könnte also grundsätzlich anders aussehen und andere Eigenschaften haben als ein wildes Tier, und diese Eigenschaften dann auch weitervererben.

Und nun kommt noch ein weiterer Aspekt ins Spiel: Nicht nur Füchse haben durch den menschlichen Einfluss weniger Stresshormone im Blut. Man hat auch nachgewiesen, dass Menschen in Gegenwart von Hunden weniger Stresshormone ausschütten. Und wer weiß schon, was bei uns im Aussehen und im Charakter durch die Ausschüttung von Stresshormonen verhindert wird?

So ist auch der Gedanke nicht abwegig, dass unsere tierischen Lebensgefährten im Laufe der Jahrtausende unser menschliches Erbgut beeinflusst haben könnten. Ein seltsamer Gedanke. In Anlehnung an Johannes Rau könnte man sagen: Vielleicht wären wir als Menschen eine größere Katastrophe, wenn wir unsere Hunde damals in der Steinzeit nicht vermenschlicht hätten.

05 Von einem Hund getröstet werden

Ja, ja, ja, man soll Hunde nicht vermenschlichen. Aber die Tatsache, dass Menschen genau das seit mindestens fünfzehntausend Jahren tun, hat unsere Hunde verändert. Das zumindest vermuten Deborah Custance und Jennifer Mayer vom Psychologischen Institut der Goldsmiths Universität in London nach einer Studie, die sie 2012 initiierten. Weil Menschen bei der Hundezucht aus naheliegenden Gründen immer Tiere ausgewählt haben, die sich besonders gut an Herrchen und Frauchen anpassen konnten, seien unsere Hunde zu Haustieren mit einer ganz besonderen Bindung an den Menschen geworden, so die beiden Wissenschaftlerinnen.

Um festzustellen, ob Hunde zu Empathie fähig sind, hatten die Psychologinnen Hunde und ihre Menschen mit einer Kamera gefilmt. Die Besitzer hatten den Auftrag, zu einem bestimmten Zeitpunkt der Aufnahme entweder überraschend in Weinen auszubrechen oder ebenso plötzlich laute Summ- und Brummlaute auszustoßen. Fast ausnahmslos reagierten die Hunde auf das Brummen ihrer Menschen kaum, aber auf das Weinen mit unterwürfigen, beschwichtigenden Gesten, die Trost auszudrücken schienen.

Wollten die Hunde ihre Menschen wirklich trösten, oder empfanden sie in dieser Situation nur selbst Stress und suchten Zuspruch bei ihren Besitzern? Letzteres schließen die Wissenschaftlerinnen aus, da die Hunde auch fremde Personen »trösteten«, wenn diese in Tränen ausbrachen, selbst wenn die Hundebesitzer anwesend waren. Ein trostsuchender Hund hätte sich in einer Stresssituation an eine vertraute Person gewandt.

06 Einen Hund angähnen

Wenn man einen Hund laut und geräuschvoll angähnt, gähnt er zurück. Nicht immer, aber oft. Das hat eine Studie im Jahr 2008 bewiesen. Und eine weitere Untersuchung brachte 2012 noch detailliertere Erkenntnisse zutage: Hunde gähnen nicht nur beim Anblick gähnender Menschengesichter, sondern auch, sobald sie die Geräusche gähnender Menschen hören. Dabei steigt die Wahrscheinlichkeit des Mitgähnens, wenn ein Hund vom eigenen Besitzer angegähnt wird oder dessen Gähnen hört.

Wer schon allein beim Lesen dieser Informationen den Mund aufreißt und herzhaft gähnt, beweist damit am eigenen Leibe, warum diese Experimente so bahnbrechend sind. Man weiß nämlich heute, dass die Fähigkeit zum Mitgähnen zumindest beim Menschen ein Gradmesser für die Empathiefähigkeit ist. Mitfühlende Menschen gähnen schon, sobald sie vom Gähnen anderer nur lesen. Autistische Menschen hingegen leben in einer eigenen Welt und gähnen selten oder gar nicht zurück. Kinder gähnen grundsätzlich erst ab einem Alter von vier Jahren mit, vorher sind sie vom Entwicklungsstand her nicht in der Lage, sich in andere einzufühlen.

Bei Tieren wurde die Fähigkeit zum ansteckenden Gähnen bisher nur bei einer Pavianart, bei den Bärenmakaken und beim Schimpansen nachgewiesen. Die einzige Tierart, die nachweislich artübergreifend mitgähnt, ist der Hund.

Wer es ausprobieren will: Bei der Studie an der portugiesischen Universität Porto hörten die Hunde fünfmal hintereinander ein geräuschvolles Gähnen ihrer Besitzer, gefolgt von fünf Sekunden Stille. 40 Prozent der Hunde rissen daraufhin gähnend ihr Maul auf.

07 Einen Ausreißer entschuldigen

Wenn ein Hund ausbüxt und freudestrahlend auf Passanten zuläuft, dann sagen alle Hundebesitzer angeblich denselben Satz: Der tut nichts, der will nur spielen.

Stimmt gar nicht. Hundebesitzer sind viel fantasievoller, und sie haben mehr Sätze im Repertoire! Hier eine Auswahl:

Der ist noch jung.

Ick verwarne dir. Beim nächsten Mal ist Schluss.

Keine Angst, der frisst nichts mit Haaren dran.

Bring das Stöckchen, bring! Nein, nicht das Kaninchen/das Kind/den Westi/die Katze, das Stöckchen sollst du bringen!

Aus, aus, Aus, AUS, AUSSSSS!

Komisch, das macht er sonst nie.

Rot/Gelb/Grün/Frauen/Männer/ Kinder/kleine Hunde/Rüden/ Weibchen mag er halt gar nicht.

Wenn Sie nicht wollen, dass er auf Sie zuläuft, dann starren Sie ihn halt nicht so an!

Das ist mir jetzt aber wirklich unangenehm.

Tut mir leid, das ist sein Revier.

Da kann er nichts dafür, er ist aus dem Tierheim/hyperaktiv/hochbegabt/hatte eine schwere Kindheit.

Nicht schreien, das ist ein Sensibler!

Geben Sie mir SOFORT meinen Hund zurück!

Nicht nervös werden, sonst beißt er.

Hundurinn minn bítur ekki, hann er að leika sér.

(»Mein Hund beißt nicht, er will spielen« auf Isländisch, damit erspart man sich jede weitere Diskussion.)

Das liegt an der Rasse, die sind so.

08 Einen Hundebesitzer demütigen

Ein Hundebesitzer, dessen Hund gerade ausgebüxt ist, befindet sich in einer wehrlosen Position. Meist ist er atemlos, weil er in wenigen Sekunden von null auf hundert beschleunigt hat, um den davongaloppierenden Hund einzuholen. Meist bebt er vor Angst, weil der Hund auf seiner Flucht einem Auto oder einem Jäger nur knapp entronnen ist. Meist ist er schmutzig, weil er bei der Verfolgung des Tieres den direkten Weg genommen hat. Er weiß außerdem, dass er juristisch und moralisch für sein Tier haftet. Und – noch schlimmer – er weiß auch, dass es im Showbusiness Menschen gibt, die von genau dieser Situation leben, denn so ein Moment wirkt auf Außenstehende blamabel, peinlich, witzig und doof, man kann sich herrlich darüber lustig machen. Wer gern Menschen demütigt, kann dies mit einem Hundebesitzer jetzt ungestraft tun. Der tut nichts. Der will nur fliehen. Und solche Sätze kann man dann sagen:

Ha! Wetten, jetzt sagen Sie gleich: Der tut nichts, der will nur spielen.
Ja, ja, das sagen alle!
Wie der Herr, so das Gescherr.
Haben sie Ihren Mann/Ihre Frau/Ihre Kinder/Ihren Haushalt/ Ihren Job ähnlich gut im Griff?
Sie werden von meinem Anwalt hören. Demnächst geht dieser Köter mit Maulkorb Gassi!
Leute wie Sie sollten keine Hunde haben!
Leute wie Sie sollte es gar nicht geben.
Und jetzt auch noch frech werden.

09 Einen Hundehaufen entfernen

»Haste Scheiße am Fuß, haste Scheiße am Fuß.« Diesen Satz formulierte Fußballnationalspieler Andreas Brehme einmal in einem Interview, und wo er recht hat, hat er recht, das lässt sich nicht wegdiskutieren.

Niemand tritt gern in Hundehaufen, niemand möchte Lebenszeit darauf verwenden, Schuhe und Fußböden von Hundekot zu reinigen, und niemand will im Slalom durch Städte und Dörfer hüpfen, um diesem Schicksal zu entgehen. Also sollte jeder Hundehalter die Tretminen seines Vierbeiners auf öffentlichen Verkehrsflächen entfernen. Kleine Tüten dafür passen in jede Hosentasche, und wer alles richtig machen will, verwendet kompostierbare Beutel aus Maisstärke. So, alles gesagt, Ende des Kapitels.

Nein, doch noch nicht!

Ich will das Thema jetzt wirklich nicht breittreten, aber ich habe eben das Wort Hundehaufen gegoogelt, und die Internet-Fundstellen sind wirklich interessant. Sie geben tiefe Einblicke in die Eingeweide unserer Gesellschaft. Sie zeichnen quasi ein mehr oder weniger übelriechendes Zeit- und Sittengemälde unserer Alltagswelt, und das will ich niemandem vorenthalten.

Man kann die Fundstellen, oder besser, ihre Verursacher in drei Gruppen einteilen: in alberne, in praktisch veranlagte und in schimpfende.

Da sind erst einmal diejenigen, die Hundehaufen lustig finden und andere daran teilhaben lassen wollen. Sie bieten zum Beispiel feucht glänzende Hundehaufen aus Plastik zum Kauf an, als Scherzartikel. Oder ein »Kackhaufen-Spray«, das bestialisch stinkt, wenn es sich braun aus der Spraydose kringelt. Oder ein Kinderspiel namens

»Kackel Dackel«, bei dem Kinder einen Spielzeugdackel füttern können, und das Tier scheidet beim anschließenden Gassigang mit echten Verdauungsgeräuschen ein Häufchen aus brauner Knete aus, das mit einem Schäufelchen aufgefangen werden muss. Es gibt außerdem ein beliebtes Bilderbuch, in dem ein kleiner Maulwurf mit einem Kackhaufen auf dem Kopf durch die Seiten spaziert, um herauszufinden, wer ihm da aufs Hirn gesemmelt hat. Am Schluss stellt sich dann heraus: Es war Hans-Heinerich, der Metzgershund. Das Buch wurde mittlerweile in siebenundzwanzig Sprachen übersetzt und erreichte weltweit eine Auflage von mehr als 1,8 Millionen Exemplaren.

Wer jetzt angewidert die Nase rümpft, ist vermutlich einfach zu alt für solche Späße. Wir bewegen uns hier nämlich in einem Bereich, den Wissenschaftler »skatologische Witze« nennen, von griechisch »Skor/Skatos«, was Kot bedeutet. Und über das Tabuthema Körperausscheidungen lachen nun mal diejenigen am meisten, bei denen die Erziehung zur Körperhygiene noch nicht so lange her ist, also Kinder.

Shit happens

Die zweite Gruppe, die sich intensiv mit Hundehaufen auseinandersetzt, besteht aus Menschen, die das Problem anpacken, und zwar nicht nur bildlich gesprochen. Es gibt unzählige Produkte, mit denen man Häufchen beseitigen kann: Zangen für Hundekot, Hundekotgreifer und Hundekotstaubsauger mit langem Saugrüssel für Mitarbeiter von Stadtreinigungsbetrieben.

Eiskalt aus dem Weg räumen kann man die Hinterlassenschaften des Vierbeiners mit einem Vereisungsspray für Hundehaufen: Stöckchen rein, Spray drauf, und schon hat man Eis am Stiel, das man mit einem gezielten Wurf ins Gebüsch schleudern kann. All diese Produkte kranken daran, dass sie sperrig sind und nicht so leicht in die Hosentasche passen wie die bereits erwähnten Tütchen, was ihre Markteinführung erschwert.

Mein Lieblingsprodukt ist hier der AshPoopie, leider bisher erst als Prototyp gebaut, ein in Israel erdachtes Gerät, das ein bisschen aussieht wie eine übergroße futuristische Taschenlampe. Es kann Hundehaufen pulverisieren, sterilisieren und zu einem Häufchen Asche verwandeln, was zweifelsohne auch Erwachsenen große skatologische Freude bereiten könnte. Schade nur, dass der Poopie immer noch nicht auf dem Markt ist.

Manchen stinkt's gewaltig

Die dritte Gruppe ist die der Hundehaufenbeschimpfer. Sie ist die größte, denn der Ärger über die Ausscheidungen des Hundes vereint Menschen, die sonst im Leben kaum Berührungspunkte haben: Journalisten und Mütter, Politiker und Landwirte, Gartenfreunde und Großstadtbewohner.

Im Kampf gegen den Kot sind der Kreativität keine Grenzen gesetzt, und das Schimpfen muss dabei nicht immer unfreundlich sein. »Ist Frauchen ein soziales Wesen, nutzt es die Schaufel und den Besen«, so reimte beispielswiese ein Rentner in Flottbek bei Hamburg. Wie das *Hamburger Abendblatt* berichtete, hat der Mann inzwischen schon mehr als hundert solcher kleinen Gedichte verfasst, anschließend ausgedruckt, in eine Klarsichthülle verpackt und mit Paketband an Laternenpfähle und Gartenzäune direkt über die Hinterlassenschaften von Hunden gehängt. Mit überraschendem Erfolg: Offenbar lassen sich viele Hundehalter mit Humor und einem Augenzwinkern tatsächlich zur Benutzung von Tüte und Schaufel bewegen. Die Zahl der Tretminen in seinem Wohngebiet nimmt stetig ab. »Es ist schon eine Tüte wert, wenn Hundchen Großes widerfährt.« Wer kann dazu schon Nein sagen?

In immer mehr Städten stinkt der Hundekot jetzt aber auch den Verantwortlichen, und sie markieren Hundehaufen im Stadtbild mit farbigen Fähnchen, um Fußgänger zu warnen und Hundebesitzer zum Nachdenken anzuregen.

Zu einer noch drastischeren Maßnahme wollte der Bürgermeister der Stadt Volkach in der Nähe von Würzburg greifen. Er plante eine Gendatenbank aller Hunde vor Ort, wie es sie bereits in einer kleinen Stadt in Israel gibt. Eine Kotprobe vom Haufen des Anstoßes kann dort den Übeltäter eindeutig identifizieren. Das Vorhaben scheiterte in Deutschland allerdings an der rechtlichen Zulässigkeit, und vermutlich war die Aktion ohnehin nur als Warnschuss an säumige Hundehalter gedacht. Sie geistert aber seitdem vor allem am 1. April immer wieder durch die Lokalzeitungen und löst jedes Mal empörte Proteste von Hundebesitzern aus.

Gefährliche Hofhunde

Ernst gemeint sind allerdings Schilder von Landwirten, wie man sie beim Gassigehen oft an Feldern und Wiesen antrifft. Manchmal sieht man auf solchen Schildern eine wütende Kuh, und die Botschaft unter ihrer grimmigen Miene lautet: »Hundekot macht mich krank«.

Solche Schilder verweisen auf einen Erreger namens Neospora caninum, der im Kot von Hunden enthalten sein kann und bei Rindern zu Fehlgeburten führt.

Das Friedrich-Loeffler-Institut für Tiergesundheit hat in einer Studie jedoch herausgefunden, dass selbst dann, wenn siebenundachtzig Hunde ein und dieselbe Weide regelmäßig als Klo benutzen würden, nur ein ganz geringfügiges Risiko für Kühe bestünde, die dieses Gras fressen. Gefährlich für die Rinder sind laut Studie vor allem die Hofhunde der Bauern. Die nämlich können sich leicht mit großen Mengen des Erregers infizieren, wenn sie die Nachgeburt erkrankter Kühe fressen. Der Kot dieser Hunde enthält dann tatsächlich Neospora caninum, und die Wahrscheinlichkeit, dass die eigenen Hunde des Landwirts damit im Stall das Tierfutter verunreinigen, ist groß.

Auf anderen Schildern in Feld und Flur ist oft ein durchgestrichener Hund in eindeutiger Pose abgebildet, und darunter steht dann gern ein Satz wie: »Auf diesen Wiesen und Feldern werden Nahrungsmittel produziert«, gefolgt von der Bitte, das Erntegut nicht mit Kot zu verschmutzen.

Wer allerdings mitten in der Natur unter freiem Himmel ohne Zaun Lebensmittel anbaut und glaubt, diese seien so lange hygienisch einwandfrei, bis ein Hund dort einen Haufen hinsetzt, der übersieht etwas. Was ist mit den Katzen? Den Füchsen? Den Mardern? Den Dachsen? Den Wildschweinen? Ratten? Mäusen? Sie alle werden nicht einmal regelmäßig entwurmt, was bei Haushunden jedoch der Fall ist. Und dann sind da noch die ganzen Salmonellen, die Vögel von oben aufs Getreide fallen lassen, von der zur Düngung ausgebrachten Jauche gar nicht zu reden. Lecker! Aber wenn's der Menschheit schaden würde, wäre sie längst ausgestorben.

Wahr ist: Rinder und Pferde mögen kein Heu, das mit Hundekot verunreinigt ist. Es schmeckt ihnen nicht. Deswegen hat Hundekot auf Wiesen, die bald gemäht werden sollen, tatsächlich nichts zu suchen.

Und wahr ist auch: »Haste Scheiße am Fuß, haste Scheiße am Fuß.« Aus diesem Grund ist Hundekot auch auf Feld- und Waldwegen ein absolutes No-Go. Man muss ihn als Hundehalter entfernen. Wirklich. Immer (siehe auch das Kapitel: »Aus Hundekot Strom gewinnen«).

Übrigens: Zumindest in homöopathischen Dosen ist Hundekot kein bisschen ungesund. Im Gegenteil. Das Präparat mit dem Namen »Excrementum caninum« hilft bei Schlaflosigkeit, bei Hüftleiden und bei Depressionen wegen Arbeitsplatzverlust. Da ist doch wirklich für jeden was dabei.

10 Einen Hundehaufen nicht entfernen

... kostet in Deutschland, wenn man erwischt wird, mindestens:
  Leipzig: 25 €
  Hamburg: 30 €
  Berlin, Dortmund, Köln: 35 €
  Dresden: 40 €
  Essen, Stuttgart: 50 €
  Düsseldorf, Frankfurt, München: 75 €
  Wiesbaden: 100 €

Auf Spielplätzen und Liegewiesen und für »Wiederholungstäter« gilt in vielen Städten ein erhöhtes Bußgeld, das bis zu 1000 Euro (Dresden) betragen kann.

... und im Ausland:
  Paris: 183 €
  London: 50 bis 1000 £
  Singapur: beim ersten Mal 1000 Singapurdollar (573 €), ab dem zweiten Mal 2000 Singapurdollar, außerdem muss man gemeinnützige Reinigungsarbeiten in auffälliger Kleidung leisten.

Und wenn man nicht erwischt wird?

Das ist eine spannende Frage: Was passiert eigentlich mit Hundehaufen, die niemand beseitigt?

In Deutschland leben rund fünf Millionen Hunde, und alle zusammen erzeugen Schätzungen zufolge täglich rund 2500 Tonnen Kot. Nur mal angenommen, etwa die Hälfte dieser Häufchen würde von den Besitzern nicht entfernt, entweder weil die Vierbeiner sie an Stellen hinterlassen, die nie eines Menschen Fuß betritt, oder weil

diese Besitzer personifizierte Schweinehunde sind – dann wären das
1250 Tonnen Hundekot pro Tag. Also mehr als 450 000 Tonnen pro
Jahr!!!

Wenn man diese Haufen, natürlich nur rein rechnerisch, auf die
Gesamtfläche des Landes verteilen würde, kämen in Deutschland
jährlich pro Quadratkilometer 6388 Hundehaufen zusammen. Wir
leben also quasi alle auf einem riesigen Hundehaufen.

Nein, das tun wir natürlich nicht. So ein Hundehaufen ist ja glück-
licherweise den unterschiedlichsten Erosionseinflüssen ausgesetzt
und geht irgendwann den Weg alles Irdischen. Schuhsohle und
Schaufelbagger, Wind und Wetter, Schmeißfliege und Schnecke –
unzählige Helfer sorgen dafür, dass ein Hundehäufchen Elend wieder vom Erdboden verschwindet.

Nur – wie lange dauert das?

Ich habe lange nach einer Antwort auf diese Frage gesucht, nach einer wissenschaftlichen Studie oder nach Praxiserfahrungen aus dem
Alltag von Hundebesitzern, aber ich habe keine gefunden. Das liegt
nicht etwa daran, dass die Frage außer mir niemanden beschäftigt,
nein, die Internetforen zum Thema Hund sind voll von Menschen,
die Auskunft darüber suchen, wie lange sich ein Hundehäufchen in

freier Wildbahn hält, und die von niemandem gehört werden. Tatsächlich scheint Hundekot ein Forschungsgebiet zu sein, das noch nicht einmal in den sprichwörtlichen Kinderschuhen steckt, obwohl er ständig an ebendiesen klebt.

Deshalb möchte ich an dieser Stelle die Ergebnisse eigener Forschungen veröffentlichen. Auch wenn meine Untersuchung wissenschaftlichen Kriterien nicht genügt, handelt es sich hier doch um die weltweit ersten und darum richtungsweisenden Feld-, Wald- und Wiesenforschungen über die Halbwertzeit der Exkremente von Canis lupus familiaris. Sie kann vielleicht den ein oder anderen Forscher inspirieren, das Thema baldmöglichst in einer großen, repräsentativen und reproduzierbaren Studie unter Laborbedingungen anzugehen. Und das ist ein umfangreiches Vorhaben. Es besteht ja ein im wahrsten Sinne des Wortes schwerwiegender Unterschied zwischen den Hinterlassenschaften eines Chihuahuas und denen eines Neufundländers. Und man muss bei solchen Untersuchungen auch bedenken, in welcher Landschaft das Testobjekt lagert und welchen Witterungseinflüssen es ausgesetzt ist. Ein Häufchen, das am sandigen Mittelmeerstrand dem heißen Wüstenwind Schirokko ausgesetzt ist, hat garantiert eine andere Halbwertzeit als eines, das in der sibirischen Tundra die meiste Zeit im Jahr Bodenfrost erfährt.

Ziel meiner Studie waren Durchschnittswerte. Ich habe daher ermittelt, wie lange sich ein mittelgroßer Haufen eines mittelgroßen Hundes in Mitteleuropa bei mittlerer Wetterlage hält. Der Testhund, wir nennen ihn »Otto Normalverbeller«, wurde mit durchschnittlichem Trockenfutter in mittlerer Preislage ernährt und neigte infolgedessen zu Verstopfung. Man kann die Studie also guten Gewissens als »Härtetest« bezeichnen.

Ein Teil der Studie musste aus ethisch-moralischen Gründen entfallen, und zwar die Beobachtung von Hundehaufen auf Asphalt. In meinem Garten habe ich nämlich kein asphaltiertes Testgelände, und in freier Wildbahn soll und darf es Hundehaufen auf Asphalt nicht geben.

Anrüchige Ergebnisse

Hundekot besteht zu 80 Prozent aus Wasser, und deshalb verhält er sich auch in zwei wichtigen Eigenschaften ähnlich wie Wasser: Bei Hitze trocknet er, bei Temperaturen unter null Grad gefriert er. Das Wetter und die Sonneneinstrahlung sind daher die wichtigsten Einflussfaktoren auf die Haltbarkeit eines Hundehaufens. An heißen Sommertagen kann so ein Haufen auf einer frisch gemähten Wiese innerhalb von drei bis fünf Tagen zu einem Häufchen Staub zerfallen, in das man folgenlos treten kann. Aber schon Abendtau kann die Haltbarkeit verlängern, genauso wie ein schattiger, waldiger Ort, sodass für heiße Sommertage eine durchschnittliche Verweildauer von ungefähr sieben bis vierzehn Tagen angenommen werden kann, zumindest, wenn der Haufen bis zur Verrottung unbehelligt liegen bleibt. Gerade in den Sommermonaten ist das allerdings nicht selbstverständlich, da sich zahlreiche Tierarten an den Haufen gütlich tun. Beobachtet wurden besonders Nacktschnecken, aber auch Käfer, Kellerasseln und andere Hunde. Ein großes Schneckenaufkommen kann die Liegedauer auch an klimatisch ungünstigen Orten erheblich verkürzen.

Mit viel längeren Halbwertszeiten muss man im Herbst und Winter rechnen. Tierische Helfer bei der Vernichtung von Tretminen gibt es in dieser Zeit nicht, und feuchte Luft und Bodenfrost halten die Haufen fast unbegrenzt frisch. Reinigend wirken hier allerdings Schneefälle, die die unschönen braunen Landschaftsmarken zunächst bedecken und bei Tauwetter aufweichen und in den Boden sickern lassen. Mit Verweildauern von bis zu zwei Monaten muss man im Winter bei ungünstiger Witterung allerdings rechnen.

Es ist übrigens keine Lösung, das anrüchige Problem in kompostierbare Tüten zu verpacken und diese dann unterwegs im Gebüsch zu entsorgen. Die Testtüte in meinem Garten zeigt nach sechs Monaten noch immer keine Zerfallserscheinungen; der Inhalt ist makellos.

Fazit: Wenn ein Hundehaufen abseits von Wegen, Privatgrundstücken oder landwirtschaftlichen Flächen an einer Stelle liegt, an der Menschen nach menschlichem Ermessen innerhalb der oben genannten Zeiträume nicht in Kontakt mit ihm geraten können, scheint es nach bisherigem Stand der Wissenschaft ökologisch sinnvoll und moralisch vertretbar, diesen Hundehaufen genau dort liegen zu lassen.

II Einen Hundenamen finden

Schon der alte Grieche Xenophon forderte vor rund zweitausendvierhundert Jahren: Hundenamen müssen kurz sein, damit man sie gut rufen kann. Und in seinem Werk über die Jagd veröffentlichte er auch gleich eine Liste geeigneter Namen: Psyche (Atem, Hauch, Seele), Thymos (Mut), Styrax (Speer), Phylax (Wächter), Taxis (Ordnung), Xiphon (Schwert), Phonax (Killer), Medas (der Bedachtsame), Chara (Freude) oder Bia (Stärke), so sollten Hunde seiner Meinung nach heißen.

Seinen eigenen Hund allerdings nannte Xenophon Hippocentaurus. Vielleicht hat er die Liste ja erst nach leidvollen Erfahrungen mit diesem überlangen Namen verfasst. Oder löste er mit seinem Buch einen solchen Boom auf kurze Namen aus, dass er dem Trend etwas entgegensetzen wollte? Vielleicht hatte Xenophon auch einfach Humor, wir wissen es nicht.

Fest steht: Ein kurzer Hundename ist wirklich praktisch, denn der Hund soll ja nicht über alle Berge sein, bis man ihn gerufen hat. Ein oder zwei Silben höchstens, so war das früher, und so ist das meistens auch heute noch. Dass Hunde Beethoven oder auch Krambambuli heißen, kommt zwar vor, ist aber eher die Ausnahme.

Wacker oder Weltseele?

Jahrtausendelang berücksichtigte man bei der Namensgebung auch noch einen anderen Grundsatz: Nomen est omen. Wie schon bei Xenophon wurden Aussehen und Charaktereigenschaften der Hunde bei der Namensfindung berücksichtigt. Beliebte Hundenamen waren lange Zeit Wacker oder Munter, Krummbein oder Greif, Packan wie im Märchen von den Bremer Stadtmusikanten oder auch mal Taugenichts. Tölpel oder Tölplin lautete der Name von Luthers

Hund, und die beiden Fellnasen von Mozart hießen Gauckerl und Pimperl. Der letzte dieser beiden Namen hat heute einen anderen Klang als früher, damals in Österreich war es eine verniedlichende Bezeichnung für etwas Kleines, Unbedeutendes und hatte nichts Zweideutiges. Aber weil das heute anders ist, wurde der Name für die Zeichentrickserie *Little Amadeus* in »Pumperl« umgewandelt.

Immer schon konnte man bei der Benennung von Hunden auch Moden und Marotten feststellen. Der frankophile Preußenkönig Friedrich der Große gab seinen Hunden französische Namen: Biche (Reh), Alcmène und Superbe. Arthur Schopenhauer besaß zeit seines Lebens einen schwarzen Pudel, der offiziell Atman hieß, benannt nach dem Sanskrit-Wort für Weltseele, der aber stets Butz gerufen wurde. Ungefähr alle zehn Jahre starb der Hund und wurde durch einen neuen Atman ersetzt, der ebenfalls auf den Namen Butz hörte.

Von Waldi zu Wasabi

Im 20. Jahrhundert hörten große, eindrucksvolle Hunde auf Namen wie Harras, Hasso, Arko und Rex. Kleinere oder flauschigere Modelle hingegen erhielten nun zunehmend Namen, die mit einem I endeten: Waldi, Lumpi, Struppi, Flocki, Fiffi oder auch Lassie. Dieser Trend ging dann in der zweiten Hälfte des 20. Jahrhunderts nahtlos über in einen, der bis heute anhält: Hunde bekamen Menschennamen. Die ersten endeten ebenfalls auf I beziehungsweise Ypsilon: Tobi, Billy, Bobby, Benny. Aber irgendwann erhielten Hunde dann dieselben Modenamen wie zeitgleich geborene Kinder, und wenn man an einem sonnigen Tag in einem Stadtpark Luna, Leo, Max oder Maja, Jule, Oskar, Sam, Finn, Anton, Emma oder Paul rief, dann drehten sich Kinderköpfe und Hundeköpfe nach einem um.

Seitdem alle Hunde wie Menschen heißen, gibt es wieder einen Gegentrend. Die Mainzer Germanistik-Studentin Eva Schaab befragte mehr als tausend Hundehalter zur Namensgebung für ihren Vierbeiner und kam zu interessanten Ergebnissen: Inzwischen versuchen Hundebesitzer, Namen zu finden, bei denen eben nicht drei Hunde angelaufen kommen, wenn man sie ruft. Kreativität und Individualität sind gefragt, denn Hunde sind Spiegel der Persönlichkeit, und man will bei der Namensgebung zeigen, wie witzig man ist. Entweder wählt man für den Vierbeiner einen menschlichen Namen, der inzwischen nur noch selten vergeben wird, etwa Wolfgang, Rüdiger, Gisela oder Bernd. Oder man entscheidet sich für berühmte Nachnamen: Einstein, Kennedy oder Lagerfeld sind in. Auch Städtenamen boomen, Sydney, Boston, Paris, Chelsea zum Beispiel. Und wem das noch nicht individuell genug ist, der orientiert sich inzwischen gern an alkoholischen Getränken: Becks, Asti, Baileys, Whiskey, Jim Beam, Calvados, Sherry oder Wodka – so heißen Hunde heute.

Eher Einzelfälle sind – noch – Kuriosa wie Tutnix, Botox, Wasabi oder einfach Wauwau. Aber wie lange noch?

Viele Promis zumindest kennen bei der Namensgebung inzwischen keine Tabus mehr. Die Hunde von Mariah Carey heißen Bing und Bong, die von Gaby Köster angeblich Urlaub, Bitte, Taxi, Toffifee und Tussi. Paris Hilton trug schon Tinkerbell, Bambi, Tokyo Blu und Harajubu Bitch im Handtäschchen Gassi. Und Christina Aguilera besitzt zwei Papillons: Chewy und Stinky.

Ist es Hunden egal, wie sie heißen? Vermutlich schon. Die Rocksängerin Pink behauptet zwar, ihr Hund sei glücklicher, seitdem er Fred heiße und nicht mehr »Fucker«, das Tier wurde allerdings umbenannt, weil es von Pinks Vater adoptiert wurde, und der wollte den ursprünglichen Namen in der Öffentlichkeit nicht rufen. Vielleicht ist Fred jetzt einfach glücklich über sein neues Zuhause.

Die beliebtesten Hundenamen sind einer Versicherungsstatistik zufolge zurzeit übrigens Luna und Emma und bei Rüden Sammie/ Sam und Buddy.

12 Einen Hund be- und verkleiden

Es fing in den Neunzigerjahren an: Plötzlich trugen Hunde Halstücher. Sie waren zu Dreiecken gefaltet, und Hund trug sie schräg um den Hals. Selbst ein gestandener Dobermann sah damit aus wie ein Plüschtier. Nur in den seltensten Fällen hatten diese Tücher medizinische Gründe, die meisten Hundebesitzer fanden die betuchten Vierbeiner einfach süüüüüß.

Dann tauchten immer öfter Hunde mit Mänteln im Straßenbild auf. Diese Hundemode betraf zwar vor allem sogenannte Modehunde, aber trotzdem ging es den Besitzern dieser Tiere nicht darum, mit Wuffi en dogue zu sein. Tatsächlich hatte sich in dieser Zeit die Hundehaltung gründlich gewandelt. Noch in den Siebzigerjahren war es nicht unüblich, einen Hund in einer Hundehütte im Garten oder Zwinger zu halten. Echte Haushunde waren besonders in ländlichen Gegenden selten. Heute weiß man, dass soziale Isolation für Hunde eine Qual ist, und die meisten Hunde leben in engem Kontakt mit ihren Menschen, also im Haus.

In Mode kamen deshalb pflegeleichte Hunde, die keine Unterwolle besitzen: Dalmatiner, Dobermänner oder Rhodesian Ridgebacks zum Beispiel. Solche Hunde sind auch bei schlechtem Wetter sauberer und miefen bei Nässe weniger, aber sie frieren bei Minusgraden schnell, und bei Regen durchnässen sie bis auf die Haut. Ein schützender Mantel bei Nässe und Kälte ist für solche Tiere kein modischer Firlefanz, sondern eine echte Hilfe.

»Pet-à-porter«

Als winzige Modehunde dank prominenter Vorbilder wie Paris Hilton immer mehr zum modischen Accessoire ihrer Menschen verkamen, veränderte sich auch die Hundemode.

Inzwischen gibt es stylische Mode für Hunde aller Rassen: Dirndl und Lederhosen für Dackel, Kapuzenpullis für Möpse, Hundenachthemden für Pekinesen und Hundebademäntel für Malteser und Co. Die englische Modedesignerin Vivienne Westwood hat gar einen mit echten Juwelen verzierten Umhang für Hunde kreiert. Er ist mit weißen Diamanten und kleinen Saphiren verziert. Preis pro Stück: 2 500 britische Pfund.

Hunde werden nicht mehr nur be-, sondern inzwischen auch verkleidet. In New York beispielsweise findet jedes Jahr im Oktober die Tompkins Square Dog Parade statt, eine Art Karnevalsumzug für Hunde. Dort sieht man kleine Hundeprinzessinnen mit Krönchen, Dackel, die mit zwei überdimensionierten Brötchenhälften am wurstförmigen Leib den Hot Dog mimen, Möpse im Meerjungfrauenkostüm oder Hunde, die als Karotten verkleidet herumlaufen.

Das ist natürlich nur für Menschen lustig oder niedlich, für Hunde ist es Stress pur.

Bevor man jetzt aber in Kulturpessimismus verfällt und nicht länger auf einer Welt leben will, auf der Menschen Hunde als Gemüse verkleiden, sollte man sich doch klarmachen, dass all das Randphänomene sind. Juwelenbehängte Hunde mit lackierten Krallen und Karotten auf vier Beinen sieht man bei uns im Straßenbild selten bis nie.

Hund mit Botschaft

Ein weiterer Modetrend grassiert noch immer wie ein ansteckendes Virus unter Hundebesitzern: der Hund mit Schriftzug auf dem Rücken. Zeige mir dein Geschirr, und ich sage dir, wie Herrchen oder Frauchen drauf sind. Hier eine Auswahl:

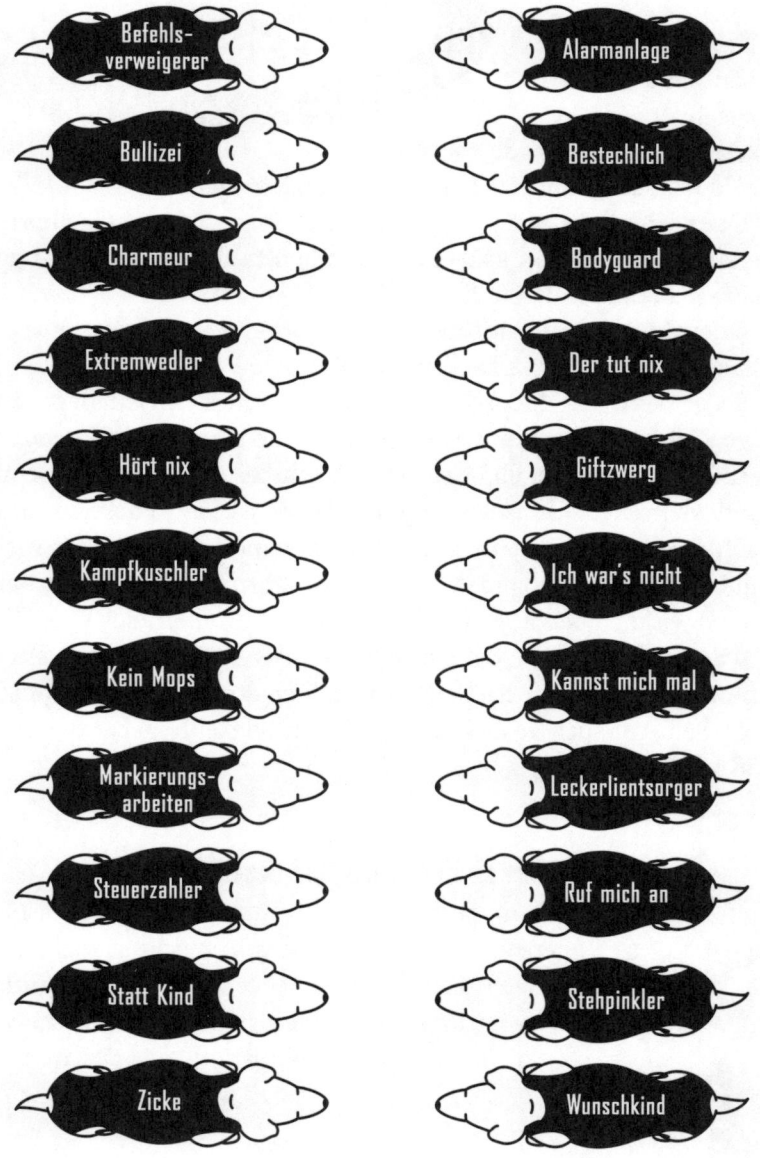

13 Für Hunde backen

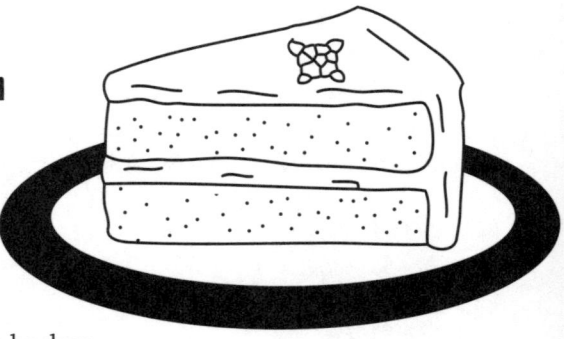

Mal ehrlich, was
haben Sie bei dieser
Überschrift gedacht?

Vielleicht: Für Hunde backen,
wie doof ist das denn? Da hat wohl jemand zu viel Zeit?!

Oder: Hundekeksbäcker, solche Leute habe ich echt gefressen,
das sind die, die dann später vor Hundi sitzen und sagen: »Gugge-
malwashaddimamidafeiiiiiiines.« Peinlich, so was.

Oder: Meine Güte, auf dieser Welt verhungern Kinder, und wir
sollen hier Hundekekse backen? Geht's noch?

So denken viele Menschen, und ich konnte den Gedankengang
lange Zeit verstehen. Aber irgendwann fragte ich mich dann, warum
eigentlich viele so abfällig über Hundekeksbäcker urteilen, aber niemand Menschenkeksbäcker anprangert. Zeit kostet Backen immer,
egal für wen man es tut. Gesund ist Gebäck auch für Menschen nicht.
Und bei jedem Keks handelt es sich um Nahrung, die bei uns kaum
jemand wirklich benötigt, die aber in anderen Ländern der Welt fehlt.

Warum dann dieser Unterschied in unseren Köpfen? Was steckt
dahinter? Ich habe die Sache also gründlich durchdacht und danach
einen Selbstversuch gestartet. Ich habe Hundekekse gebacken. Jetzt
weiß ich mehr.

Gedanken zu Hundekeks und Gesellschaft

Man kann ja jemanden kaum wirkungsvoller beleidi-
gen als mit dem Satz: »Du hast echt zu viel Zeit.«
Sechs kleine Wörter, jedes an sich kein Schimpfwort, und doch bilden sie zusammen eine ver-
nichtende Wortkombination, mit der man in

Sekundenschnelle das gesamte Lebenskonzept seines Gegenübers als gescheitert und ihn oder sie zum Versager abstempeln kann. Und das Beste daran: Nach einem solchen Einleitungssatz hat man das Gespräch gewonnen. Es gibt verbal keine Rettung für das Opfer. Wenn es jetzt Gegenargumente formuliert und wortreich darlegt, wie wenig Zeit es im Leben tatsächlich hat, macht es sich nur noch verdächtiger. Getroffene Hunde bellen! Die Kritisierten beweisen damit sogar automatisch, dass sie schon wieder viel zu viel Zeit haben, diesmal nämlich zum Reden. Man kann so einen Wortschwall also wirkungsvoll unterbrechen, indem man sagt: »Du, sorry, *ich* muss jetzt los.« Mit Betonung auf dem »ich«. Schach und matt, in nur zwei Zügen.

Zeit zu haben – das ist nämlich heutzutage peinlicher, als Läuse oder Hämorrhoiden zu haben. Zeit haben nur Leute, die nicht wichtig sind. Die auf dieser Welt nicht gebraucht werden.

Hundebesitzer sind immer ganz nah dran an dem Vorwurf, zu viel Zeit zu haben. Welcher schwer arbeitende Mensch kann es sich schon leisten, am helllichten Tage mit einem Tier durchs Grüne zu spazieren? Müßiggang und Gassigang, das ist für viele fast dasselbe. Aber Hundebesitzer, die außerdem auch noch Zeit haben, ihrem Hund Kekse zu backen – pfui! Wer so etwas tut, der bekommt garantiert im Leben sonst nicht viel gebacken.

Wie bei Muttern

Backen ist eigentlich ein chemischer Vorgang. Man mischt Lebensmittel zu einem Teig, diesen härtet man durch Hitze, und dadurch werden die Zutaten haltbar.

Aber Backen ist noch viel mehr. Als die Japanerin Satsuki Sakuragi zu einem Sprachkurs nach Deutschland kam, fiel ihr auf, dass Selbstgebackenes hier bei uns einen ganz anderen Stellenwert hat als in ihrer Heimat. In ihrer Doktorarbeit mit dem Titel *Vom Luxusgut zum Liebesbeweis* verfolgte sie daher die historische Entwicklung des Backens und stellte fest, dass Selbstgebackenes hierzulande ein Symbol für Mutterliebe und Geborgenheit ist. Das erklärt nicht nur, warum man als Mutter zu jedem feierlichen Ereignis im Leben eines Kindes per Elternbrief und Listen zum Mitbringen von Kuchen quasi gezwungen wird, obwohl das deutsche Normalkind davon allenfalls die aufgeklebten Smarties abknabbert, es liefert auch eine Erklärung dafür, warum Hundekeksbäcker zwangsläufig zu Hass- und Spottobjekten werden müssen. Denn Mutterliebe gilt in unserer Kultur als stärkstes aller Gefühle. Wer für Hunde bäckt, der begeht also einen Tabubruch. Er bemuttert und vermenschlicht damit ein Tier. Und das darf man nicht (siehe auch die Kapitel: »Einen Hund vermenschlichen«, »Einen Hund begraben« und eigentlich alle Kapitel in diesem Buch).

Frei Schnauze oder nach Rezept?

Für Hunde zu backen ist also ein dreifacher Tabubruch. Man vertrödelt Zeit, das knappste Gut des modernen Menschen. Man verschenkt diese Zeit an ein Tier, das sie einfach auffrisst. Und dann verströmt man dabei, ob man will oder nicht, auch noch Mutterliebe. Kein Wunder, dass ich meine Kekse heimlich und nach Anbruch der Dunkelheit hinter geschlossenen Läden gebacken habe.

Aber wenn schon selbst gebackene Mutterliebe für mein Tier, dann sollte das Beste gerade gut genug sein. Ich beschloss: Bei mir werden keine Krümel gemacht. Das wird der ultimative Hundekeks. Schmackhaft. Nahrhaft. Gesund.

Ich habe also zunächst keine Hundebackbücher (doch, so was gibt es!) aufgeschlagen, sondern dicke Fachbücher zum Thema Hundeernährung. Dort findet man zwar keine Rezepte für Hundekekse, aber viele Hinweise, welche Backzutaten für Hunde auf gar keinen Fall verwendet werden sollten.

Was Hunde fressen sollten und was nicht

Erstaunliches Ergebnis meiner Recherche: Zutaten, die für Hunde schädlich sein können, kommen tatsächlich als empfohlene Zutaten in einigen Hundebackbüchern vor. Man muss also schon genau hinsehen, welche Rezepte man wählt. Verboten sind Alfalfa-Sprossen, Avocado, Bärlauch, Erdnüsse, Kakao, Macadamia-Nüsse, Mandeln, Knoblauch, Rosinen, Schokolade, Trauben, Thunfisch (wegen des oft hohen Quecksilbergehalts), Xylit (Süßstoff), Zucker und Zwiebeln. Als leicht verdaulich und gesund für alle Hunde, mit Ausnahme von Allergikern, gelten Karotten, Haferflocken und Ei. Jungen Hunden kann man Weizenkleie, Quark und Innereien füttern. Alte Hunde sollten leicht verdauliches Eiweiß, wenig Phosphor, aber viel Jod und Omega-3-Fettsäuren verzehren, also bevorzugt Hüttenkäse, Muskelfleisch und Fisch.

Zum Fressen gern

Mein Selbstversuch zeigte: Ja, mein Hund mag es, wenn ich ihm Kekse backe. Er liebt es sogar. Er ist unermüdlich, wenn es ums Abschmecken geht, und überhaupt nicht kritisch beim Verzehr. Der Spruch »Das Auge isst mit« gilt für ihn eindeutig nicht. Form, Farbe und Verzierung von Hundekeksen sind ihm egal. Auf die Betrachtung meiner Machwerke verschwendet er keine Sekunde.

Und – ich gebe es nicht gern zu, aber es ist ein befriedigendes Gefühl, mit eigenen Händen etwas herzustellen, über das sich jemand so freut wie mein Hund über diese Kekse.

Man denke an dieser Stelle nur einmal kurz an die unzähligen Menschen, die in den Siebzigerjahren Eulen aus Makramee knüpften, einfach nur, weil es schön war, mit eigenen Händen etwas zu schaffen. Aber wer hat sich über diese Eulen gefreut? Heute blicken Menschen mit Grausen auf die staubigen Makramee-Eulen ihrer Kindheit zurück. Was für ein Segen ist es im Vergleich dazu, Hundekekse zu fertigen. Sie sind viel schneller fertig als Makramee-Eulen, sie machen jemanden sehr glücklich, sie sind kurz nach der Herstellung spurlos verschwunden, und niemand muss sie sich an die Wand hängen.

Hundekeks und Gesellschaft

Ich komme nun nach diesem Selbstversuch zur abschließenden Bewertung des selbst gebackenen Hundekekses.

1. Hundekeksbacken ist keine Zeitverschwendung, denn es geht schnell und macht Spaß. Wer genug Zeit hat, über seine extreme Zeitnot zu klagen, könnte in dieser Zeit locker ein paar Zutaten in den Mixer werfen, die Masse auf ein Backblech gießen und den Knopf auf 200 Grad drehen. Denn mehr muss man ja nicht tun. Plätzchen in Hunde- oder Knochenform bringen definitiv keinen Mehrwert.

2. Mit falsch eingesetzter Mutterliebe hat das Backen von Hundekeksen nichts, aber auch gar nichts zu tun. Mutterliebe ist nämlich traditionell selbstlos und bringt Opfer. Hundekeksbacken aber ist eine ausgesprochen narzisstische Tätigkeit. Den Hund könnte man genauso glücklich machen, wenn man ihm ein Leberwurstbrot schmieren würde. Aber es ist einfach kein vergleichbar gutes Gefühl, mit eigenen Händen ein Leberwurstbrot zu schmieren.

Ich ziehe ab jetzt den Hut vor Menschen, die den Tabubruch wagen, regelmäßig Hundekekse zu backen, und sich damit bewusst an den Rand dessen begeben, was eine Gesellschaft noch zu tolerieren bereit ist.

Hören wir doch einfach endlich alle auf, über Menschen zu lachen und zu lästern, die ihrem Hund Kekse backen. Dafür haben wir ja eigentlich sowieso keine Zeit.

Rezept für Hundekekse, würzig

- 200 g Dinkelmehl
- 150 g Haferflocken
- 2 Eier
- 200 g Hüttenkäse

- 50 g Fisch, Leber oder Rindfleisch (klein schneiden, hacken oder pürieren)

Alle Zutaten zu einem Teig vermischen. Falls noch Flüssigkeit erforderlich, kann man gutes Speiseöl oder Fleischbrühe hinzufügen, je nach Figur des Hundes. Man kann aus dem Teig Bällchen oder Würstchen formen, man kann ihn aber auch einfach auf einem Backblech verteilen und ihn mit einem Messer in Würfel schneiden. Bei ca. 200 Grad ungefähr 15 Minuten backen, bis die gewünschte Festigkeit erreicht ist.

Rezept für Hundekekse, süß

- 2 Äpfel
- 2 Bananen
- 3 Möhren
- 250 g Mehl

- 1/2 Teelöffel Salz
- 1 altes Brötchen
- 2 Teelöffel Honig
- 125 g Haferflocken

Äpfel, Möhren und Brötchen raspeln, Bananen zerdrücken, alle Zutaten zusammenmixen, auf Backpapier ausrollen und mit dem Messer in Würfel schneiden. Etwa 20 Minuten bei 200 Grad backen, abkühlen lassen. Diese Kekse können auch an Pferde, Kaninchen und Meerschweinchen verfüttert werden.

14 Hunde kochen, backen oder braten

Achtung, dies ist kein Kapitel für zarte Gemüter! Auf den folgenden Seiten geht es um die Frage, ob man Hundefleisch essen kann und darf. Ich werde natürlich versuchen, auch bei diesem Thema die Grenzen des guten Geschmacks nicht zu überschreiten, aber schon die Erwähnung von Geschmack könnte in diesem Zusammenhang bei sensiblen Lesern dazu führen, dass sie sich hundeelend fühlen.

Deswegen hier vorab gleich die wichtigste Information: Ja, Hunde sind essbar. Hierzulande darf man sie aber nicht verzehren, das ist gesetzlich verboten. Oder genauer gesagt: Man darf Hunde in Deutschland nicht schlachten, man darf ihr Fleisch nicht zum Verzehr gewinnen, man darf es nicht verkaufen und auch nicht importieren. Essen darf man es rein theoretisch schon, aber man bekommt es nicht auf legalem Weg. Auch illegal gibt es in Deutschland keinen Markt für Hundefleisch, denn allein der Gedanke an ein Hundeschnitzel löst bei den meisten Deutschen heftige Ekelgefühle aus.

Wer zu diesem Personenkreis gehört und jetzt genug über dieses Thema erfahren hat, kann an dieser Stelle zum nächsten Kapitel übergehen.

Für alle anderen: Die Frage, warum wir uns vor Hundefleisch ekeln, ist spannend. Andere kluge, mitfühlende und soziale Säugetiere wie Schweine oder Kühe verspeisen schließlich die meisten von uns, ohne auch nur mit der Wimper zu zucken. Und in China, Korea und Vietnam, aber auch in manchen Gegenden Afrikas, gehört Hundefleisch durchaus zum Speiseplan. Es ist nicht gesundheitsschädlich und schmeckt offenbar auch nicht so ekelhaft, dass Menschen instinktiv davor zurückschrecken würden. Warum also besteht für uns in Europa ein Tafelspitz nie aus Spitz?

Hundeverzehr – historisch

Früher waren auch die Europäer keine Hundefleischverächter. Schon bei den Griechen und Römern diskutierten Autoren in ihren Werken den Verzehr von Hundefleisch, wenn auch sehr kontrovers. Einige rieten aus gesundheitlichen Gründen dazu (siehe auch das Kapitel: »Mit Hunden heilen«), andere warnten davor.

Spätere Quellen in der europäischen Literatur belegen eindeutig das Essen von Hunden. In Neapel beispielsweise haben arme Menschen bis ins 18. Jahrhundert Hundefleisch verzehrt. Noch im 19. Jahrhundert sind Hundefleischesser in London und Paris belegt. Und zu Beginn des 20. Jahrhunderts gab es noch offiziell und ganz legal Hundeschlachtungen in Deutschland, etwa in Berlin, Chemnitz, Dresden und Zwickau. Auch in Kriegs- und Nachkriegszeiten hat man überall in Europa Hunde, Katzen und sogar Ratten gegessen.

Einer der berühmtesten europäischen Hundeesser war der norwegische Polarforscher Roald Amundsen, der 1911 mit seinem britischen Rivalen Robert Scott ein erbittertes Duell darum austrug, wer als erster Mensch den Südpol erreichen würde. Amundsen überlebte diese Exkursion im Gegensatz zu Scott, weil ihn das Fleisch seiner Schlittenhunde vorm Verhungern rettete (siehe auch das Kapitel: »Mit Hunden den Südpol erobern«).

Hundeverzehr – heute

Auch heute noch essen Menschen nicht nur in Afrika und Asien Hundefleisch. Manche Schweizer tun es angeblich auch. Glaubt man Zeitungsberichten, dann darf man in der Schweiz Hundefleisch zwar nicht verkaufen, aber man darf es zum eigenen Verzehr gewinnen, und es gibt angeblich noch Bauern, die diesen alten Brauch am Leben halten. Auch Prinz Henrik von Dänemark, der Ehemann der dänischen Königin Margrethe, hatte Medienberichten zufolge Hunde früher zum Fressen gern. Der gebürtige Franzose wuchs in Indochina auf und lernte das Fleisch dort kennen und lieben. Geschmacklich siedelt er es irgendwo zwischen Kalb und Kaninchen an. Sein offenes Bekenntnis in der dänischen Zeitschrift *Ud & Se* brachte dem Prinzen allerdings keine Sympathiepunkte ein. Böse Zungen fragen jetzt, ob der Dackel von Königin Margrethe, der 1993 spurlos verschwand, wirklich entlaufen war. Aber das ist bestimmt ein übles Gerücht, denn der Prinz liebt seine Hunde so sehr, dass er sogar Gedichte über sie verfasst.

Warum essen wir kein Hundefleisch?

Das ist eine schwierige Frage. Fest steht: Genetisch bedingt ist das nicht, denn Ekel ist uns Menschen grundsätzlich nicht angeboren. Kleinkinder zum Beispiel essen alles, was ihnen in die Finger gerät, und zwar überall auf der Welt; sie machen selbst vor Glasmurmeln oder Katzenkot nicht Halt. Sie müssen erst lernen, was »man« isst und wovor »man« sich ekelt, und das ist von Kultur zu Kultur unterschiedlich: Die meisten Inder essen kein Rind, gläubige Juden und Muslime essen kein Schwein, bei vielen anderen Völkern steht Pferd auf dem Index, und für die meisten Europäer und Nordamerikaner sind Hunde genauso tabu wie Insekten oder Meerschweinchen, die andernorts als Delikatessen gelten.

Ein solcher anerzogener Ekel ist schwer zu überwinden. Selbst in schlimmen Notzeiten können sich Menschen oft kaum darüber hinwegsetzen. Weil wir hier bei uns Hunde quasi als Familienmitglieder betrachten, gilt für sie ein fast ebenso rigoroses Nahrungstabu wie für den Verzehr von Menschenfleisch.

Fakt ist: Es sind nur rein emotionale Gründe, die gegen den Verzehr von Hunden sprechen. Sachliche Gegenargumente existieren nicht.

Sollten wir also Hundefleisch essen?

Nein! Es gibt zwar durchaus Menschen, die aus ökologischen Gründen dazu raten (siehe das Kapitel: »Den ökologischen Pfotenabdruck eines Hundes berechnen«). Aber erstens ist der Verzehr von Hunden bei uns verboten, und zweitens – allein der Gedanke daran, also echt!

15 Mit Hunden heilen

»Dr. Dog – Ein Hund im Haus erspart den Arzt«, titelte jüngst eine Zeitschrift. Diese Überschrift kann man nicht mehr ohne Gänsehaut lesen, wenn man einmal in einer älteren Ausgabe von *Brehms Thierleben* geblättert hat.

Hundesuppe und Heilung durch »Hund auflegen«

»Ergötzlich ist es, was die alten Schriftsteller noch alles von der Benutzung des Hundes zu Arzneizwecken aufgeführt haben. Der ganze Hund war eigentlich nur ein Arzneimittel.«

Das schrieb der Zoologe Alfred Brehm 1876 über den Haushund, und anschließend zählte er auf, für welche Erkrankungen Hunde angeblich heilsam waren: »Namentlich Plinius ist unermüdlich in Aufzählung der verschiedenen Heilkräfte des Hundes; außer ihm leisten Sextus, Hippokrates, Galen, Faventius, Marellus, Bontius, Aeskulap und Amatos jedoch auch das Ihrige. Ein lebender Hund, bei Brustschmerzen aufgelegt, thut vortreffliche Dienste; wird er aufgeschnitten und einer schwermüthigen Frau auf den Kopf gebunden, so hilft er sicher gegen die Schwermuth. Nach Sextus heilt er sogar Milzkrankheiten. Mit allerlei Gewürz gekocht und gegessen, dient er als Mittel gegen fallende Sucht; doch muß es dann ein säugender Hund sein, welcher mit Wein und Myrrhen zubereitet wurde. Ein junger Jagdhund hilft gegen Leberkrankheiten. Wird eine Frau, welche früher schon Kinder geboren hatte, unfruchtbar, dann befreit sie gekochtes Hundefleisch, welches sie in reichlicher Menge genießt, von ihrer Schwäche. Sehniges Fleisch dagegen ist ein Vorkehrmittel gegen Hundebiß. Die Asche eines zu Pulver gebrannten Hundes dient gegen Augenleiden, und werden mit ihr die Augenbrauen gestrichen, so erhalten sie die schönste Schwärze. Eingesalzenes Fleisch von tollen Hunden gibt ein Mittel gegen Hundswuth. Die Asche vom Schädel eines gesunden Hundes vertreibt alles wilde Fleisch, heilt den Krebs, schützt gegen Wasserscheu, mildert, wenn man sie mit Wasser zu sich nimmt, Seitenstechen und Geschwülste aller Art.« Und so geht es in Brehms Werk noch seitenweise weiter.

Wer nun allerdings glaubt, die Gewinnung von Medikamenten aus frischem Hund sei ein Relikt aus grauer Vorzeit, der irrt. Noch in der Nachkriegszeit galt eine kräftige Hundesuppe vielerorts als Heilmittel gegen Schwächezustände aller Art, und in Korea verspeist man sie noch heute als Wundermittel für eine schöne, weiche Haut.

In Hungerzeiten hat natürlich jede Suppe eine kräftigende Wirkung, egal aus welchem Fleisch sie gekocht ist. Aber darüber hinaus konnten heilende Wirkungen von Präparaten aus Hundefleisch oder Hundefett wissenschaftlich nie belegt werden. Anders sieht es aus mit der Heilwirkung von Hunden auf die Seele von Menschen.

Hund und seelische Leiden

»Gib dem Menschen einen Hund, und seine Seele wird gesund.« Das wusste schon vor neunhundert Jahren die Äbtissin und Heilerin Hildegard von Bingen. In ihrer Abhandlung über die Tiere schrieb sie: »Der Hund hat in seiner Naturanlage etwas mit dem Benehmen oder den Sitten des Menschen Gemeinsames, und deshalb versteht und begreift er den Menschen, und liebt ihn, und bleibt willig bei ihm, und ist treu, und deshalb hasst und verabscheut der Teufel den Hund wegen der Treue, die er dem Menschen zeigt.«

Und dieses alte Wissen aus dem Mittelalter konnte inzwischen tatsächlich von moderner Wissenschaft bestätigt werden.

Hund fürs Kind

Hunde sind für Kinder nicht nur Spielkameraden, sie trainieren auch deren Immunsystem. Das hat eine Studie am Münchener Helmholtz-Zentrum ergeben. Danach senken Vierbeiner in der Wohnung das Allergie-Risiko deutlich. Die genauen Ursachen dafür sind noch unbekannt. Das gilt allerdings nur für Familien ohne allergische Vorbelastung.

Jugendliche, die in einer Großstadt leben und einen Hund besitzen, haben mehr Freude am Leben als Jugendliche ohne Hund, und sie sind weniger gefährdet, kriminell oder drogenabhängig zu werden. Das ist das Ergebnis einer Studie am Psychologischen Institut der Universität Bonn. Auch eine französische Studie kam zu dem Schluss, dass Kinder mit Hund umgänglicher und weniger aggressiv sind als Kinder ohne Hund.

Eine deutsch-österreichisch-schweizerische Pilotstudie bewies 2010, dass der Spiegel des Stresshormons Cortisol im Blut von Kindern sinkt, wenn sie einen Hund streicheln und mit ihm sprechen.

Hund fürs Herz

Nicht nur bei Kindern wirken Hunde stressmindernd. Der südafrikanische Forscher Johannes Odendaal und seine amerikanische Kollegin Rebecca Johnson untersuchten erwachsene Hundehalter und stellten fest: Wenn sie sich nur zwanzig Minuten lang still in demselben Raum befanden wie ihr Tier, stieg bei beiden – Mensch und Hund – der Glückshormonspiegel an.

In einer anderen Studie an der Universität New York erhielten vierundzwanzig Börsenmakler ein Medikament gegen Bluthochdruck, vierundzwanzig andere Börsenmakler erhielten einen Hund, der sie bei der Arbeit begleitete. Bei den Patienten in tierischer Begleitung war der Blutdruckanstieg in Stresssituationen nur halb so hoch wie bei der haustierlosen Gruppe.

Die Psychiater James Lynch und Erika Friedmann von den Universitäten Maryland und Pennsylvania fanden heraus: Wenn Menschen mit Menschen sprechen, steigt ihr Blutdruck. Wenn Menschen mit Tieren sprechen, sinkt er. Und im kanadischen Halifax richtete eine Studentenvereinigung 2012 zur Verminderung von Prüfungsstress einen »Puppy-Room« (Welpen-Raum) ein. Dort warteten drei Tage lang mehrere Hunde auf gestresste Prüfungsanwärter und ließen sich von ihnen streicheln. Die Bezeichnung »Puppy-Room« war dabei irreführend: Aus Tierschutzgründen handelte es sich bei den Hunden nicht um Welpen, sondern um mindestens einjährige Therapiehunde. Trotzdem war der Andrang gewaltig. Hunderte von Studenten nahmen lange Wartezeiten in Kauf, um bei den Hunden Entspannung zu finden.

Hunde eignen sich aber nicht nur passiv als Therapeuten, sondern können auch aktiv an der Diagnose von Krankheiten mitwirken. Speziell trainierte Hunde sind in der Lage, Hautkrebs-Gewebeproben mit einer 97-prozentigen Treffsicherheit aufzuspüren – menschliche Ärzte schaffen nur eine Trefferquote von 66 Prozent. Hunde können auch Blasenkrebszellen in einer Urinprobe mit einer Sicherheit von 41 Prozent erkennen. Brustkrebs erschnüffeln die Vierbeiner zu 88 Prozent und schaffen damit eine bessere Quote als die Mammographie. Lungenkrebs diagnostizieren Hunde sogar mit 99-prozentiger Erfolgsquote.

Hilfreich ist »Dr. Dog« auch für Diabetiker oder Epileptiker, denn Hunde können darauf trainiert werden, bei Frauchen oder Herrchen erste Anzeichen eines Anfalls zu wittern und Alarm zu schlagen.

Tierische Therapeuten

Die positiven Auswirkungen von Hunden auf die menschliche Gesundheit sind inzwischen anerkannt. Immer öfter werden tierische Therapeuten deshalb als Besuchshunde in Altenheimen, Schulen oder als Helfer für kranke und behinderte Menschen eingesetzt. Auf Rezept gibt es sie zwar noch nicht, aber eines hat sich in den vergangenen Jahrhunderten doch verändert. Der Satz »Der Hund im Haus erspart den Arzt« gilt nach wie vor, aber für die Hunde ist die Rolle als »Medikament« für Menschen inzwischen angenehmer.

16 Wo der Hund begraben liegt

Wo liegt eigentlich der sprichwörtliche Hund begraben?

Ganz einfach: Rein sprachlich betrachtet genau da, wo auch der Hase im Pfeffer liegt, nämlich ganz nah bei des Pudels Kern, nicht fern von der Stelle, an der man ab und zu auch Nachtigallen trapsen hört. Alle diese Redewendungen bedeuten nämlich ungefähr das Gleiche: Man ist jemandem auf die Schliche gekommen oder hat den Knackpunkt eines Problems aufgedeckt.

Während der Pudel und sein Kern eindeutig auf Goethes *Faust* zurückgehen, der gepfefferte Hase auf ein Kochrezept und die Nachtigall auf die Verballhornung eines Gedichtes aus *Des Knaben Wunderhorn,* ist die Herkunft der Redensart vom begrabenen Hund noch ungeklärt. Manche vermuten, dass sie sich auf ein echtes Hundegrab in Winterstein/Thüringen bezieht, das man noch heute besichtigen kann. Dort wurde 1630 ein Hund namens Stuczel beerdigt, der seinen Besitzern der Sage nach große Dienste erwiesen haben soll. In einem Körbchen am Halsband transportierte Stuczel angeblich einst heimlich, still und leise glühende Liebesbriefe von einem Adelsschloss zu einem anderen, weshalb ihm seine Besitzer später ein Denkmal setzten. Ob das stimmt, ist nicht bewiesen. Sicher scheint aber, dass Stuczels Grab und die sprichwörtliche Redensart nichts miteinander zu tun haben, denn Letztere ist älter als der Grabstein.

Andere Autoren behaupten, dass es sich bei dem begrabenen Hund überhaupt nicht um einen Vierbeiner handelt, »Hund« sei vielmehr früher ein anderes Wort für Schatz gewesen. Belegt ist das allerdings auch nicht, und der Duden zumindest schließt sich der Erklärung des renommierten Germanisten Lutz Röhrich (1922–2006) an, für den der sprichwörtliche Hund tatsächlich ein Hund war, und zwar ein schwarzer. In Volkssagen lauert nämlich oft anstelle des

Teufels ein schwarzer Hund im Erdboden und wacht über Schätze, die ihm anvertraut wurden.

17 Einen Hund begraben

Für Hundebesitzer ist die Frage nach der Redensart zwar interessant, aber nicht wirklich existenziell. Eine andere ist viel drängender: die nach dem Platz, an dem der eigene Hund irgendwann einmal seine letzte Ruhe finden soll.

Das ist zwar kein schöner Gedanke, aber da eine Entscheidung im Ernstfall schnell getroffen werden muss, lohnt sich vielleicht schon jetzt ein – noch tränenloser – Blick auf mögliche Bestattungswege.

Wer seinen toten Hund in der Praxis eines Tierarztes zurücklässt, muss sich keine Gedanken über eine Beerdigung machen. Die Praxis sorgt dafür, dass der Tierkörper zu einer Sammelstelle gebracht wird; das kostet normalerweise zwischen 30 und 80 Euro. In einer Tierkörperbeseitigungsanlage wird er anschließend zusammen mit tierischen Abfällen zerkleinert, bei mindestens 133 Grad Celsius sterilisiert und anschließend getrocknet. Die Rückstände werden größtenteils in der Industrie zur Energiegewinnung genutzt, denn als Futtermittel darf solches Tiermehl heutzutage nicht mehr eingesetzt werden.

Diese Prozedur klingt nicht sehr appetitlich. Dem Tier ist das zwar gleichgültig, vielen Hundehaltern aber nicht. Sie legen Wert auf einen würdigeren Umgang mit den sterblichen Überresten ihres tierischen Lebensgefährten. Das ist allerdings eine sehr persönliche Entscheidung, und wirklich ästhetisch klingen auch die Alternativen nicht, egal ob es sich um die Verwesung in einem Grab, die Verbrennung in einem Krematorium oder die Konservierung durch Ausstopfen handelt.

Erde zu Erde ...

Wer einen eigenen Garten besitzt, darf in Deutschland Heimtiere selbst beerdigen. Voraussetzung ist, dass das Grab nicht in einem Wasserschutzgebiet oder in unmittelbarer Nähe zu öffentlichen Wegen und Plätzen liegt und dass der Tierkörper mit mindestens 50 Zentimetern Erde bedeckt wird. Wer zur Miete wohnt, benötigt eine Erlaubnis des Vermieters. Diese Variante ist nicht nur die persönlichste, sondern auch die kostengünstigste. Teuer kann es werden, wenn man den geliebten Vierbeiner irgendwo in freier Natur vergräbt. Das ist eine Ordnungswidrigkeit, die mit einem Bußgeld von bis zu 20 000 Euro belegt werden kann.

Dann doch lieber ein Grab auf einem Tierfriedhof. Die gibt es inzwischen in allen größeren Städten, und man kann zwischen einem Sammelgrab, einem Einzelgrab und einem Urnengrab wählen. Hier gibt es in der Regel Vorschriften über die zulässigen Sargmaterialien, den Grabstein, die Bepflanzung und die Pflege, und da ist man je nach Aufwand und Größe des Tiere ab 150 Euro dabei, es können aber durchaus auch Kosten im vierstelligen Bereich entstehen.

Im US-Staat New York übrigens können Hund und Besitzer jetzt gemeinsam in die ewigen Jagdgründe eingehen. Rein rechtlich ist es dort erlaubt, auch die Asche von Menschen auf Tierfriedhöfen bestatten zu lassen.

Asche zu Asche ...

Günstiger ist die Feuerbestattung eines geliebten Hundes. Auch in einem Tierkrematorium kann man sich entscheiden, ob das Tier zusammen mit anderen oder einzeln bestattet werden soll. Eine Einzeleinäscherung kostet etwa 250 Euro, dazu kommt noch der Preis der Urne. In manchen Krematorien kann man sich aus der Asche des Tieres sogar einen Diamanten pressen lassen. Das hat allerdings wirklich seinen Preis und dauert mehrere Wochen.

Forever Fell

Wer sein Tier auch nach dem Tod und in Lebensgröße um sich haben möchte, kann es von einem Präparator ausstopfen lassen. Die Preise für einen Dackel fangen bei etwa 450 Euro an, eine Dogge ist entsprechend teurer. Wenn man dieses Verfahren plant, sollte man das Tier gleich nach dem Tod einfrieren, damit der Verwesungsprozess nicht einsetzt. Benötigt wird nur das Fell, den Körper kann man später beerdigen oder einäschern lassen. In der Gestaltung des Exponats orientiert sich der Präparator an Fotos des Tieres zu Lebzeiten.

Noch ein Wort zur Trauer

Man darf als Mensch immer Beileid erwarten, wenn ein Verwandter stirbt, selbst wenn es sich um einen unbekannten, uralten, reichen Erbonkel in Amerika handelt, der nach einem erfüllten Leben friedlich im Schlaf gestorben ist. Der Tod eines Menschen gilt unter Menschen stets als Tragödie. Aber beim Tod eines Hundes ist das anders. Viele Freunde und Bekannte haben kein Verständnis dafür, wenn man um Tiere weint. Und wenn es doch passiert, dann sollte man dabei wenigstens einen entschuldigenden Satz schluchzen wie: »Ich weiß, er/sie war nur ein Hund, aber trotzdem vermisse ich ihn/sie sehr.« Wer sich anders verhält, macht sich lächerlich oder verdächtig. Er vermenschlicht ein Tier und, wie bereits mehrfach betont: Das tut man nicht!

So ein Quatsch! Wer eng mit einem Tier zusammenlebt, für den wird es zu einem Teil des eigenen Lebens. Und es ist gut und richtig, zu trauern, wenn dieser Teil plötzlich fehlt. Jeder möge also nach seiner Fasson traurig sein. Und wer Verständnis und Trost sucht, sollte am besten mit anderen Hundebesitzern sprechen. Die wissen Bescheid.

So traurig sollte kein Kapitel enden ...

... deswegen hier noch ein bisschen Allgemeinbildung zum Schluss: Bei dem Kuchen mit dem Namen »Kalter Hund« handelt es sich nicht um eine spezielle Süßspeise für Hundetrauerfeiern. Der »Hund« im Namen dieser kastenförmigen Schoko-Keks-Torte geht auf Grubenhunte im Bergbau zurück. Von diesen rechteckigen Förderwagen ist übrigens auch die Rede, wenn man sprichwörtlich »vor die Hunde geht«.

18 Einen Hund im Testament berücksichtigen

Der Modedesigner Rudolph Moshammer und der Philosoph Arthur Schopenhauer haben auf den ersten Blick nicht viel gemeinsam. Doch wenn man das Leben der beiden betrachtet, fällt eines auf: Beiden Männern waren ihre Hunde so wichtig, dass sie sie im Testament bedachten.

Als Schopenhauer 1860 an einer Lungenentzündung starb, vermachte er einer treuen Magd einen hohen Betrag, damit sie sich um seinen Pudel Butz kümmerte. Und Rudolph Moshammer bedachte seinen Chauffeur mit einem großzügigen Erbe, um seiner Yorkshire-Terrier-Hündin Daisy einen komfortablen Lebensabend zu sichern.

Direkt erben können Hunde nach deutschem Recht nicht, denn sie sind keine rechtsfähigen Personen: Juristisch werden sie in diesem Fall als Sachen betrachtet. Man kann also durchaus einen Hund erben, aber ein Hund kann keinen Besitz haben. Wer dennoch sicherstellen will, dass es dem Tier zeit seines Lebens gut geht, kann einen Menschen im Testament zum Erben bestimmen und dieses Erbe mit der Auflage verknüpfen, sich um das Tier zu kümmern. Und wenn man diesem Erben nicht so richtig traut, kann man zusätzlich einen Testamentsvollstrecker mit seiner Überwachung beauftragen.

In den USA ist die Rechtslage anders, dort machten bereits mehrfach steinreiche Hunde mit ihrem Erbe Schlagzeilen. Der berühmteste ist die Malteserhündin Trouble. Sie erbte von ihrem Frauchen, der schwerreichen Witwe des Immobilien-Königs Harry Helmsley, 12 Millionen Dollar. Helmsleys Nachkommen klagten dagegen aber erfolgreich vor Gericht, und das Erbe des Hundes wurde auf zwei Millionen Dollar gekürzt.

19 Unnützes Hundewissen zum Thema Hund und Mensch

Der Begriff »Gassi gehen« hat nichts mit dem Wort »Gasse« zu tun. Die Formulierung stammt aus der Studentensprache und ist eine Abkürzung für »gassatine gehen«, was früher eine Umschreibung für nächtliche Sauftouren war. Genau genommen müsste man das Wort Gassi also klein schreiben.

Wenn man es noch genauer nimmt, müsste man mit seinem Hund eigentlich sogar »grassi gehen«, denn das Wort »gassatine« stammt wiederum von dem lateinischen Verb »grassari« ab, das »sich herumtreiben« bedeutet. Unser Wort »grassieren« (beispielsweise bei Infektionskrankheiten oder bei blühendem Unsinn verwendet) leitet sich davon ab.

Von insgesamt zwölf Hunden auf der Titanic überlebten drei den Untergang.

Forscher der Universität von Western Ontario überzeugten zwölf Hundebesitzer, im Park einen Herzanfall zu simulieren. Die Hunde unternahmen ausnahmslos nichts für ihre Herrchen.

Die Britin Wendy Southgate ist der meistfotografierte Mensch bei Google Street View. Sie ist auf dreiundvierzig Bildern zu sehen. Immer dabei: ihr Hund Trixie. Das Auto mit der Kamera folgte ihr zufällig beim Gassigang.

Der grüne Papagei, den Karl-Theodor zu Guttenberg als Kind zu Weihnachten bekam, wurde vom Familienhund gefressen.

Ein Berg mit einem seltsamen Namen ist das »Hundsarschjoch« bei Vils in Tirol.

II.

HUND UND NATUR

»Frisst der Hund viel grünes Gras,
gibt es bald von oben was.«
BAUERNREGEL

20 Die Welt mit der Nase wahrnehmen

Ein Mensch besitzt rund 20 Millionen Sinneszellen, die Gerüche wahrnehmen. Ein Hund verfügt je nach Rasse über 200 bis 300 Millionen Riechsinneszellen.

Ein Mensch kann schmecken, ob eine Tasse Kaffee einen halben Teelöffel Zucker enthält. Ein Hund kann einen halben Teelöffel Zucker in einem Schwimmbecken schmecken.

Ein Mensch, der an einem Hund schnuppert, weiß, ob der Hund trocken oder nass ist. Ein Hund, der an einem Menschen schnuppert, weiß, was der Mensch gegessen hat, ob er Sex hatte, wo er herkommt, ob er gesund ist und wie es ihm geht.

Menschen schreiben in Büchern und Internetforen, wie Hunde riechen. Sie vergleichen den Geruch mit Popcorn, Erdnüssen, Bienenwachs, Keksen und Honig. An den Pfoten riechen offenbar viele Hunde nach Gras, Tannennadeln und manchmal auch nach Käsefüßen. Hundefell in der Sonne duftet nach Plüsch-Teddy. Wenn es regnet, riechen Hunde wie nasse Putzlappen, die man tagelang nicht aufgehängt hat. Das Analdrüsensekret eines Hundes riecht angeblich nach totem Fisch in alter Sportsocke.

Hunde schweigen darüber, wie Menschen riechen, und das ist auch besser so. Duftforscher behaupten nämlich, kaum etwas im Tierreich ließe sich mit dem Geruchspotenzial der menschlichen Achselhöhle vergleichen, ausgenommen der Beutel des Moschustiers und die Analdrüsen der Zibetkatze.

Hunde können die Fußspur eines Menschen noch nach mehreren Tagen verfolgen. Aber was kaum jemand weiß: Menschen können mit verbundenen Augen eine Duftspur aus Schokolade auf einer Wiese verfolgen, und wenn sie regelmäßig üben, können sie ihre Geschwindigkeit dabei sogar verdoppeln. Das hat ein Experiment an der University of California bewiesen.

Übrigens: Manche Hundenasen wechseln im Winter die Farbe, sie werden heller bis rosarot. Das ist keine Krankheit, sondern eine harmlose »Wechselnase« oder »Snow Nose«. Die Farbänderung liegt an der Pigmentierung der Nase, die bei stärkerer Sonneneinstrahlung dunkler ist.

21 Die Welt durch Hundeaugen betrachten

»Wo ist die Leine?«, frage ich meinen Hund. Der gesuchte Gegenstand liegt direkt vor seinen Pfoten, aber er sieht sich nur ratlos um. »Leine?«, scheint er zu denken. »Also, hier ist keine!«

Wenn ich ihm aber befehle, sich hinzusetzen, und dann in einer Entfernung von ein paar Metern mehrere Gegenstände platziere, unter anderem auch die Leine, versteht er diesen Befehl sofort und bringt mir die Leine. Dinge, die direkt vor seiner Nase liegen, scheint er manchmal einfach nicht zu sehen. Benötigt er vielleicht eine Brille? Oder sind alle Hunde weitsichtig? Was sehen Hunde überhaupt? Und was sehen sie nicht?

Alles blau

Blaue Stunde, so nennt man poetisch die Zeit zwischen Sonnenuntergang und Dunkelheit, in der die ganze Welt einen Blauschimmer zu haben scheint und Farben wie Rot, Orange und Gelb sich in Grautöne verwandeln.

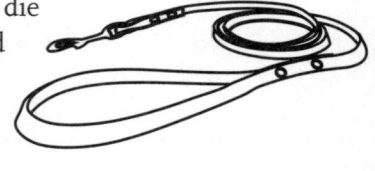

Man muss sich die Welt eines Hundes optisch ein bisschen so vorstellen wie eine immerwährende Blaue Stunde. Seine Augen besitzen nämlich keine Rezeptoren für die Farbe Rot, und auch Gelb nehmen Hunde nicht so intensiv wahr wie wir. Blau, Grün und Violett sind die vorherrschenden Farben in ihrer Welt. Alle anderen Farbtöne sind Schattierungen davon.

Alles hell

Weniger bunt, aber dafür heller – so sieht die Welt durch Hundeaugen betrachtet aus. Der Augenhintergrund von Hunden ist nämlich quasi verspiegelt. Eintreffendes Licht trifft deshalb zweimal auf die Seh-Rezeptoren und wird verdoppelt.

Dieser »Spiegel« sorgt übrigens nicht nur dafür, dass Hunde in der Dämmerung besser sehen können als wir. Er ist auch der Grund für die glühenden Werwolfaugen, die Hunde auf Fotos oft haben.

Alles in Bewegung

Fast alles, was Hunde von Natur aus gern fressen, hat Beine und rennt weg. So lässt sich eine weitere Eigenart ihrer Hundesicht erklären: Ihr Gehirn blendet bewegungslose Gegenstände oft aus. Wenn sich ein Lebewesen aber auch nur ein bisschen bewegt, erkennen sie es sofort. Dazu kommt, dass Hundeaugen nicht so frontal im Gesicht platziert sind wie Menschenaugen. Im Vergleich zu uns haben Hunde einen Panoramablick.

Alles eine Frage der Nasenlänge

Die Leine, die ich meinem Hund vor die Nase lege, bewegt sich nicht. Und es gibt noch ein weiterer Aspekt, warum er sie nicht sieht: Er hat als Australian Shepherd im Vergleich zu anderen Rassen eine lange Nase. Die erschwert ihm zwar nicht die Sicht, aber sie ist ein Indiz dafür, dass er vermutlich weitsichtig ist.

Grundsätzlich ist die Sehschärfe von Hunden schlechter als die von Menschen, die keine Brille benötigen. Aber hier gibt es eine Besonderheit. Die Sehschärfe hängt tatsächlich von der Nasenlänge ab, denn die sagt etwas über den Aufbau des Hundegehirns aus. Hunde mit kurzer Nase, Möpse zum Beispiel, sehen alles direkt vor ihrem Gesicht besonders scharf. Hunde mit längerer Nase haben dafür eine bessere Fernsicht. Deswegen haben Möpse es schwerer, wenn sie Bälle apportieren: Sie sehen nicht so gut, wo der Ball gelandet ist. Langnasige Hunde können der Flugbahn des Balles mit den Augen folgen.

Alles digital

Seit der Fernsehempfang digitalisiert wurde, können Hunde auch fernsehen. Vor der Digitalisierung war das Fernsehbild für sie uninteressant, da Hundeaugen mehr Bilder pro Sekunde wahrnehmen als Menschen. Einem Menschenauge erscheint ein flimmerndes Signal schon bei rund 50 Lichteffekten pro Sekunde wie ein kontinuierliches Leuchten. Ein Hundeauge benötigt fast doppelt so viele Signale pro Sekunde, sonst flimmert dem Hund das Licht vor Augen. Früher haben Hunde daher beim Fernsehen nur eine rasche Abfolge von flimmernden Standbildern wahrgenommen. Beim digitalen Bild können sie jetzt aber »laufende Bilder« erkennen, also Filme so sehen wie wir (siehe auch das Kapitel: »Hund und Film«).

Alles im Blick

Oft hört man den Ratschlag, man solle einem Hund niemals in die Augen starren, weil er sonst aggressiv werden könnte. Das ist nicht ganz falsch: Hunde können Anstarren als Bedrohung empfinden. Wer also einen aggressiven Hund mit dem Blick fixiert, kann einen Angriff riskieren, wer aber einen ängstlichen Hund anstarrt, kann ihn damit vielleicht zur Flucht bewegen.

Ihren Bezugspersonen sehen Hunde aber ausgesprochen gern in die Augen. Anders als fast alle anderen Tiere können Hunde nämlich Blicke von Menschen deuten und der Blickrichtung ihres Gegenübers mit den Augen folgen. Wenn man also einen Hundeknochen versteckt, sollte man nicht unauffällig zum Versteck schielen, sonst weiß ein kluger Hund sofort, wo er suchen muss.

22 Mit gespitzten Ohren durch die Welt gehen

Jeder weiß: Hunde haben bessere Ohren als Menschen. Hören sie also alles lauter als wir? Müssen wir ihre Ohren schonen oder schützen?

Die Antwort lautet: Jein. Geräusche sind für Hunde genauso laut wie für uns. Hunde können aber die Ohren spitzen und sie in die Richtung des Geräusches drehen und dadurch Geräusche besser orten als wir Menschen. Sie können außerdem Geräusche besser filtern, also beispielsweise laute Musik ausblenden und trotz des Lärms das Klingeln des Briefträgers hören. Und sie nehmen ein größeres Tonspektrum wahr als Menschen. Was für uns außerhalb des Hörbaren im von uns sogenannten Infra- oder Ultraschallbereich liegt, gehört für Hunde noch zum guten oder zumindest zum gut hörbaren Ton.

Wir müssen unsere Hunde also nicht stärker als uns selbst vor lauten Geräuschen schützen, aber wir sollten bedenken, dass Hunde auch in für uns stillen Räumen Töne hören können, die für sie möglicherweise unangenehm oder bedrohlich klingen. Viele Haushaltsgeräte beispielsweise verursachen Töne im Infra- oder Ultraschallbereich, und auch außerhalb der eigenen vier Wände gibt es solche Tonquellen.

Übrigens: Nicht nur Hunde können Töne hören, die wir nicht wahrnehmen. Das gilt auch für Kinder und Jugendliche. Sie können noch extrem

hohe Töne registrieren, die erwachsene Ohren nicht mehr wahrnehmen. Deswegen gibt es inzwischen schon Ultraschallgeräte, die mit hohen Pfeifgeräuschen herumlungernde Jugendliche von öffentlichen Plätzen vertreiben sollen. Und in den USA wird dieses Phänomen inzwischen nicht mehr nur *gegen* die Kids eingesetzt, sondern sogar zu ihrem Nutzen: Dort wurden Handyklingeltöne entwickelt, die von Pädagogen und Erziehungsberechtigten nicht gehört werden können. Von Hunden schon, aber die petzen nicht.

23 Der sechste und der siebte Sinn des Hundes

Es herrscht überall Einigkeit darüber, dass Menschen fünf Sinne haben: Sehen, Hören, Riechen, Tasten und Schmecken. Über genau diese Sinne verfügen auch Hunde, das ist empirisch nachweisbar. Aber egal, ob beim Menschen oder beim Hund – nach dem fünften Sinn ist Schluss mit der Einigkeit. An der Frage, ob Menschen oder Hunde einen sechsten und vielleicht sogar einen siebten Sinn haben, scheiden sich die Geister.

Zehn Sinne mindestens

Für Wissenschaftler ist die Sache klar: Natürlich haben Menschen und Hunde weitere Sinne. Sie haben beispielsweise in Muskeln, Sehnen, Bändern und Gelenken spezielle Rezeptoren, die ihrem Gehirn mitteilen, in welcher Haltung oder Lage sich ein Körperteil oder ein Gelenk befindet. Außerdem haben Mensch und Hund einen Gleichgewichtssinn und einen Sinn für Zeit. Amerikanische Forscher vermuten im Gehirn einen weiteren Sinn, eine Art Alarmknopf. Der sogenannte Anterior Cingulate Cortex (ACC) am oberen Ende des Frontallappens sortiert Umwelteindrücke und vergangene Erfahrungen und errechnet daraus ein Gefühl für bevorstehende Schwierigkeiten.

Umstritten ist noch die Frage, ob das Fühlen von Temperaturen ein eigenständiger Sinn ist oder dem Tastsinn zugeordnet werden muss. Und das Schmecken von Schärfe kann man eigentlich nicht dem Geschmackssinn zuweisen, denn bei scharfem Geschmack meldet sich der Trigeminusnerv und signalisiert Schmerz. Auch das ist vielleicht ein eigener Sinn. Je nachdem, wie man zählt, kann man bei Mensch und Tier also leicht auf mehr als zehn Sinne kommen.

Übersinnliche Sinne

Umgangssprachlich meint man aber etwas anderes, wenn vom sechsten oder siebten Sinn die Rede ist: Übersinnliches, Hellsehen beispielsweise, Gedankenübertragung, Vorahnungen.

Solche Phänomene werden auch von Hunden berichtet. Da gibt es Geschichten von Hunden, die den Tod ihrer Besitzer über kilometerweite Entfernungen hinweg spürten, und auch Berichte über Hunde, die immer vorausahnten, wann ihre Besitzer nach Hause kamen, selbst wenn die Rückkehr stets zu unterschiedlichen Zeiten stattfand. Viele Hundebesitzer erzählen auch, wie sie von ihren Vierbeinern vor Gefahren gewarnt wurden. Der britische Biologe Rupert Sheldrake beispielsweise ist sicher, dass alle Tiere einen siebten Sinn besitzen, der ihnen ungewöhnliche Fähigkeiten verleiht.

Aber benötigen Hunde für solche Phänomene wirklich telepathische Fähigkeiten? Oder reichen die Sinne aus, die sie genau wie wir haben und die bei ihnen einfach anders ausgeprägt sind als bei uns?

Der kluge Hans war gar nicht klug

Wozu Tiere mit ganz normalen Sinnen fähig sind, beweist die Geschichte vom klugen Hans, einem Pferd, das vor hundert Jahren für Schlagzeilen sorgte. Dieser Rappe konnte rechnen und zählen. Egal, welche Aufgabe ihm sein Besitzer Wilhelm von Osten stellte, Hans wusste die Antwort und klopfte sie mit dem Huf. Skeptiker vermuteten Betrug und überprüften die Sache wissenschaftlich, aber Hans überzeugte jede Jury. Selbst wenn sein Besitzer nicht anwesend war, konnte er alle Rechenaufgaben korrekt lösen. Ein Doktorand lüftete schließlich das Geheimnis. Er stellte nämlich fest, dass Hans die Lösung nur kannte, wenn er entweder den Fragesteller oder sein Publikum sehen konnte. Hans war also kein Rechenkünstler, er beherrschte nur die Kunst, feinste Nuancen menschlichen Verhaltens beobachten und deuten zu können. Das hatte selbst sein Besitzer nicht gewusst.

Auch für Hunde gilt: Viele Phänomene, die auf Übersinnliches schließen lassen, könnten Indizien für überaus feine Sinne sein.

Nur Menschen zählen Sinne

Man kann über solche Fragen streiten, man kann es aber auch lassen, das Ergebnis ist gleich: Schon die fünf unbestrittenen Sinne von Hund und Mensch funktionieren beim Hund anders als beim Menschen. Hunde hören Zwischentöne, die wir nicht hören können, sie sehen Veränderungen in unseren Gesichtern, die uns selbst entgehen, sie riechen unsere Gefühle und unsere Krankheiten, und mit ihren Barthaaren nehmen sie kleinste Luftbewegungen wahr, die wir nicht spüren. Und wer weiß schon, welche Dinge Hunde noch können, von denen wir bis jetzt keine Ahnung haben. Ob das nun sinnlich oder übersinnlich ist, ist eine Definitionsfrage, und darin sehen zumindest Hunde überhaupt keinen Sinn.

24 Hund und Intelligenz

Bis Anfang der Neunzigerjahre
konnte noch jeder Hundebesitzer
glauben, sein Hund sei der klügste
der Welt. Doch dann änderte sich
das plötzlich fast über Nacht.

Weltweit boomte in diesen Jahren die Begabtenforschung, und an
den psychologischen Instituten der
Universitäten sprossen wissenschaftliche Publikationen zum Thema
Hochbegabung wie Pilze aus feuchten Waldböden. Plötzlich hatte
fast jede Familie mindestens ein hochbegabtes Kind, und wenn nicht,
dann galt das schon fast als Makel.

In diesem Klima veröffentlichte Stanley Coren, ein Psychologieprofessor an der Universität in Vancouver, einen Intelligenztest für
Hunde samt einer Liste von Hunderassen, geordnet nach ihrer Klugheit. An der Spitze standen Border Collie und Pudel, Deutscher Schäferhund, Golden Retriever und Dobermann, Schlusslichter waren
Barsoi, Chow-Chow, Bulldogge, Basenji und, als Letzter auf der Liste,
der Afghanische Windhund. Hütehunde schnitten bei Coren insgesamt besser ab als Jagdhunde, und Mischlinge glichen in der Intelligenz angeblich den Hunderassen, denen sie auch äußerlich ähnlich
sahen.

Um diese Liste erstellen zu können, hatte Coren 208 Richter von
Hundegehorsamsprüfungen nach ihren subjektiven Eindrücken zur
Intelligenz von Hunden befragt. Obwohl diese Vorgehensweise
schon auf den ersten Blick große wissenschaftliche Mängel zeigt,
wurden Corens Bücher zum Verkaufshit, und seine Thesen geistern
noch heute durch die Schlagzeilen.

Intelligente Tiere

Intelligenz, was ist das eigentlich? Jeder von uns glaubt, sie zu besitzen, aber kein noch so intelligenter Mensch kann definieren, was Intelligenz eigentlich sein soll. Nicht einmal Wissenschaftler sind sich in ihrer Begriffsbestimmung einig. Grob vereinfacht sagen die meisten, Intelligenz sei die Fähigkeit, neue Aufgaben und Probleme mit Hilfe des Verstandes schnell zu lösen. Aber das lässt natürlich sehr viel Spielraum, über den man wunderbar streiten kann.

Die meisten Menschen halten den Menschen für das intelligenteste Tier auf Erden, genau genommen sogar für das einzige intelligente Tier. Für Intelligenz benötigt man nämlich Verstand, man muss denken können, und Denken ist nach Ansicht von Menschen nur das, was Menschen tun: Sie fassen abstrakte Dinge in Worte und stellen Zusammenhänge her. Tiere reagieren dieser Theorie zufolge instinktgesteuert auf Sinnesreize, ohne zu reflektieren, was sie tun. Also können Tiere nach der oben genannten Definition auch niemals intelligent sein.

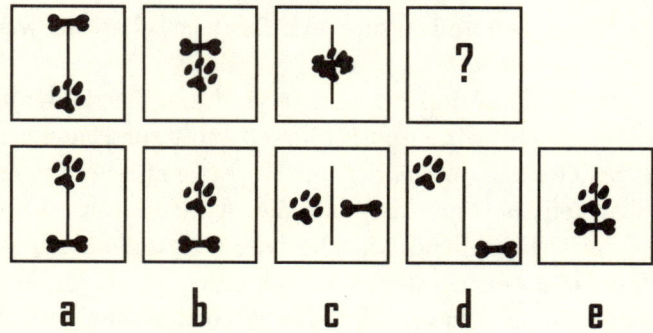

a   b   c   d   e

Intelligenztests für Hunde

Die meisten Hundebesitzer sehen das anders. Sie haben bei ihrem Hund Denkleistungen beobachtet, die sich mit einfachen Sinnesreizen nicht erklären lassen, und halten ihn für hochbegabt. Überall im Internet kursieren daher Intelligenztests für Hunde, deren Erfinder sich auf Stanley Corens Forschungsergebnisse berufen. Mit Hilfe dieser Tests sollen die Lernfähigkeit eines Hundes, seine Problemlösungskompetenz und sein Gedächtnis getestet werden. In solchen Tests sollen Hundehalter ohne Vorwarnung zu Jacke, Leine und Schlüssel greifen und beobachten, was ihr Hund dann tut. Sie sollen ihm ein Leckerchen unter einen Schrank rollen und abwarten, wie lange er braucht, bis er es mit den Pfoten aus seinem Versteck herausgeangelt hat. Eine beliebte Aufgabe schreibt vor, dem Hund eine Decke auf den Kopf zu legen und die Zeit zu stoppen, in der er sich davon befreit. Außerdem sollen Hundebesitzer vor den Augen ihres Hundes Leckereien in einem Raum verstecken, den Hund dann einige Zeit aus dem Raum führen und später feststellen, ob er sich an die Verstecke erinnert. Je schneller ein Hund dabei agiert, desto mehr Punkte erhält er bei der Messung seines Hunde-IQs.

Der Test auf dem Prüfstand

Ich habe die Intelligenz meines Hundes getestet und Freunde und Verwandte um Vergleichsstudien gebeten. Die ausgefüllten Fragebogen beweisen vor allem eins: Hunde lieben solche Spiele, besonders wenn es dafür Belohnungen gibt, und Besitzer lieben sie, weil man dabei viel zu lachen hat.

Aber wer ist denn nun der schlauere Hund: Der Pudelmix, der beim Ergreifen von Leine und Schlüssel sofort zur Haustür rannte und kläffte, oder der Aussie, der nur ein Auge öffnete und erst einmal beobachtete, ob Frauchen auch die richtigen Gassi-Schuhe anzog, bevor er sich gähnend erhob? Erwies sich Collie Andi als doof, nur weil er minutenlang abwartend mit einer Decke auf dem Kopf dastand und darauf vertraute, dass Herrchen sich dabei schon etwas gedacht haben würde? Oder war das klug? Und wer ist schlauer, ein Jack Russel Terrier, der ein Leckerchen in Sekundenschnelle mit den Pfoten unterm Schrank hervorangeln kann, oder ein Collie, der dazu seine lange Schnauze und seine Zunge benutzt, weil ihm die Schnauze beim Tasten mit den Pfoten unterm Schrank ohnehin nur im Weg wäre?

Im Praxistest zeigte sich, dass solche Tests nur bewiesen, wie hungrig oder vollgefressen, wie nervös oder gelassen, wie verspielt oder trainiert die Testhunde waren. Und die Testläufe dieser Intelligenztests ergaben auch, dass Besitzer sehr großzügig bei der Interpretation der Ergebnisse und der Punktevergabe waren. So erwies sich dann doch wieder jeder Hund als der klügste der Welt – und so ist es ja vermutlich auch.

Menschenversteher

Wer ist klüger, Hund oder Katze? In Fernsehshows treten immer wieder Experten gegeneinander an, um diese Frage zu klären, die bei genauer Betrachtung eigentlich müßig ist. Jedes Tier besitzt schließlich die Art von Intelligenz, die es zum Überleben benötigt. Eines zumindest haben Wissenschaftler vom Leipziger Max-Planck-Institut für evolutionäre Anthropologie bewiesen: Hunde verstehen die Gesten von Menschen besser als alle anderen Tiere, sogar besser als Menschenaffen. Vermutlich sind Hundehalter also immer der festen Überzeugung, das klügste Tier der Welt zu besitzen, weil ihr Hund sie so gut durchschaut.

25 Die Lebenseinstellung eines Hundes testen

Ist der Napf halb voll oder halb leer? Das ist auch bei Hunden eine Frage der Einstellung. Dies zumindest behauptet der Tierverhaltensforscher Professor Mike Mendl von der Universität Bristol.

Viele Wissenschaftler sind ja der Ansicht, man dürfe Tiere nicht vermenschlichen (siehe auch alle anderen Kapitel dieses Buches). Mike Mendl kennt solche Berührungsängste bei seiner Forschung jedoch nicht, und er untersucht tierisches Verhalten mit Methoden aus der menschlichen Psychologie. So haben er und sein Team Hunden bei einem Versuch beigebracht, dass ein voller Napf immer an einer ganz bestimmten Stelle im Untersuchungsraum steht, ein leerer an einer anderen, immer gleichen Stelle. Sobald die Hunde gelernt hatten, an welcher Stelle Futter zu finden war, erweiterten die Wissenschaftler das Experiment: Sie stellten einen Napf genau in die Mitte zwischen den beiden Positionen. Und nun zeigte sich, dass es auch unter Hunden Optimisten und Pessimisten gibt: Sonnige Gemüter gingen erst einmal optimistisch davon aus, dass auch dieser Napf Futter enthalten könnte, und freuten sich schon im Vorfeld schwanzwedelnd auf die Mahlzeit. Miesepeter hingegen schenkten dem Napf keine Beachtung.

Und Mendl und sein Team machten noch eine weitere Beobachtung: Hunde, die sich bei diesem Test pessimistisch verhielten, litten in der Regel auch unter Trennungsangst und neigten bei Abwesenheit ihrer Besitzer dazu, deren Wohnung zu demolieren. Die Studie ist ein Hinweis darauf, dass Trennungsangst bei Hunden ernst genommen werden sollte.

26 Einem Hund das Sprechen beibringen

Was wäre, wenn Hunde sprechen könnten? Wenn sie uns zum Beispiel sagen könnten, welches Wildtier da eben vor uns durch den Wald gegangen ist? Oder wenn sie in Worte fassen könnten, wie sehr sie sich freuen, wenn wir nach Hause kommen? Das wäre zweifelsohne eine Bereicherung.

Aber wenn Hunde sprechen könnten, würden sie uns auch Dinge mitteilen, die wir gar nicht wissen wollen. Wie sie unser Deo finden zum Beispiel, oder unsere Musik, oder auch die Tatsache, dass sie nicht mit uns am Tisch sitzen dürfen. Nicht zuletzt könnten unsere Hunde dann auch alles weitererzählen, was sie bei uns täglich sehen, hören und erleben. Spätestens wenn die Überlegungen an dieser Stelle angekommen sind, zucken Hundebesitzer immer zusammen und finden es eigentlich ganz gut, dass Hunde ihre Schnauze halten.

Hundesprache

Hunde sind Tiere und keine Menschen mit Fell. Aber sie sind – zumindest aus Menschensicht – ganz besondere Tiere. Von allen Arten zeigen sie das größte Interesse an der Kommunikation mit Menschen. Sie treten von sich aus mit Menschen in Kontakt, und bei richtiger Behandlung haben sie sogar Spaß daran. Man muss nur mal zum Vergleich zu einem Hund, einem Pferd, einer Katze und einer Kuh mit freudiger Stimme den Satz sagen: »Na, du bist mir aber ein feiiines Kerlchen«, dann sieht man deutliche Unterschiede in der Kommunikationsfreude.

Jeder Hundebesitzer weiß außerdem, dass Hunde viele Mittel und Wege kennen, ihren Menschen klarzumachen, was sie wollen. Dabei sprechen sie mit dem ganzen Körper: Ihre Augen, ihre Stimme, ihre Ohren, ihre Lefzen, ihr Nackenfell, ihre Pfoten, ihre Körperhaltung und ihr Schwanz geben Auskunft darüber, wie es ihnen geht und was sie gern tun möchten. Worte sind da nicht nötig.

Trotzdem gab es immer wieder Menschen, die versucht haben, ihrem Hund »richtiges« Sprechen beizubringen, und es gibt sie noch. Denn warum sollte ein Hund nicht lernen können, was Papageien, Beos und – ja! – Seehunde können?

Hoover, der sprechende Seehund

1971 entdeckte ein Fischer im US-Bundesstaat Maine am Strand einen mutterlosen Seehundwelpen. Er nahm ihn mit und setzte ihn zu Hause in die Badewanne. Weil das Tier so viel fraß, nannte er es Hoover, nach seinem Staubsauger. Und da Hoover bald im Haus herumrobbte und Dinge vertilgte, die nicht zum Fressen bestimmt waren, hörte er einen Satz täglich immer wieder: »Hey, you! Come over here!« Mit rauer Stimme in schönstem Maine-Akzent gesprochen. Irgendwann war Hoover dann zu groß für die Wanne und kam nach Boston ins Aquarium. Als er drei Jahre alt und damit volljährig war, wollte er den Seehundmädels gern imponieren, und die fassungslosen Tierpfleger erlebten mit, wie Hoover mit rauer Männerstimme in reinstem Maine-Akzent lospöbelte: »Hey, you! Come over here!«

Hoover lebt längst nicht mehr, aber auch Enkelsohn Chacoda, genannt Chuck, kann sprechen. Chuck war als Jungtier oft wegen einer Augenentzündung in Behandlung. Vielleicht begrüßt er deswegen noch heute seine Pflegerin oft mit den Worten »How are you«.

Heute weiß man, dass auch andere Meeressäuger manchmal die Fähigkeit haben, menschliche Sprache zu imitieren. Carl Hagenbeck beispielsweise soll Anfang des 20. Jahrhunderts ein Walross besessen haben, das »Papa« sagen konnte.

Sprechende Hunde

Auch von sprechenden Hunden ist in historischen Aufzeichnungen immer wieder die Rede. Kein Geringerer als Gottfried Wilhelm Leibniz war angeblich vor dreihundert Jahren Zeuge einer Vorführung in

Sachsen, bei der ein sprechender Hund rund dreißig Wörter intoniert haben soll, darunter die Begriffe Tee, Kaffee und Schokolade. Dieser Hund sorgte damals für Furore, und ihm folgten weitere. Alle konnten aber nur sprechen, wenn die Besitzer bei den Sprechversuchen ihre Kehlen, Lefzen oder Zungen mit geübten Handgriffen unterstützten. Und Hunde, die ohne diese Hilfestellung sprachen, klangen kritischen Ohrenzeugen zufolge tatsächlich ungefähr so deutlich wie der Hund Bello in dem Sketch von Loriot, der den Satz »Otto holt große rote Rosen« als Aneinanderreihung von O-Lauten spricht. Auch wenn Don, der sprechende Hund, der vor hundert Jahren Karriere machte, seinen Namen nannte, soll das eher wie »Ong« geklungen haben.

Wie deutlich der Hund sprach, der 1911 in Hamburg lebte und dort für Schlagzeilen sorgte, ist leider nicht überliefert. Wenn man ihn vorsichtig in die Schwanzwurzel gekniffen hat, soll er angeblich »Rhabarber« gesagt haben.

Auch heute noch sind sprechende Hunde beliebt. Mehr als 77 Millionen Menschen klickten bereits auf Youtube das Video der sprechenden Husky-Hündin Mishka an, die dort »I love you« sagt. Das ist niedlich, aber man möchte doch wie der Interviewer in Loriots Sketch sagen: »Ich weiß nicht, ob das Tier diesem Thema gewachsen ist.«

Sprachprobleme

Warum sprechen Hunde selten, und wenn, dann undeutlich? Zum einen hat das anatomische Gründe. Hunde haben hängende Lefzen, sie können die Lippen nicht zu einem »B« oder »M« spitzen. Bauchredner können zwar auch sprechen, ohne ihre Lippen zu bewegen, aber sie verfügen anders als Hunde über muskulöse, bewegliche Zungen, mit denen sie Buchstaben bilden können.

Um sprechen zu können, muss ein Lebewesen außerdem auch im Gehirn und in den Genen die entsprechenden Voraussetzungen besitzen. Und selbst wenn Tiere wie Hoover und Chuck darüber verfügen, können sie stets nur Laute nachahmen, aber niemals selbst passende Worte finden.

Was Tierschützer schon lange über sprechende Papageien sagen, gilt aber auch hier: Ein Tier, das menschliche Laute nachahmt, hat vermutlich zu wenig Kontakt zu Artgenossen.

27 International bellen

Statt »wau wau« bellen Hunde in ...

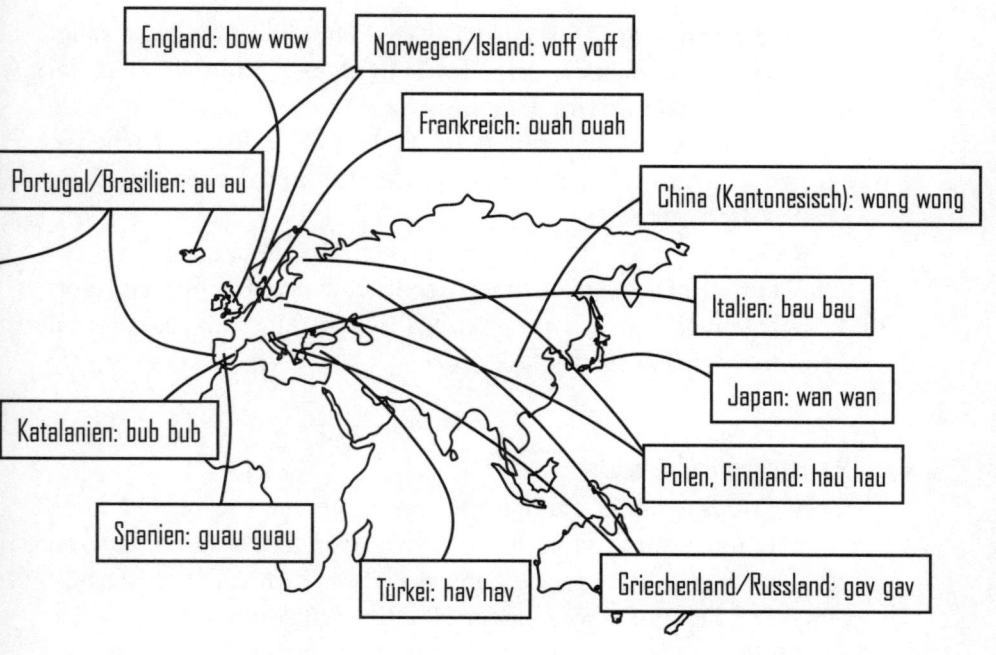

England: bow wow

Norwegen/Island: voff voff

Frankreich: ouah ouah

Portugal/Brasilien: au au

China (Kantonesisch): wong wong

Italien: bau bau

Katalanien: bub bub

Japan: wan wan

Polen, Finnland: hau hau

Spanien: guau guau

Türkei: hav hav

Griechenland/Russland: gav gav

28 Hund und Sex

Das Paarungsverhalten der Hunde hat diese Spezies jahrtausendelang in Verruf gebracht (siehe auch das Kapitel: »Hunde in der Bibel
und im Koran«). Aus Menschensicht benehmen sich Hunde nämlich
schamlos und triebhaft. Während Wolfspaare annähernd monogam
in einer festen Paarbeziehung leben, verhalten sich zahme Haushunde promiskuitiv und nutzen gern jede Gelegenheit, um sich fortzu-
pflanzen.

Rüden, denen der Duft einer läufigen Hündin in die Nase steigt,
haben ab sofort nichts anderes im Sinn als Sex und teilen das der
Welt laut jaulend mit. Und Hündinnen sind in der fruchtbaren Phase
ihrer Läufigkeit sofort bereit, dem Werben eines Rüden nachzuge-
ben, sie bieten ihm ihr Hinterteil geradezu an und drehen einladend
den Schwanz zur Seite.

Mit einem langen Vorspiel halten sich Hunde dann nicht mehr
auf. Wenn nicht schnell jemand eingreift, nutzt ein Hundepaar sofort
die Gelegenheit zum Paarungsakt, egal, was rundherum passiert und
wer ihnen dabei zusieht.

Mit Hängen und Winseln

Ab diesem Zeitpunkt kann nichts und niemand die beiden mehr
trennen, und zwar aus rein biologischen Gründen. Ursache dafür ist
das sogenannte »Hängen«. Wenn der Penis des Rüden anschwillt,
verkeilt er sich in der Vagina der Hündin. Selbst unter Zwang kann
der Rüde ihn nicht ohne Verletzungsgefahr für beide Tiere zurück-
ziehen. Und nach dem Paarungsakt dauert es weitere fünfzehn bis
dreißig Minuten, bis Hund und Hündin voneinander lassen können.
In dieser Zeit steigt der Rüde von der Hündin ab und dreht sich um
180 Grad, die beiden Tiere stehen mit den Hinterteilen zueinander

einfach da, winseln und warten unruhig, bis sie sich endlich voneinander lösen können.

Beim einmaligen Deckakt bleibt es während einer Läufigkeitsphase oft nicht. Hündinnen können sogar von mehreren Rüden gleichzeitig trächtig werden und Welpen verschiedener Väter im selben Wurf zur Welt bringen.

Viele Hunde reagieren ihre Triebe aber nicht nur in der Paarungszeit aneinander ab. Sowohl Rüden als auch Hündinnen neigen dazu, bei anderen Hunden »aufzureiten«, also einen Paarungsakt als Dominanzgeste zu simulieren, und zwar an Hunden beiderlei Geschlechts. Sind unsere Hunde also gar nicht die verhätschelten, verzärtelten Kuscheltiere, für die wir sie halten, sondern sexbesessene Schweinehunde?

Läufigkeit

Das sind sie natürlich nicht. Ein Hund tut hier nur, was ein Hund eben tun muss. Das ist keine Frage der Moral, sondern eine der Biologie. Die meisten Hündinnen sind zweimal im Jahr läufig, im Gegensatz zu Wölfinnen, die nur einmal pro Jahr paarungsbereit sind. Diese Läufigkeit gliedert sich in drei Phasen: In der Vorbrunst werden die weiblichen Tiere für Rüden schon überaus interessant. Passieren kann zu diesem Zeitpunkt aber noch nichts, und die Hundemädels reagieren in dieser Phase auch noch sehr ungnädig auf ihre Verehrer. Viele Hündinnen verändern sich in dieser Zeit aber in ihrem Wesen, einige leiden an einer Art »PMS«. In der anschließenden fruchtbaren Phase versuchen Hündinnen und Rüden alles, um sich ungestört fortpflanzen zu können. Manche reißen aus und streunen, andere erfreuen ihre Besitzer durch Gesänge, viele Rüden verschmähen in dieser Phase sogar ihr Futter.

Wenn keine Paarung stattgefunden hat, folgt auf diese Phase die Nachbrunst, es dauert also noch einige Zeit, bis sich Hunde beider Geschlechter wieder begegnen können, ohne zum Objekt der Begierde zu werden.

Hündinnen kommen übrigens nicht in die »Wechseljahre«, aber ab einem Alter von sieben Jahren werden die Intervalle zwischen den Läufigkeiten länger, und die Symptome treten mit schwächerer Ausprägung auf.

Trächtigkeit

Hündinnen sind ungefähr zwei Monate lang trächtig, genauer gesagt sechsundfünfzig bis vierundsechzig Tage. Die meisten Trächtigkeitssymptome treten allerdings auch bei einer sogenannten Scheinschwangerschaft auf, die bei Hündinnen gar nicht selten vorkommt. Deshalb kann man nur nach einem Ultraschall ab dem 21. Tag sicher wissen, ob Nachwuchs unterwegs ist.

Bei der Geburt kommen die Kleinen in Kopf- oder Steißlage in Abständen von etwa einer halben Stunde zur Welt, manchmal treten zwischendurch auch längere Pausen ein. Die Mutter durchtrennt mit den Zähnen die Nabelschnur und leckt den Brustkorb der Welpen, um ihre Atmung zu aktivieren.

Die Wurfgröße hängt bei Hunden unter anderem auch von der Größe der Rasse ab. Große Hunde haben oft viele Welpen, bei sehr kleinen Rassen wächst manchmal nur einer heran. Der Weltrekord liegt bei dreiundzwanzig Welpen in einem einzigen Wurf.

Der Nachwuchs

Ein neugeborener Hund sieht ein bisschen aus wie ein Maulwurf. Er hat schon Fell, die Augen sind aber noch fest geschlossen, und er hört auch noch nichts. Geruchssinn und Tastsinn sind aber schon entwickelt, und der Welpe kriecht auf der Suche nach Nahrung und Wärme auf die Mutter zu. Trinken und Schlafen sind anfangs seine einzigen Beschäftigungen.

Die Mutter säugt ihre Welpen etwa alle zwei Stunden, reinigt sie mit der Zunge und massiert dabei auch den Bauch der Kleinen, um die Verdauung anzuregen. Das ist bei einem großen Wurf ein Full-time-Job, den Hündinnen mit Hingabe erfüllen. Trotzdem sind Hunde unter uns Menschen seltsamerweise nicht für ihre rührende Fürsorge bekannt, und es ist ein Schimpfwort, als »Sohn einer Hündin« bezeichnet zu werden.

In der dritten Lebenswoche öffnen junge Hunde die Augen; richtig sehen und hören können sie aber erst ein paar Tage später. Und dann geht die Entwicklung plötzlich ganz schnell. Mit etwa drei Wochen erkunden Welpen die Welt und beginnen zu spielen.

Die Väter spielen im Leben der Welpen domestizierter Haushunde meist überhaupt keine Rolle, weil sie nicht im selben Haushalt leben. Man weiß daher nicht, wie ausgeprägt das Brutpflegeverhalten der Rüden heute noch ist und ob man es mit dem der Wölfe vergleichen kann.

Unterdrückte Sexualität

So betrachtet sind Haushunde in ihrem Paarungsverhalten nicht triebhafter als andere Tierarten. Und mal ehrlich: Wer hat schon je irgendwo in Wald, Feld und Flur oder auch auf Straßen und Gassen kopulierende Hunde beobachtet? Wer kennt Hündinnen mit Nachwuchs in der Nachbarschaft oder Rüden, die Vater werden durften? Die kann man doch in der Regel locker an einer Hand abzählen. Immer mehr Hunde sind ja nicht mal mehr in der Lage, Mutter oder Vater zu werden, weil sie kastriert oder sterilisiert wurden. Nicht mal ein Prozent aller deutschen Hunde darf sich jährlich fortpflanzen. Die meisten Haushunde leben also keusch und enthaltsam.

Ist diese Haltung artgerecht? Manche Experten sagen, auch bei Wölfen würden sich stets nur Alphawölfin und Alphawolf fortpflanzen, die übrigen Rudelmitglieder müssten sich in Enthaltsamkeit üben. Aber wie oben ausgeführt, verhalten sich Hunde und Wölfe nicht in allen Details gleich. Wir wissen es also nicht.

Und selbst wenn die keusche Lebensweise unserer Hunde nicht artgerecht wäre, könnten wir daran nichts ändern.

29 Einen Baum markieren

Bäume und Sträucher, Hausecken und Laternenpfosten, manchmal sogar Hosenbeine von Passanten – nichts und niemand ist vor Rüden sicher, die bei jeder sich bietenden Gelegenheit ihr Bein heben und urinieren. Aber auch Hündinnen gehen viel öfter in die Hocke, als sie eigentlich müssten, und hinterlassen Pfützen, wo sie gehen und stehen. Warum tun Hunde das? Und – kann man es ihnen abgewöhnen?

Zeige mir dein Pipi, und ich sage dir, wer du bist

Der Urin von Hunden besteht aus rund einhundertfünfzig verschiedenen Substanzen, unter anderem aus Abbauprodukten von Nahrung und körpereigenen Hormonen. Wie alt ein Hund ist, welches Geschlecht er hat, was er gegessen hat, wie er gestimmt ist, ob er gesund und fortpflanzungsbereit ist, all das kann eine scharfe Hundenase aus diesem Urin herausschnuppern. Hunde kommunizieren also über ihre Ausscheidungen miteinander wie Menschen über Facebook, nur mit einem kleinen Unterschied: Bei Facebook kann man lügen, Hunde können das beim Urinieren nicht. Die Duftstoffe, die sie dabei abgeben, sagen immer die Wahrheit über ihr Befinden aus.

Hunden das Markieren abgewöhnen zu wollen ist also etwa so erfolgreich wie der Versuch, Jugendlichen Facebook ausreden zu wollen. Man kann das streckenweise schaffen, solange man beide an der kurzen Leine hält, aber kaum überlässt man sie sich selbst, ist alle Erziehung vergessen.

Vorgeburtliche Prägung

Alle Welpen urinieren in hockender Stellung. Mit Einsetzen der Geschlechtsreife, ungefähr mit neun Monaten, heben männliche Hunde dann beim Markieren ihres Reviers ein Hinterbein. Ausgelöst wird dieses Markierverhalten durch Hormone. Obwohl es erst mit der Pubertät des Hundes auftritt, sind die in dieser Zeit wirksam werdenden Sexualhormone nur der Auslöser für dieses Verhalten. Programmiert wird das Beinchenheben bereits durch einen Testosteronschub vor der Geburt oder kurz danach. Kastrierte Rüden behalten daher das Beinheben bei, markieren aber seltener, weil sie nie auf Partnersuche sind. Und auch einige Hündinnen zeigen diese »männliche« Geste und markieren Reviergrenzen mit hoch erhobenem Hinterbein. In der Regel sind das sehr selbstbewusste Hundedamen, sogenannte »Rüdinnen«.

Drei, zwei, eins, meins

Mit dem Urinieren an strategisch wichtigen Punkten markieren Hunde ihr Revier. Sie setzen damit keine Grenzen, die von anderen Hunden nicht überschritten werden dürfen, sondern verraten Artgenossen durch häufiges

Urinieren ihre regelmäßige Anwesenheit im Revier und durch die darin enthaltenen Duftstoffe auch gleichzeitig ihren sozialen Rang und ihre Aggressionsbereitschaft. So lässt es sich erklären, dass Hunde manchmal schon vor dem ersten Zusammentreffen wissen, wer Freund oder Feind ist und sich bei der

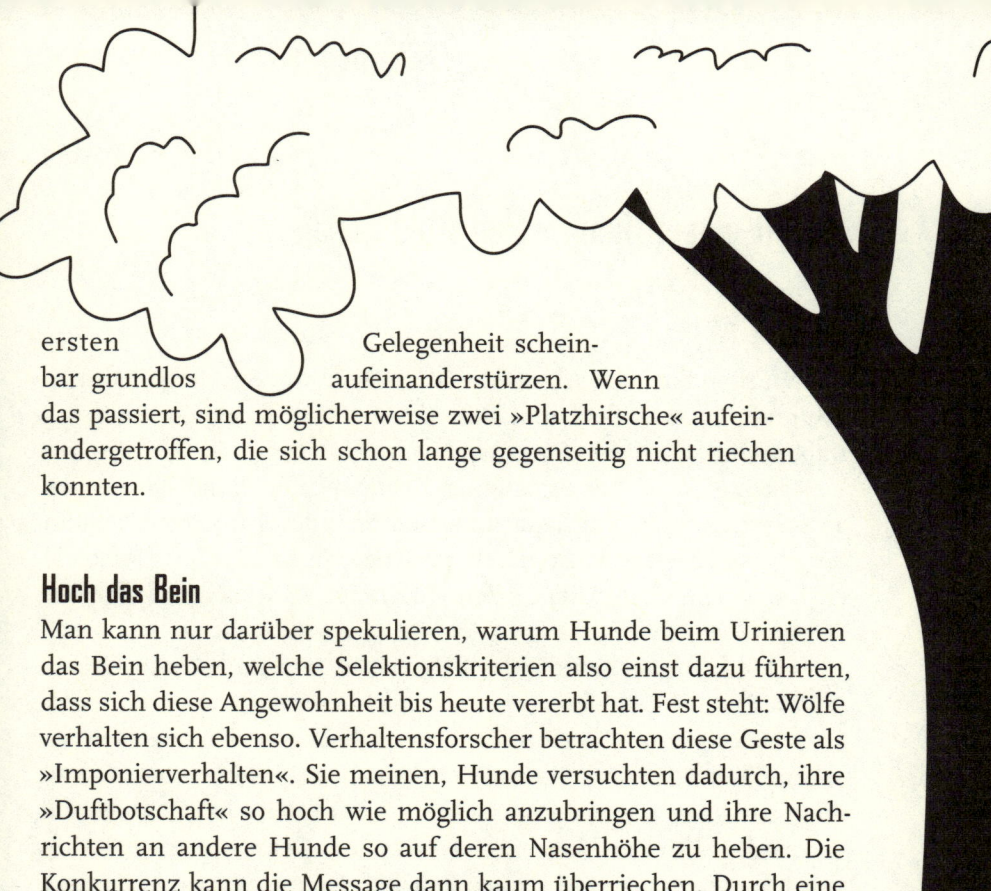

ersten   Gelegenheit schein-
bar grundlos   aufeinanderstürzen. Wenn
das passiert, sind möglicherweise zwei »Platzhirsche« aufein-
andergetroffen, die sich schon lange gegenseitig nicht riechen
konnten.

Hoch das Bein

Man kann nur darüber spekulieren, warum Hunde beim Urinieren
das Bein heben, welche Selektionskriterien also einst dazu führten,
dass sich diese Angewohnheit bis heute vererbt hat. Fest steht: Wölfe
verhalten sich ebenso. Verhaltensforscher betrachten diese Geste als
»Imponierverhalten«. Sie meinen, Hunde versuchten dadurch, ihre
»Duftbotschaft« so hoch wie möglich anzubringen und ihre Nachrichten an andere Hunde so auf deren Nasenhöhe zu heben. Die
Konkurrenz kann die Message dann kaum überriechen. Durch eine
hohe Platzierung gaukeln Hunde ihren Rivalen außerdem Körpergröße und Macht vor; beides gilt auch unter Hunden als sexy. Und
außerdem können andere Hunde Markierungen in hohen Lagen
nicht so leicht mit eigenem Urin überdecken und damit auslöschen.

»Ich kann höher«, heißt das angeberisch in die
Luft gestreckte Beinchen also unter Hunden, und kleine Hunde machen beim
Urinieren manchmal sogar einen
Handstand, um Höhen zu erreichen,
die für sie sonst nicht realisierbar wären.
Das klingt bizarr, ist aber im Tierreich
nicht unüblich. Auch Pandabären
pinkeln im Handstand.

30 Mit einem Hund in den Wald gehen

Na? Wurden Sie auch schon einmal im Wald von Spaziergängern beschimpft, nur weil Ihr Hund ohne Leine entspannt neben Ihnen hertrabte? Und was haben Sie gesagt?

Wie man in solchen Situationen richtig reagiert, hängt ganz davon ab, in welchem Bundesland man sich befindet. In Baden-Württemberg beispielsweise kann man bei solchen Verbalattacken einfach lächelnd weitergehen. Hier dürfen Hunde im Wald nämlich alles tun, nur nicht wildern.

In Hamburg sollten Sie das lieber nicht tun. Da müssen Hunde im Wald an die Leine, und zwar an eine kurze.

Schwierig wird es, wenn Sie das wunderschöne Grenzgebiet zwischen Thüringen und Bayern durchwandern. Früher konnte man diese Landesgrenze nicht übersehen; eine Schneise mit Zäunen und Wachanlagen trennte die beiden Länder, und wenn man hier Hundegebell hörte, war das kein gutes Zeichen. Heute aber ist das anders. Die Zäune gibt es nicht mehr, die Bäume sind nachgewachsen, die Grenzregion ist landschaftlich wunderschön und menschenleer: eine ideale Region für lange Spaziergänge mit dem Hund. Aber als Spaziergänger erfährt man an vielen Wegen höchstens noch durch ein unauffälliges Schild, dass man mit dem nächsten Schritt das Bundesland wechselt, und für Hundebesitzer kann dieser kleine Schritt große Folgen haben. In Thüringen nämlich muss man Hunde im Wald immer anleinen, nur ausgebildete Jagdhunde dürfen frei laufen. In Bayern gibt es eine solche Regelung hingegen nicht. Wenn der Hund nicht allein unterwegs ist und kein Wild gefährdet, darf er auf bayerischem Staatsgebiet im Wald ohne Leine auch abseits der Wege schnüffeln, so viel er will.

Ob ein Hund im Wald an die Leine muss, regeln die Waldgesetze und die Jagdgesetze der Bundesländer also ganz unterschiedlich.

Und auch die Frage, ob ein Jäger einen frei laufenden Hund im Wald erschießen darf, muss von Bundesland zu Bundesland unterschiedlich beantwortet werden. Auffallend ist hier ein Süd-Nord-Gefälle: In den südlichen Bundesländern dürfen Hunde meistens mehr. Spitzenreiter ist hier allerdings ein Land ganz im Osten: In Sachsen dürfen selbst wildernde Hunde nur mit einer speziellen Genehmigung erschossen werden.

Man kann nur hoffen, dass dieses Beispiel bald auch im Nachbarland Sachsen-Anhalt Schule macht, denn hier gilt eine Regelung, die in jeder Hinsicht antiquiert ist. Hunde müssen hier nicht einmal wildern, um zum Abschuss freigegeben zu sein. Es reicht, wenn sie sich außerhalb der Einwirkung ihrer Begleitperson befinden, die im Gesetzestext übrigens als »Herr« bezeichnet wird.

In Nordrhein-Westfalen legen die Jäger immerhin offen, wie oft sie von ihrem Recht, wildernde Hunde zu erschießen, Gebrauch machen. 2010/2011 waren es insgesamt achtundachtzig Hunde. Im Vergleich zu den 11 355 wildernden Katzen, die im selben Jahr erschossen wurden, ist diese Zahl klein.

Hier eine Tabelle zur schnellstmöglichen Übersicht über die gesetzlichen Regelungen in den sechzehn deutschen Bundesländern:

Baden-Württemberg

Leinenpflicht im Wald	Nein
Abschusserlaubnis	Wenn der Hund erkennbar dem Wild nachstellt und es gefährden kann, und auch dann nur, wenn der Hund nicht eingefangen werden und die zugehörige Begleitperson nicht auf ihn einwirken kann

Bayern

Leinenpflicht im Wald	Nein
Abschusserlaubnis	Wenn der Hund im Jagdrevier erkennbar dem Wild nachstellt und dieses gefährden kann

Berlin

Leinenpflicht im Wald	Ja. Leinen bis zu zwei Metern Länge sind zulässig
Abschusserlaubnis	Wildernde Hunde außerhalb der Einwirkung ihrer Begleitperson

Brandenburg

Leinenpflicht im Wald	Ja
Abschusserlaubnis	Wildernde Hunde; als wildernd gelten im Zweifel Hunde, die im Jagdbezirk außerhalb der Einwirkung der führenden Person waren

Bremen

Leinenpflicht im Wald	In der Zeit vom 15. März bis zum 15. Juli (Brut- und Setzzeit)
Abschusserlaubnis	Hunde, die sich nicht innerhalb der Einwirkung ihrer Begleitperson befinden

Hamburg

Leinenpflicht im Wald	Ja, und zwar an der kurzen Leine
Abschusserlaubnis	Wildernde Hunde

Hessen
(Änderung geplant)

Leinenpflicht im Wald	Nein
Abschusserlaubnis	Hunde, die im Jagdbezirk außerhalb der Einwirkung von Begleitpersonen Wild nachstellen. Die Tötung muss unterbleiben, wenn andere Maßnahmen die Gefahr abwehren können, die von dem Hund ausgeht

Mecklenburg-Vorpommern

Leinenpflicht im Wald	Ja
Abschusserlaubnis	Hunde, die Wild aufsuchen oder verfolgen und sich außerhalb der Einwirkung ihres Führers befinden

Niedersachsen

Leinenpflicht im Wald	Ja, aber nur vom 1. April bis 15. Juli
Abschusserlaubnis	Wildernde Hunde, die sich nicht innerhalb der Einwirkung einer für sie verantwortlichen Person befinden

Nordrhein-Westfalen

Leinenpflicht im Wald	Nur abseits von Wegen
Abschusserlaubnis	Wildernde Hunde, die im Jagdbezirk außerhalb der Einwirkung ihres Führers Wild aufsuchen, verfolgen oder reißen

Rheinland-Pfalz

Leinenpflicht im Wald	Nein
Abschusserlaubnis	Wildernde Hunde, wenn sie erkennbar dem Wild nachstellen und dieses gefährden. Nicht, wenn Hunde sich nur vorübergehend offensichtlich der Einwirkung ihrer Führerin oder ihres Führers entzogen haben und sich durch andere Maßnahmen vom Wildern abhalten lassen

Saarland

Leinenpflicht im Wald	Nein
Abschusserlaubnis	Wildernde Hunde, die sich nicht innerhalb der Einwirkung einer Begleitperson befinden

Sachsen

Leinenpflicht im Wald	Nein
Abschusserlaubnis	Nur noch mit Genehmigung der Jagdbehörde! »Nicht jeder Hund, der ohne Aufsicht in der freien Natur angetroffen wird, wildert. Harmlose Hunde, die keine Bedrohung für das Wild darstellen, wollen wir auf diese Weise schützen«, so der Minister

Sachsen-Anhalt

Leinenpflicht im Wald	Ja, vom 1. März bis 15. Juli
Abschusserlaubnis	Hunde, die sich nicht innerhalb der Einwirkung ihrer Begleitperson befinden

Schleswig-Holstein

Leinenpflicht im Wald	Ja. Hunde dürfen selbst an der Leine Waldwege nicht verlassen
Abschusserlaubnis	Wildernde Hunde, die außerhalb der Einwirkung der sie führenden Person sichtbar Wild verfolgen oder reißen

Thüringen

Leinenpflicht im Wald	Ja
Abschusserlaubnis	Wildernde Hunde, wenn sie in einer Entfernung von mehr als 200 Metern vom nächsten bewohnten Gebäude angetroffen werden; es sei denn, dass sich der Hund nach erkennbaren Umständen nur vorübergehend der Einwirkung seines Herrn entzogen hat

Alle Angaben sind ohne Gewähr. In einigen Ländern können Kommunen per Polizeiverordnung eigene Regeln festlegen, insbesondere für Brut- und Setzzeiten, in denen Hunde angeleint werden müssen. Für Wildschutzgebiete können auch andere Regeln gelten. Die Tabelle gilt grundsätzlich nicht für Jagd-, Blinden-, Polizei-, Hirten- oder sonstige Diensthunde, denn ihnen ist fast alles erlaubt. Und sie gilt auch nicht für Hunde sogenannter »gefährlicher Rassen«; für sie gilt oft generell Leinenzwang (siehe auch das Kapitel: »Einen Kampfhund halten«).

31 Hund und Dreck

Tiere hält man normalerweise in Ställen oder Käfigen. Hunde allerdings nicht, sie bewohnen meist dieselben Räume wie ihre Menschen. Böse Zungen behaupten, dass man mit der Anschaffung eines Hundes sein Heim zu einem Stall macht, und daran ist viel Wahres.

Da sind erst einmal die Haare: Es gibt zwar Hunderassen, die nicht haaren, weil sie keinen jahreszeitlich bedingten Fellwechsel durchmachen, Pudel beispielsweise oder einige Terrier-Arten. Alle anderen Hunde aber verlieren im Frühling und im Herbst über Wochen hinweg Unmengen von Fell. Bei den wuscheligen Exemplaren sinken ganze Büschel sanft wie Federn im Lufthauch zu Boden und sammeln sich bevorzugt in Zimmerecken, unter Möbeln und unter Socken von Menschen. Und kurzhaarige Hunde sind nur auf den ersten Blick pflegeleichter. Sie verlieren zwar nicht so viel Fell, aber dafür bohren sich ihre Haare wie Widerhaken in Fußmatten, Teppiche und Kleidungsstücke und lassen sich mit Bürsten kaum entfernen.

Die meisten Hundebesitzer kämpfen in den Anfangsjahren ihrer Hundehaltung noch verzweifelt gegen Hundehaare an, dann geben sie irgendwann auf. Manche entschließen sich, Hundehaare einfach lustig zu finden, und kaufen sich T-Shirts mit der Aufschrift »Ohne ein paar Hundehaare ist man nicht richtig angezogen« oder Frühstücksbrettchen, auf denen geschrieben steht »Ohne ein paar Hundehaare ist das Frühstück nicht komplett«. Das ist allerdings eher eine Randerscheinung. Die meisten Hundebesitzer schaffen es in einem bewussten Willensakt, Hundehaare komplett auszublenden. Sie sehen sie einfach nicht mehr. Punkt.

Spuren auf Böden, Wänden und Möbeln

Schwieriger ist diese Form der Selbsthypnose bei Pfotenabdrücken. Selbst ein winziger Hund kann an einem regnerischen Tag die Arbeit von Stunden innerhalb einer Minute zunichtemachen, wenn er mit schmutzigen Pfoten durch eine frisch gewischte Wohnung trippelt. Das ist überaus frustrierend, auch für altgediente Hundehalter. Man kann Hundepfoten reinigen, man kann Hunden antrainieren, sich sofort nach dem Gassigang in bestimmte Bereiche zurückzuziehen, man kann unempfindliche Bodenbeläge auswählen und Schmutzfangmatten auslegen, aber ganz verhindern kann man Pfotenspuren nicht. Und selbst wenn man das schaffen könnte, wäre damit auch nur die Spitze des Dreckberges beseitigt, den ein aktiver Hund ins Haus bringt. Blätter, Stöckchen, Gras, Kletten: So ein Hundefell bietet Platz für ganz viel Natur und gibt sie spätestens im Haus bereitwillig wieder ab. Und wenn ein Hund ein Bad im Meer nimmt und sich beim Wälzen im Sand danach am ganzen Körper paniert, ist mit einer Pfotenreinigung nichts gewonnen.

Sabbern und Schlabbern

Hunde bringen aber nicht nur von außen Dreck in die Wohnung. Sie hinterlassen auch bei Indoor-Aktivitäten Spuren. Sie schlabbern beim Trinken, sie hinterlassen eine Sabberspur, wenn sie sich vom Wassernapf entfernen, sie verteilen beim Fressen ihr Futter im ganzen Raum, und wenn sie sich nach dem Fressen schütteln, verzieren sie oft auch noch die Wände. Sie verstecken stinkende Knochen unter Teppichen, manche hinterlassen bei Stress und Angst auch in erwachsenem Alter ein Pfützchen auf dem Boden, und manche übergeben sich, wenn sie nervös sind.

Man kann Hunde baden und bürsten, parfümieren und frisieren, erziehen und schimpfen, solange man will: Richtig sauber werden sie nie.

Warum tut man sich das an?

Es stimmt, Hunde machen Dreck. Aber Hunde rauchen nicht. Hunde produzieren keine Schmutzwäsche. Hunde nehmen nicht den letzten Rest Toilettenpapier, ohne für Nachschub zu sorgen. Hunde benötigen keine Windeln, lassen kein schmutziges Geschirr auf dem Tisch stehen, sie fressen nicht heimlich den Kühlschrank leer, hinterlassen keine Zahnpastaspuren im Waschbecken und keine stinkenden Socken unterm Bett. Sie vergessen keine Pausenbrote im Schulranzen, sie schmeißen ihre Jacken nicht auf den Fußboden und den Müll nicht neben den Mülleimer. Hunde machen also Dreck, aber genau genommen verursachen sie auch nicht mehr Arbeit als andere Hausgenossen. Hunde machen einfach eine andere Sorte von Dreck.

Eine gesündere Sorte! Wissenschaftler haben festgestellt, dass Schmutz in der Wohnung das Immunsystem trainiert und Allergien vorbeugt. Deswegen haben Kinder, die mit Hunden aufwachsen, seltener Allergien als Kinder ohne Hund. Und noch etwas: Hunde treten nie in Hundehaufen!

32 Einem Hund Schuhe anziehen

Bei Kälte sieht man immer öfter Hunde, die mit Pullover oder Mantel spazieren gehen. Das ist nicht nur ein modischer Gag, denn Hunde mit kurzem Fell können im Winter schnell zittern und frieren (siehe auch das Kapitel: »Einen Hund be- und verkleiden«). Hunde mit Schuhen an den Pfoten trifft man allerdings selten, und wenn, dann hat das meist medizinische Gründe. Denn obwohl Hunde kein Fell an den Ballen haben und folglich barpfotig über Schnee und Eis laufen, macht ihnen das überhaupt nichts aus.

Wissenschaftler an der Universität Tokio haben inzwischen herausgefunden, woran das liegt. Professor Hiroyoshi Ninomiya und sein Team betrachteten Hundepfoten unter dem Elektronenmikroskop und stellten fest, dass Hunde an den Füßen über eine Art Wärmetauscher verfügen. In den Pfoten sind die Arterien, die das Blut vom Herz wegtransportieren, ganz eng an die Venen angelagert, die Blut zum Herz hinführen. Warmes Blut, das vom Herz kommt, kann seine Wärme also sofort an abgekühltes Blut abgeben, das in den Körper zurückströmt. Die Hundepfoten werden an der Sohle zunächst tatsächlich fast so kalt wie der winterliche Boden, auf dem sie stehen, aber wenn das Blut in den Körper zurückströmt, erwärmt es sich sofort wieder.

Enten regeln die Temperatur in ihren Füßen ebenfalls nach diesem Prinzip.

Egal, wie kalt es draußen ist: Auf die Anschaffung von Winterstiefeln für den Vierbeiner kann man also getrost verzichten. Huskys, die tatsächlich als Schlittenhunde im Einsatz sind, tragen allerdings häufig sogenannte »Booties«, um die Haut an den Ballen vor Verletzungen durch Harsch und Eis zu schützen.

33 Eine Zecke töten

Die Frage, wie man Zecken am besten vorbeugen kann und ob man seinen Hund gegen Borreliose impfen lassen sollte, muss jeder Hundebesitzer mit einem Tierarzt besprechen. Viele Hunde sind resistent gegen Borreliose, aber nicht alle, und so gibt es hier keine Patentrezepte.

Auch darüber, wie man Zecken am besten entfernt, existieren unterschiedliche Meinungen. Die einen schwören auf Zeckenzangen, andere auf Zeckenhaken oder Zeckenschlingen, und Hartgesottene lösen das Problem gar mit Fingerspitzengefühl. Aber egal, wie man den Blutsaugern an den Kragen geht, immer gilt: Man muss sie so schnell wie möglich herausziehen, sollte dabei aber niemals drehen und darf sie vorher mit nichts beträufeln. Denn je weniger Stress die Zecke empfindet, desto geringer ist die Wahrscheinlichkeit, dass sie in Panik gerät und ihren Mageninhalt samt den darin enthaltenen Erregern ins Blut entleert.

Aus dem Leben einer Zecke

In ihrem Leben saugt eine Zecke dreimal Blut, und immer entwickelt sie sich danach weiter: Als winzige Larve wird sie nach der ersten Mahlzeit zur Nymphe, nach der nächsten Blutaufnahme verwandelt sie sich dann zur Zecke, und wenn das ausgewachsene Tier noch ein letztes Mal Blut saugt, kann es Eier legen. Danach stirbt das Weibchen. Die Männchen verenden direkt nach der Paarung.

Zwischen den einzelnen Mahlzeiten können Zecken bis zu zehn Jahre ganz ohne ein Häppchen zwischendurch auf ihr nächstes Opfer lauern, und dabei gibt es kaum etwas, das ihr Leben bedroht. Zecken gibt es auf dieser Welt seit 350 Millionen Jahren, und sie haben diese enorme Zeitspanne aus einem einzigen Grund überlebt: Sie sind zäh!

Zecken, wollt ihr ewig leben?

In einem ausgeklügelten »Zeckenhärtetest« hat der Berliner Biologe Hans Dautel die Zähigkeit von Zecken im Auftrag eines Pharmaunternehmens wissenschaftlich untersucht. Seinen Untersuchungen zufolge überleben Zecken einen vierundzwanzigstün- digen Aufenthalt im Tiefkühlfach bei Temperaturen bis minus zwölf Grad Celsius mit einem eiskalten Lächeln. In der Waschmaschine überstehen sie einen Wasch- gang bis 40 Grad und verlassen die Maschine so hung- rig wie im ungewaschenen Zustand. Erst bei der 60-Grad- Wäsche oder im Trockner sterben die kleinen Blutsauger ab. Wasser- menge, Waschmittel und Zahl der Umdrehungen beim Schleudern sind dabei ganz egal, die Temperatur macht den Unterschied.

Zecken ertrinken nämlich nicht. Dautel stellte fest, dass Zecken in einem Aquarium bis zu drei Wochen überleben und sich sogar von der Larve zur Nymphe häuten können. In der Wohnung überleben Nymphen drei bis fünf Tage, ausgewachsene Zecken sogar bis zu zehn Tage. Dann sterben sie, weil in Innenräumen die Luftfeuchtigkeit für sie zu gering ist. Unter www.zecken.de findet man die Ergebnisse von Hans Dautel in ausführlicher Darstellung.

Lieber ein Ende mit Schrecken ...

Ein vollgesogenes Zeckenweibchen legt bis zu dreitausend Eier, und angesichts solcher Zahlen hört selbst bei gutmütigen Menschen die Tierliebe meist auf. Bei einer Studie der Gesellschaft für Konsumforschung gab nur ein Prozent der Befragten an, Zecken nach dem Ziehen in freier Wildbahn auszusetzen und ihnen so ein Weiterleben und die Fortpflanzung zu ermöglichen. Ein Viertel der Befragten gab zu, Zecken stattdessen in die Toilette oder in den Abfluss zu werfen. Nach Auffassung der Wissenschaftler ist dies keine optimale Lösung, denn danach ist die Zecke zwar weg, aber nicht tot. Und was in der Kläranlage mit Zecken passiert, wurde bisher noch nicht erforscht.

In den Müll werfen, was acht Prozent der Befragten tun, schadet Zecken hingegen nachweislich überhaupt nichts. Sie krabbeln bei der nächsten Gele- genheit einfach heraus. Verbrennen bedeutet für eine Zecke tatsächlich todsicher das Ende, allerdings muss man dafür ein Feuerzeug zur Hand haben, und wenn man keins hat, bleibt nur noch das Zerquetschen einer Zecke, was für sechzig Prozent der Befragten das Mittel der Wahl ist.

Und tatsächlich, wenn man eine Zecke zerdrückt, ist sie tot. Allerdings warnt der Biologe Hans Dautel davor, dies mit bloßen Händen zu tun, denn auch so können Krankheitserreger übertragen werden. Auch Schuhsohlen sind keine geeigneten Instrumente, da die Zecken sich in das Profil retten könnten. Am besten wickelt man die Zecke in Toilettenpapier, nimmt einen harten Gegenstand und zerdrückt sie mit ihm auf einer glatten Oberfläche.

Übrigens: Kühe sind in der Lage, Zecken von Borrelien, den Erregern der Borreliose, quasi zu »reinigen«. Saugt eine Zecke an einer Kuh, können die Bakterien zwar in die Kuh eindringen, sich in deren Körper aber nicht vermehren. Und eine Zecke kann sich beim Blutsaugen an einer Kuh auch niemals mit Erregern infizieren. Auf Kuhweiden sinkt also das Risiko für Mensch und Hund, sich bei einem Zeckenbiss mit Borreliose anzustecken.

34 Einen Hund retten

Es gibt Rettungshunde, die Menschenleben retten. Aber es gibt nicht oft Gefahren, aus denen Menschen einen Hund retten können. Hunde sind Menschen nämlich meistens körperlich überlegen. Sie können prompter reagieren, schneller rennen, brechen sich weniger leicht die Knochen und sind nicht so kälteempfindlich.

Wenn ein Hund ins Wasser fällt, sollten Menschen zur Rettung daher nie hinterherspringen! Niedrige Wassertemperaturen oder auch steile, glitschige Kanalwände kosten einen Menschen schneller das Leben als einen Hund.

Auch in Kämpfe zwischen Hunden sollten Menschen nicht eingreifen, zumindest nicht, wenn sie allein sind. Lediglich wenn es um den Einsatz von Händen, den Gebrauch von Werkzeug oder um medizinische Hilfe geht, können Menschen für Hunde eine echte Unterstützung sein. Und eine weitere Ausnahme ist auch der Schutz eines Hundes vor Misshandlungen durch andere Menschen.

Was tun im Notfall?

In vielen Städten und Regionen gibt es inzwischen Tierrettungsdienste, die man bei einem Unfall anrufen kann. Ausgebildete Tiersanitäter holen verunglückte Tiere dann mit einem Spezialfahrzeug ab und fahren sie in die nächste Klinik. Die Kosten dafür trägt der Tierhalter.

Wenn man als Zeuge miterlebt, wie ein Tier misshandelt wird, sollte man sich direkt an die Polizei oder an das örtliche Veterinäramt beim Landkreis wenden und Anzeige erstatten. Es bringt nichts, wenn man solche Verstöße nur anonym bei einem Tierschutzverein meldet, denn die Behörden benötigen Informationen aus erster Hand. Bei einer Anzeige können Fotos und Videos, die die Misshandlung dokumentieren, sehr hilfreich sein.

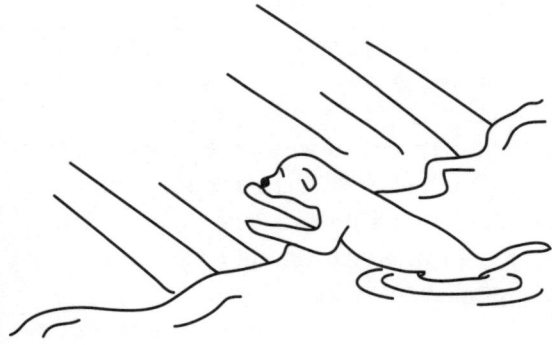

35 Einen Hund entwurmen

Die Spezies, die den meisten Wurmarten als Wirt dienen kann, ist der Mensch. Rund dreihundertfüfzig verschiedene Würmer können in seiner Haut und in seinen Eingeweiden leben. Nur zwanzig davon sind allerdings wirklich auf den Menschen angewiesen, für die übrigen ist der Homo sapiens nur ein Nebenwirt oder gar ein Fehlwirt. Diese Unterscheidung ist allerdings bestenfalls für Wissenschaftler und besagte Würmer von Bedeutung. Für Patienten sind andere Fragen wichtiger: Wie schütze ich mich vor Würmern? Und was mache ich, wenn ich welche habe?

Zunächst ein Trost: Die meisten Wurminfektionen beim Menschen werden durch weniger als dreißig verschiedene Wurmarten hervorgerufen, und die meisten davon kommen in unseren Breitengraden überhaupt nicht vor. Auf der Nordhalbkugel sind weniger als fünf Prozent der Menschen von Würmern befallen, in manchen tropischen Gebieten sind es hundert Prozent. Und weil die Welt ist, wie sie ist, verfügen Menschen auf der Nordhalbkugel über ausgezeichnete Medikamente gegen Würmer, während solche Mittel in den Tropen nur für wenige Menschen zugänglich sind.

Risiko Hund

Wer Würmer hat, ist nie allein, sagt ein Sprichwort. Und wer Würmer hat, erkrankt möglicherweise seltener an Allergien und Asthma, sagen Wissenschaftler. Das gilt zumindest für manche Wurmarten.

Trotzdem will niemand Würmer haben, und wer befallen ist, möchte sie so schnell wie möglich loswerden. Zu recht. Denn je nach Wurmart und Zustand des eigenen Immunsystems können Würmer im Körper nämlich erhebliche Schäden anrichten und sogar zum Tod führen. Deshalb gilt für Hundebesitzer: Jeder sollte das persönliche Wurmrisiko seines Hundes mit einem Tierarzt besprechen und in den empfohlenen Abständen regelmäßig Wurmkuren durchführen. Alles andere ist grob fahrlässig und gefährdet nicht nur die eigene Gesundheit, sondern auch die anderer Menschen, die den Hund streicheln oder unfreiwillig mit seinem Kot in Berührung kommen. Und um es noch einmal deutlich zu sagen: Die richtigen Abstände einer Wurmkur kann man nicht in einem Buch nachlesen oder im Internet ergoogeln. Sie hängen davon ab, wie alt ein Hund ist, wo er lebt, welche Gewohnheiten er hat, was er frisst und mit welchen Menschen er häufig Kontakt hat. Da ist ein Gespräch mit dem Tierarzt unumgänglich.

Hier bei uns sind es vor allem Spulwürmer, Hakenwürmer und Bandwürmer, die Hunde plagen und gleichzeitig auch uns Menschen befallen können. Trichinen werden nur durch den Verzehr von rohem Fleisch übertragen und können also auch nur diejenigen treffen, die Hundefleisch essen (siehe auch das Kapitel: »Hunde kochen, backen oder braten«).

Welpen und Junghunde sind überdurchschnittlich oft von Würmern befallen, bei ausgewachsenen Hunden kommen Wurmerkrankungen seltener vor.

Spulwurm

Sie sind lang, dünn und weiß und sehen ein bisschen aus wie Spaghetti. Die Rede ist von Spulwürmern, mit denen fast alle Hundewelpen, aber auch viele Katzen und Füchse infiziert sind. Auch Menschen können von Spulwürmern befallen werden, und besonders gefährdet sind hier Kinder, deren Immunsystem die Würmer, anders als das von gesunden Erwachsenen, noch nicht erfolgreich bekämpfen kann.

Spulwürmer können bei Mensch und Hund medikamentös bekämpft werden, beim Menschen bleiben sie oft unbemerkt. Während Hunde die gut sichtbaren Fadenwürmer ausscheiden, findet man im menschlichen Kot niemals Würmer oder Eier. Menschen sind für Spulwürmer nämlich Fehlwirte, und der Entwicklungszyklus der Tiere kann im menschlichen Körper nicht vollständig ablaufen. Die Larven bohren sich durch die Wand des Dünndarms und können Herz, Leber, Lunge, Zentralnervensystem oder Augen befallen. Oft verlaufen solche Infektionen lange Zeit symptomlos, was eine Diagnose erschwert. Harmlos sind sie deswegen aber nicht: Spulwürmer können schwere Organschäden verursachen. Möglicherweise führt ein Spulwurmbefall in der Kindheit sogar zu einer erhöhten Anfälligkeit für Asthma und Allergien, anders als beispielsweise bei Hakenwürmern, denen man eine allergievorbeugende Wirkung nachsagt.

Für Hundebesitzer gilt daher: Die Gefahr von Spulwurminfektionen muss man wirklich ernst nehmen. Besonders gefährdet sind Welpen und trächtige oder säugende Hündinnen. Der kurz vor der Geburt veränderte Hormonstatus im Körper der Hündin aktiviert nämlich ruhende Spulwurmlarven im mütterlichen Körper, und diese können durch die Plazenta und später durch die Muttermilch auf die Welpen übergehen. Hundebabys sollten daher so früh wie möglich und in kurzen Abständen entwurmt werden.

Beim Kontakt zwischen Kindern und Welpen muss man streng auf Hygiene achten. Und Hunde haben auf Spielplätzen nichts zu suchen, da darf man auch für niedliche Hundebabys keine Ausnahme machen.

Hakenwurm

Bei Hunden kommen zwei Hakenwurmarten vor, aber im deutschsprachigen Raum ist bis jetzt fast nur eine anzutreffen: Uncinaria stenocephala. Die Larven dieser Würmer können über die Haut in den Körper eindringen, Welpen infizieren sich oft auch über die Muttermilch. Bei einer Infektion leiden Hunde unter Durchfall. Menschen sind auch für diesen Wurm ein Fehlwirt und bekommen bei einem Befall lediglich juckende Hautausschläge, die irgendwann von selbst abklingen.

Bandwurm

Hunde können von unterschiedlichen Bandwürmern befallen werden. Der häufigste ist der Gurkenkernbandwurm, der so heißt, weil die Glieder, aus denen er sich zusammensetzt, an Gurkenkerne erinnern. Er wird über Flöhe und Haarlinge übertragen. Um sich zu infizieren, muss man aber einen befallenen Floh verspeisen. Weil das bei Menschen sehr selten vorkommt, ist dieser Bandwurm für sie nicht gefährlich. Hunde zeigen bei einem Befall ebenfalls keine schweren Symptome.

Auch von einigen anderen Bandwurmerkrankungen des Hundes werden Menschen selten oder gar nicht befallen. Gefährlich sind hingegen vor allem zwei Arten: der Fuchsbandwurm und der Hundebandwurm.

Fuchsbandwürmer befallen, wie der Name schon sagt, vor allem Füchse. Aber auch Hunde, die Mäuse jagen und fressen, können dabei Fuchsbandwurmfinnen aufnehmen und die Eier dieser Würmer später an Menschen weitergeben. Viele Menschen sind gegen den Fuchsbandwurm resistent, ihr Immunsystem wehrt die Parasiten ab. Für alle anderen ist eine Erkrankung durch den Fuchsbandwurm aber die gefährlichste Parasitenerkrankung überhaupt, und in Deutschland ist sie daher meldepflichtig. Von der Infektion bis zum Ausbruch können mehr als zehn Jahre vergehen. Irgendwann verursacht die Larve dann in der Leber eine Wucherung, und die Finnen können auch andere Organe befallen, ähnlich wie ein Tumor. Unbehandelt führt die Erkrankung zum Tod.

Da man nie weiß, zu welcher der beiden Personengruppen man gehört, sollten auch Hunde, die gern mausen, öfter entwurmt werden als andere.

Ein weiterer gefährlicher Bandwurm, der sich im Hundegedärm wohlfühlt, ist der Hundebandwurm. Er kann Hunde befallen, die rohe Innereien von Wiederkäuern fressen. Den Hunden macht das nichts aus, sie zeigen keine Krankheitssymptome, und auch menschliche Patienten bemerken jahrelang nichts von dem Befall. Dann aber wachsen in Leber oder Lunge Zysten heran, die eventuell Probleme verursachen können. Wenn keine Komplikationen auftreten, kann die Krankheit auch von selbst ausheilen. Zum Glück kommt der Hundebandwurm in Deutschland nur noch sehr selten vor. Wer allerdings mit seinem Hund in Mittelmeer- oder Balkanländer reist oder Hunde aus diesen Ländern importiert, sollte auf besondere Hygiene und eine zusätzliche Wurmkur achten.

Übrigens: Man sollte Wurmbefall bei Hunden nicht mit Karotten oder Knoblauch bekämpfen. Mit größeren Mengen Knoblauch tötet man vielleicht den Hund, aber niemals den Wurm.

36 Den ökologischen Pfotenabdruck eines Hundes berechnen

Time to Eat the Dog, so lautet der provokative Buchtitel eines Bestsellers aus Neuseeland. Das Autorenduo Brenda und Robert Vale behauptet darin, ein mittelgroßer Hund belaste die Umwelt stärker als ein Geländewagen mit Allradantrieb. 164 Kilo Frischfleisch soll so ein Hund pro Jahr verzehren, und 95 Kilo Getreide. Damit verbraucht er angeblich 8400 Quadratmeter Erdboden pro Jahr allein für sein Futter. Für die Herstellung eines Geländewagens und das Benzin für rund 10 000 Kilometer benötige man nur die Hälfte dieser Fläche, so die Autoren. Eine Katze liegt dieser Berechnung zufolge knapp unter einem Kleinwagen, Hamster schlagen in der Öko-Bilanz etwa so stark zu Buche wie ein Plasmafernseher, und ein Goldfisch belastet die Umwelt immer noch etwa so wie ein Handy in Herstellung und Verbrauch. Die Autoren kommen zu dem Schluss: Statt Haustiere zu halten, sollte man sie lieber essen (siehe auch das Kapitel: »Hunde kochen, backen oder braten«).

Aber halt, wer jetzt nach Messer und Gabel greift, möge innehalten! Erst einmal rechnen wir das nach! Zu tief sitzt noch der Schreck über den mathematischen Irrtum bei der Berechnung des Eisengehaltes von Spinat. Generationen von Kleinkindern wurden danach mit schleimigem grünem Gemüse malträtiert, und genützt hat es nichts. Wenn wir jetzt alle unsere Hunde essen und uns stattdessen einen Geländewagen mit Allradantrieb anschaffen würden und das Klima bliebe unbeeindruckt – nicht auszudenken!

Also, wir glauben das jetzt einfach mal mit dem Futter. Aber so einfach ist das mit der Ökobilanz trotzdem nicht. Irgendwie muss ja wohl auch noch in die Rechnung mit hinein, dass so ein Durchschnittshund von Trockenfutter lebt, und das wird schließlich in der

Regel aus Schlachtabfällen hergestellt. Außerdem benötigt Otto Normalverbeller anders als ein Auto kein Straßennetz durchs ganze Land, er enthält keine Schwermetalle, die irgendwann wieder recycelt werden müssen, muss nicht an Tankstellen aufgetankt werden, benötigt keine Ampeln, keine Straßenbeleuchtung, keinen Unterbodenschutz und so weiter und so fort. Hunde halten ihre Besitzer außerdem von Fern- und Flugreisen ab, weil sie Fliegen überhaupt nicht mögen. Und Hunde bringen Menschen dazu, täglich rund zwei Stunden lang umweltverträglich durch die Landschaft zu laufen. Bei fünf Millionen Hunden in Deutschland sind das etwa 10 Millionen Stunden pro Tag, in denen fünf Millionen Menschen kein Licht anknipsen, nicht vor einem Bildschirm sitzen, nicht Auto fahren und die Heizung im Winter abschalten könnten.

Man muss allerdings zugeben: Hundebesitzer atmen beim Gassigang natürlich heftiger als zu Hause auf dem Sofa und verströmen deswegen mehr Kohlendioxid. Vielleicht sollten wir unsere Hunde doch aufessen. Oder noch besser: Unsere Hunde sollten uns aufessen, das wäre fürs Klima das Beste.

Klimakiller in den Schlagzeilen

Wer ist denn nun eigentlich der größte Klimakiller? Das wird noch diskutiert. Dazu einige Schlagzeilen aus der Tageszeitung *Die Welt:*

Frauen sind die größten Klimakiller (14.02.2008)
Nutztiere sind weltweit mit die größten Klimakiller (21.10.2009)
Baumaschinen zählen zu den größten Klimakillern (08.03.2011)
Rentner sind mit Abstand die größten Klimakiller (08.11.2011)
Bouffiers Dienstwagen ist einer der größten Klimakiller (08.05.2012)

Aber es gibt Hoffnung, und zwar da, wo man sie nie vermutet hätte:
Retten Kängurus das Weltklima? *(Welt am Sonntag,* 18.09.2011)

37 Unnützes Hundewissen zum Thema Hund und Natur

Der größte Hund der Welt ist ein Irischer Wolfshund namens Wölfi. Er lebt in Unna, ist 1,14 Meter hoch und sanft wie ein Lamm. Der kleinste ausgewachsene Hund der Welt war so groß wie eine Zigarettenschachtel.

Der 2009 verstorbene Bluthund Tigger war der Hund mit den längsten Ohren der Welt. Eines seiner Ohren war 34,29 Zentimeter, das andere 34,92 Zentimeter lang.

Auch Golden Retriever Augie aus Dallas schaffte es ins Guinness-Buch der Rekorde: Er konnte fünf normal große Tennisbälle gleichzeitig in die Schnauze nehmen.

Hunde mit platten Schnauzen wie Boxer oder Möpse haben keinen so guten Geruchssinn wie langnasige Hunde. Dunkle Hunde einer Rasse können besser riechen als helle Hunde und Hündinnen besser als Rüden.

In den ersten drei Lebenswochen haben Hunde keine Zähne. Bis zum sechsten Lebensmonat haben sie dann achtundzwanzig Milchzähne, im bleibenden Gebiss sind es schließlich zweiundvierzig Zähne, also zehn mehr als beim Menschen.

Der Speichel von Hunden enthält keine Verdauungsenzyme. Er dient vor allem dazu, die Nahrung gleitfähiger zu machen. Beim Menschen dagegen beginnt die Verdauung bereits im Mund.

Hunde sind kitzelig an den Füßen. Sie lachen aber nicht, wenn man sie kitzelt, sie zucken und ziehen die Pfote weg.
Hunde können aber durchaus lachen. Sie verfügen zumindest über einen Laut, der dem menschlichen Lachen entspricht. Dieses spezielle Hecheln klingt ungefähr wie die Buchstabenkombination »Ch« im Wort »Rachen«, und dort wird dieser Laut auch gebildet. Man hört ihn vor allem, wenn Hunde spielen.

Es gibt auch Hunde, die wie Menschen lächeln. Wenn sie die Mundwinkel hochziehen, ahmen sie tatsächlich menschliches Verhalten nach. Dalmatiner lächeln besonders oft und gern.

Nicht alle Hunde bellen. Afrikanische Basenjis jodeln.

Die Vertreter einiger Hunderassen haben blaue oder gefleckte Zungen. Das kommt vor allem bei asiatischen Hunden wie Chow-Chow, Shar-Pei und Eurasier vor, aber auch bei Neufundländern und Dalmatinern.

Norwegische Lundehunde haben mindestens sechs Zehen an jeder Pfote. Normalerweise haben Hunde vorn fünf und hinten vier Zehen. Lundehunde können außerdem ihre spitzen Ohren zuklappen, damit kein Wasser hineintropft. Und sie können steile Felswände hinaufklettern. Sie wurden nämlich zur Unterstützung bei der Jagd nach Papageientauchern (Lunde) gezüchtet.

Es gibt immer noch keine fundierte Erklärung dafür, warum Hunde Gras fressen. Sie tun es auf jeden Fall nicht aus Vitaminmangel und auch nicht, um Brechreiz auszulösen. Vielleicht schmeckt es ihnen einfach.

III.

HUND UND GESELLSCHAFT

*»Lege dich mit den Hundehaltern an
und du kannst dein Amt begraben.«*
KONRAD ADENAUER

38 Hunde in der Statistik

Genau weiß es niemand, aber folgende Zahlen gelten Schätzungen zufolge für Deutschland:

Hundehaltung

Hunde	5,4 Millionen
Menschen mit Hund	9,8 Millionen
Menschen mit mehr als einem Hund	1,6 Millionen
Anteil der Haushalte mit Hund	13 Prozent
Zum Vergleich:	
Frankreich	38 Prozent
Irland	36 Prozent
Großbritannien	28 Prozent
Österreich	15 Prozent
Griechenland	11 Prozent
Schweiz	10 Prozent

Jährlich vermittelte Welpen:	500 000
davon aus dem Ausland importiert	100 000
Mischlingswelpen:	155 000
Reinrassige Welpen:	45 000

Beliebteste Hunderasse der Deutschen 2012:	Mischling
Platz 2:	Französische Bulldogge

2009 im Tierheim abgegebene Hunde	120 000

Diensthunde bei Polizei, Grenzschutz ...	5000
Blindenhunde	2200
Rettungshunde	2000

Hundeliebe

Menschen, die Hunde mögen	36 Prozent
Menschen, die nichts gegen Hunde haben	88 Prozent
Menschen, die Hunde gar nicht mögen	12 Prozent
Menschen, die sich über Hundekot ärgern	82 Prozent

Otto Normalherrchen und Normalfrauchen

Alter	30–60 Jahre alt
Familienstatus	mit Partner, ohne Kinder
Urlaubsgestaltung	Nicht ohne Hund!

Wirtschaftsfaktor Hund

Kosten pro Hund und Monat	50–100 €
Jahresumsatz durch Hundehaltung	5 Milliarden €
Anteil am Bruttoinlandsprodukt	0,2 Prozent
Zum Vergleich: Land- und Forstwirtschaft	0,9 Prozent
Arbeitsplätze rund um den Hund	100 000
Reduzierung der Gesundheitskosten durch Hundehaltung	2 Milliarden €
Einnahmen durch Hundesteuer 2010	258 Millionen €

Hund und Gefahr

Bissverletzungen an Menschen in NRW 2011 bei landesweit insgesamt 736 000 Hunden	809
Tödliche Hundebisse in Deutschland von 2001–2011	35

(Quellen: Ohr, Renate; Zeddies, Götz: Ökonomische Gesamtbetrachtung der Hundehaltung in Deutschland, Göttingen 2006, abrufbar auf der Homepage der Universität Göttingen, außerdem Beißstatistik NRW aus dem Jahr 2012 und Gesundheitsberichterstattung des Bundes 2001–2011)

39 Einen Hund versteuern

Steuern bezahlt man nur aus einem einzigen Grund: weil man muss. Man entrichtet sie niemals, um dafür gezielt etwas zu bekommen oder zu dürfen. Wer also Mineralölsteuer bezahlt, erwirbt damit auch nicht das Recht, Öl einfach so zu entsorgen. Wer sowohl Branntweinsteuer als auch Kraftfahrzeugsteuer berappt, darf trotzdem nicht betrunken Auto fahren. Und wer ordnungsgemäß Hundesteuer entrichtet, muss die Hinterlassenschaften seines Vierbeiners dennoch vom Gehweg entfernen und kann dafür nicht einmal Kotbeutelspender verlangen. Steuern decken den allgemeinen Finanzbedarf von Bund, Ländern und Gemeinden, und was mit Steuergeldern geschieht, können Steuerzahler nicht selbst bestimmen.

Aber warum müssen Hundebesitzer überhaupt Steuern bezahlen, Katzenhalter, Pferdebesitzer oder Giftschlangenliebhaber aber nicht? Dafür gibt es keine logischen, sondern nur historische Gründe.

Vom Hundekorn zur Hundesteuer

Schon im Mittelalter mussten Bauern an adlige Fronherren Abgaben für die Hundehaltung leisten, das sogenannte »Hundekorn« oder »Hundebrot«. Allerdings waren diese Bauern nicht die Besitzer der Hunde, für die sie Steuern bezahlten, es war umgekehrt: Sie mussten mit dieser Abgabe die Hundehaltung ihrer Herren mitfinanzieren, damit diese sich größere Jagdmeuten leisten konnten.

In Deutschland änderte sich das im 19. Jahrhundert. Damals wurden Hundesteuern eingeführt, die fortan von den Hundehaltern selbst gezahlt werden sollten. Damit verfolgte man zwei Ziele: Die Zahl der Hunde sollte eingedämmt und die durch Kriege leer geräumten Staatskassen gefüllt werden. So verkündete Friedrich Wilhelm III. in einem Edikt vom 28. Oktober 1810: »Wir, Friedrich Wilhelm, von Gottes Gnaden, König von Preußen, haben Uns bisher unablässig damit beschäftigt, die besten Mittel ausfindig zu machen, um den durch den letzten Krieg gesunkenen Wohlstand Unseres Staats wieder herzustellen, den Kredit empor zu heben und die Verpflichtungen zu erfüllen, welche der Staat gegen seine Gläubiger auf sich hat; Wir sehen Uns genöthigt, von Unsern getreuen Unterthanen die Entrichtung erhöhter Abgaben, hauptsächlich von der Konsumtion und von Gegenständen des Luxus zu fordern.« Und so mussten nun Hundebesitzer, Pferdebesitzer, Eigentümer von Kutschen und sogar von Klavieren, aber auch Menschen, die Dienstboten beschäftigten, Luxussteuern bezahlen. Dienstboten und Kutschen waren bald wieder steuerfrei, Hunde nicht.

Hundesteuer heute

Die meisten Länder in Europa haben die Hundesteuer längst abgeschafft. Neben Deutschland halten nur noch Österreich, die Schweiz, Luxemburg und die Niederlande daran fest.

Dabei ist die Höhe des Steuerbetrags für deutsche Hundehalter sehr unterschiedlich. Zum einen hängt sie davon ab, ob es sich bei dem zu versteuernden Hund um einen Gebrauchshund, einen Luxushund oder einen »gefährlichen Hund« handelt. Entscheidend ist auch die Frage, ob Wuffi ein Erst-, Zweit- oder Dritthund ist.

Aber auch der Wohnort kann den Geldbeutel ganz unterschiedlich stark belasten, wie folgende Übersicht zeigt:

Ort	Ersthund	Zweithund	Kampfhund/ Zweithund
Berlin	120	180	120/180
Dresden	108	144	120/180
Düsseldorf	96	150	600/900
Eschborn	–	–	–
Frankfurt	90	180	900
Hamburg	90	90	600
Helgoland	255	255	Nicht erlaubt
Leipzig	96	192	96/192
Köln	156	156	156
München	100	100	800
Rostock	84	120	468
Saarbrücken	120	168	120/168
Schwandorf	15	15	15
Stuttgart	108	216	612

Elmar Vitt, Rechtsanwalt aus Salzhausen in der Lüneburger Heide und Herrchen von Yorkshire Terrier Sir Monti, hält die Hundesteuer grundsätzlich für diskriminierend und hat beim Europäischen Gerichtshof für Menschenrechte in Straßburg eine Klage eingereicht. Ob das Gericht diese aber überhaupt verhandeln wird, ist noch unklar.

40 Einen Hund kaufen

Freunde kann man normalerweise nicht kaufen. Bei Hundefreunden ist das anders. Egal, ob man einen Rassehund haben möchte, einen Mischling oder einen Tierheimhund – jeder Hund kostet bei der Anschaffung Geld. Die Preisspanne beginnt bei etwa 200 Euro Schutzgebühr für Tierheimhunde und geht bis zu 2000 Euro für einen seltenen Rassehund mit Papieren. Damit werden Hunde, obwohl sie Lebewesen sind, zu einer Ware, für die alle Gesetze der Marktwirtschaft gelten. Das klingt unschön, hat aber auch Vorteile.

Geld und Wert

»Was nichts kostet, ist nichts wert«, soll Albert Einstein gesagt haben, und inzwischen ist dieses geflügelte Wort eines der ungeschriebenen Gesetze unserer Marktwirtschaft.

Natürlich stimmt dieser Satz so pauschal formuliert nicht. Die meisten wirklich wertvollen Dinge sind mit Geld nicht zu bezahlen. Trotzdem ist auch etwas Wahres daran: Wer für eine Anschaffung ordentlich zur Kasse gebeten wird, trifft sie bewusster und behandelt den teuer gekauften »Gegenstand« mit mehr Wertschätzung. Das gilt auch für Tiere. Nicht umsonst sagt der Volksmund: Einem geschenkten Gaul schaut man nicht ins Maul. Wer also für einen Hund Geld bezahlen muss, gibt vielleicht beim Anblick treuer Welpenaugen nicht so schnell dem Bauchgefühl nach, sondern schaltet erst den Kopf ein.

Und die Betrachtung eines Hundes als »Ware« hat noch einen weiteren Vorteil. Verantwortungsbewusste Konsumenten denken bei einer Anschaffung inzwischen nicht nur über ihren eigenen Nutzen nach. Sie wissen auch, dass Verbraucher in ihrer Gesamtheit gesellschaftliche Macht besitzen, denn mit jedem Kauf unterstützt man diejenigen, die an dieser Ware verdienen. Viele sehen deshalb genau hin und überlegen, wen sie durch ihren Kauf mitfinanzieren. Niemand will ja durch die Anschaffung eines Hundes skrupellose Tierquäler fördern.

Und da sind wir schon bei den Nachteilen der »Ware Hund«. Ein weiteres ungeschriebenes Gesetz der Marktwirtschaft lautet nämlich: Wo man Geschäfte macht, ist Geschäftemacherei nicht weit. Je mehr man mit einer Geschäftsidee verdienen kann, desto größer ist die Wahrscheinlichkeit, dass alle Akteure sich moralisch äußerst flexibel verhalten.

Mit Hundezucht und Hundehandel kann man leicht Geld verdienen, wenn man es mit dem Tierschutz nicht so genau nimmt. Viel Anfangskapital ist nicht nötig, eine läufige Hündin genügt, und ein williger Rüde lässt sich meist günstig finden. Papier ist bekanntlich geduldig, und Papiere lassen sich fälschen.

Ob es sich also um einen Rassehund handelt, um einen Mischling oder um einen »Nothund«, immer ist es möglich, dass wir mit dem Kauf ein korruptes System unterstützen, das nur funktioniert, weil es Menschen wie uns gibt.

Bei vielen Waren gibt es Prüfsiegel und Bio-Label, die Orientierung beim Kauf bieten. Aber wo findet man einen fair gezüchteten »Bio-Hund«? Und was machen wir mit all den anderen?

Ein Blick in Hundeaugen

Ein Hund ist eine Ware, und er ist es nicht. Was beim Hundekauf vor uns sitzt, ist immer ein empfindsames Wesen mit einer ungewissen Zukunft, das Liebe, Respekt und ein gutes Zuhause verdient. Ein überzüchteter Rassehund, der vor lauter Stammbaum kaum mehr laufen kann, ist so ein Lebewesen. Ein Hund aus einer Hundefabrik, der von Straßenhändlern aus einer Kiste heraus zum Kauf angeboten wird, ist auch ein atmendes, fühlendes Tier. Und ein Kampfhund im Tierheim, für dessen Haltung unzählige Gesetze und Auflagen gelten, ist ebenfalls eine liebenswerte Kreatur mit einem Recht auf ein glückliches Hundeleben.

Mit unserer Entscheidung und unserem Geld beeinflussen wir in diesem Fall zweierlei: den Markt, der dieses Tier hervorgebracht hat, und gleichzeitig das Leben des Geschöpfes vor uns. Wenn wir dieses Tier kaufen, werden weitere Hunde auf dieselbe Weise den Besitzer wechseln. Wenn wir es aber nicht tun, überlassen wir ein leidendes Tier seiner ungewissen Zukunft. Für einen Menschen kann die Entscheidung für oder gegen einen Hund ein Politikum sein wie die Stimmabgabe bei der Kanzlerwahl. Pro Rassehund. Pro Mischling. Pro Tierheimhund. Für einen Hund ist sie das nicht, für ihn geht es immer um sein Leben.

Was tun?

Wenn man tiefer in das Thema eintaucht, erkennt man: Den politisch korrekten Bio-Hund gibt es nicht. Nirgends. Jeder Hundekauf ist rein moralisch betrachtet richtig und falsch zugleich. Das zeigen die folgenden drei Kapitel. Eines aber ist immer falsch und moralisch absolut verwerflich – eine vorschnelle Entscheidung, die man irgendwann revidieren muss. Wer einem Hund kein gutes Hundeleben garantieren kann, darf ihn nicht kaufen. Niemals.

PREMIUM QUALTITÄTS HUND

41 Einen Rassehund anschaffen

Rassehund, das klingt nach Stammbaum und blauem Blut, nach Elitedenken, Rassismus und Abgrenzung. Tatsächlich sind Hunderassen aber aus anderen Gründen entstanden.

Früher mussten Hunde ihren Menschen im Alltag bei der Arbeit helfen, und nicht alle Vierbeiner eigneten sich für jede Tätigkeit gleich gut. Große, kräftige, lauffreudige Exemplare waren ideal zum Ziehen von Lasten. Beim Aufstöbern von Füchsen im engen Bau erwiesen sie sich dagegen als wenig hilfreich. Hunde mit einem ausgeprägten Geruchssinn und starkem Jagdtrieb waren gute Helfer beim Nachstellen von Wild, aber völlig ungeeignet, um Haus und Hof zuverlässig zu verteidigen, denn kaum hoppelte ein Hase vorbei, waren sie weg.

Schon früh wurden Hunde daher nach ihrer Körpergröße, ihrer Muskelkraft, ihrem Temperament, ihren Fähigkeiten und ihrem Charakter ausgewählt und gezielt so miteinander verpaart, dass die gewünschten Eigenschaften auch in der nächsten Generation erhalten blieben oder sich sogar verbesserten.

Von einer Hunderasse sprach man erst, wenn die Welpen eines Wurfes in Aussehen und Wesen den Elterntieren glichen.

Wer einmal einen Wurf Mischlinge gesehen hat, weiß, wie unterschiedlich die Nachkommen bei solchen Kreuzungen ausfallen können. Bei Rassehunden ist das anders.

Schon bald übertrafen die Züchtungen der Menschen in vielen Eigenschaften punktuell den Urahn des Hundes. Kein Wolf war je so schnell wie ein Windhund, hatte eine so gute Nase wie ein Bloodhound oder konnte schwimmen wie ein Portugiesischer Wasserhund. Andere wölfische Eigenschaften gingen den Hunden dafür verloren.

Inzwischen gibt es weltweit mehr als vierhundert unterschiedliche Hunderassen. Sie differieren in Farbe, Größe, Gewicht, Fellbe-

schaffenheit und Körperform, aber auch im Charakter, Temperament und im sogenannten »Will to please«, also dem Bestreben, Frauchen oder Herrchen gefallen zu wollen. Obwohl einige dieser Rassen Jahrtausende oder Jahrhunderte alt sind, ändern sie sich dennoch, denn wie alles im menschlichen Leben sind auch Hunde Moden unterworfen. Und da sind wir auch schon bei den Problemen beim Erwerb eines Rassehundes.

Contra Rassehund

Viele Hunde wurden durch Modezucht in ihrem Körperbau so deformiert, dass sie kein normales Leben mehr führen können. Platte Nasen erschweren ihnen die Atmung, große Köpfe machen eine natürliche Geburt unmöglich, Riesenwuchs und Kleinwuchs sorgen für erhebliche Gesundheitsprobleme, Gelenkdeformationen machen jeden Gassigang zur Qual. Das Merle-Gen, das bei vielen Rassen für eine gescheckte Fellfarbe sorgt, kann zu Taubheit und Fehlbildungen der Augen führen. Collies und Aussies reagieren oft durch einen Gendefekt extrem empfindlich auf manche Arzneimittel und können schon an einer Wurmkur sterben. Der umgekehrte Aalstrich beim Rhodesian Ridgeback ist eine Fehlbildung in der Embryonalentwicklung; medizinisch betrachtet handelt es sich bei diesem Haarkamm eigentlich um eine milde Form der Spina bifida, also um einen offenen Rücken. Dennoch wurden noch bis 2008 in England Ridgeback-Welpen ohne diesen Ridge getötet, weil sie nicht dem Rassestandard entsprachen.

Die Liste der Erbkrankheiten bei Rassehunden könnte man noch seitenweise weiterführen. Eine hohe Inzuchtrate hat außerdem dazu geführt, dass die Lebenserwartung vieler Hunderassen rapide gesunken ist. Statt der durchschnittlichen fünfzehn Jahre, die ein gesunder Hund früher erreichen konnte, werden fast ein Drittel aller Deutschen Doggen nicht einmal mehr fünf Jahre alt, und auch viele Berner Sennenhunde erreichen nur noch ein Lebensalter von fünf bis acht Jahren.

Artgerechte Haltung

Aber selbst wenn ein Rassehund von einem verantwortungsvollen Züchter stammt und gesund ist, sollte man vorher gut überlegen, ob das Tier auch zu seinen Menschen passt. Weil die meisten Rassehunde eigentlich Arbeitshunde sind, eignen sie sich nämlich nur bedingt als Haus- und Schoßtiere. Das muss man wissen. Natürlich leben viele von ihnen in Familien und kommen dort auch gut klar. Aber Außenstehende sehen oft nicht, was diese Familien auf sich nehmen, um dem Hund ein glückliches Leben zu bieten. Ist man zum Beispiel bereit, sonntags auch mal ganz früh aufzustehen und dem Hund mit einem toten Kaninchen eine Spur durch Wald und Feld zu legen, damit er beim Schnüffeln ein Erfolgserlebnis hat? Wenn nicht, fallen klassische Jagdhundrassen schon von vornherein weg. Wie groß ist das eigene Verlangen nach Hundetanzkursen und Agility-Sport? Minimal? Dann lieber Hände weg vom Border Collie. Denn wenn ein aktiver Hund sich langweilt, wird er sich selbst eine Beschäftigung suchen, und ob er darf, was er sich ausgedacht hat, wird er vorher nicht fragen.

Pro Rassehund

Wer sich für einen Rassehund entscheidet, wählt allerdings auch einen Vorteil: Er weiß beim Welpenkauf ungefähr, was ihn erwartet. Natürlich ist jeder Hund ein Individuum, und in jeder Rasse gibt es freundliche und aggressive, sportliche und faule Exemplare. Aber es ist doch absehbar, ob aus dem Fellknäuel ein Zwerg oder ein Riese, ein Zotteltier oder ein Nackthund, ein lebendes Sofakissen oder eine Sportskanone, ein Jäger oder ein Hütehund wird. Es gibt Hundebesitzer, für die diese Vorhersehbarkeit des Hundes kein Vorteil, sondern ein Nachteil ist: Sie freuen sich auf einen unverwechselbaren Überraschungshund. Andere erwerben gleich einen erwachsenen Hund aus dem Tierheim, denn auch dann wissen sie, was sie ungefähr erwartet. Aber für Menschen mit wenig Hundeerfahrung oder für Familien mit kleinen Kindern kann es doch sehr wichtig sein, vor dem Kauf abschätzen zu können, ob sie dem neuen Familienmitglied gewachsen sind. Denn das Schlimmste, was man einem Hund antun kann, ist ein Irrtum in der Entscheidung für ihn.

Was kostet ein Rassehund?

Eine verantwortungsvolle Hundezucht erfordert auch finanziell einen hohen Einsatz. In Fachkreisen gelten 800 bis 1800 Euro für einen Welpen als gerade kostendeckend, wenn unter Berücksichtigung aller Anforderungen des Tierschutzes und der Züchterethik gezüchtet wird.

42 Wofür Hunde gezüchtet wurden

Viele Hunde, die wir heute ganz selbstverständlich als Familienhunde halten, waren ursprünglich für andere Zwecke bestimmt.

Der **American Pit Bull** wurde bei Rattenfänger-Wettbewerben eingesetzt. Man pferchte die Hunde zusammen mit Ratten in eine »Pit«, dort mussten sie möglichst viele Nager in möglichst kurzer Zeit töten.

Boxer waren wie **Bulldoggen** sogenannte Bullenbeißer. Im Mittelalter gab es eine »Sportart«, bei der man einen Stier in der Arena anpflockte und ihn von Hunden totbeißen ließ.

Der **Cavalier King Charles Spaniel** war nicht wie andere Spaniels ein Jagdhund, er machte schon früh als »Damenhund« und Spielkamerad für Kinder Karriere.

Der **Chow-Chow** war eigentlich ein Last- und Zugtier, wurde aber auch zum Verzehr gezüchtet. Der Name bedeutet angeblich »Leckerbissen«.

Chihuahuas waren vermutlich Opferhunde toltekischer Priester.

Dackel mussten als »Erdhunde« Dachse und Füchse in ihrem Bau aufstöbern.

Die eleganten **Dalmatiner** waren im viktorianischen England als Kutschenbegleithund populär.

Der **Dobermann** wurde als »Gendarmenhund« schon früh bei Polizeieinsätzen verwendet.

Doggen waren ursprünglich Kampfhunde, später aber auch oft »Kammerhunde«, die mit vergoldetem Halsband an der Seite von Herrschern auftraten.

Der **Kuvasz** schützte Schafherden vor Wölfen.

Labradore halfen Fischern beim Einholen der Netze.

Mit einem **Mastiff** konnte man in den Krieg ziehen oder auch Bären jagen.

Der **Mops** lebte früher in China bei Hofe; nur der chinesische Kaiser durfte ihn berühren.

Neufundländer fuhren auf Booten mit und retteten betrunkene See-leute, wenn sie ins Wasser fielen.

Pudel waren ursprünglich Hunde für die Wasserjagd.

Rhodesian Ridgebacks halfen in Afrika ihren Besitzern bei der Lö-wenjagd.

Der faltenreiche **Shar-Pei** war früher ein Armeleutehund, der oft zur Rattenjagd gehalten wurde.

Der **Urrador** wurde früher in Brasilien für die Jagd auf Jaguare gezüch-tet. Die Rasse ist heute aus-gestorben.

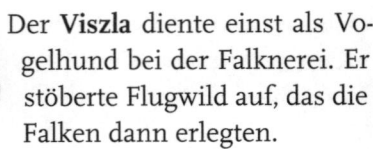

Der **Viszla** diente einst als Vogelhund bei der Falknerei. Er stöberte Flugwild auf, das die Falken dann erlegten.

West Highland White Terrier wurden gezielt als weiße Hunde für die Fuchsjagd gezüchtet, um von den Jägern nicht mit Füchsen verwechselt zu werden.

Der **Welsh Corgi Pembroke** diente der Legende nach walisischen Feen als Reittier.

Ein **Xoloitzcuintle** ist ein mexikanischer Nackthund, der vor viertausend Jahren Menschen als Grabbeigabe den Übergang ins Jenseits erleichterte.

Zwergschnauzer lebten früher oft in Pferdeställen und ernährten sich eigenständig von Ratten und Mäusen.

43 Einen Mischling aussuchen

Angenommen, wir Menschen würden aufhören, Hunde nach unseren Wünschen zu züchten, angenommen, wir würden sie selbst entscheiden lassen, mit wem sie sich fortpflanzen – wie sähen unsere Hunde dann nach ein paar Jahrzehnten aus?

Vermutlich wären sie mittelgroß, hätten Stehohren, ein sandfarbenes oder hellbraunes Fell und oft einen Ringelschwanz. Je nach Klimazone wäre ihr Fell buschig oder glatt. Und vermutlich würden sie nicht bellen, sondern über Geheul und Knurren kommunizieren.

Diese Eigenschaften zumindest haben überall auf der Welt verwilderte Haushunde, wenn man sie lange Zeit sich selbst überlässt. Bei den australischen Dingos kann man das genauso beobachten wie bei indischen Pariahunden.

Hier bei uns sind Mischlingshunde aber in der Regel Kreuzungen aus zwei Rassehunden, und es gibt sie in allen Größen, Formen, Farben und Temperamenten.

Designer-Dogs

Früher nannte man solche Kreuzungen »Promenadenmischungen«, weil sie meist auf Hundebegegnungen bei der Promenade, also dem täglichen Spaziergang, zurückzuführen waren. Heute kreuzt man Rassen bewusst, spricht von »Designer-Dogs« und gibt den Kreuzungen fantasievolle Namen: Labradoodle (Labrador und Pudel), Yorkipoo (Yorkshire Terrier und Pudel), Schnoodle (Schnauzer und Pudel), Boxador (Boxer und Labrador).

Echte Promenadenmischungen, bei denen die Rasse eines oder beider Elterntiere unbekannt sind, kommen bei heimischen Hunden nur noch selten vor, denn Otto Normalhund geht kaum noch ohne Leine und Mensch aus dem Haus (siehe auch das Kapitel: »Hund

und Sex«). Solche Mischlinge findet man aber in Tierheimen, die Straßenhunde aus Osteuropa oder Spanien vermitteln.

Pro Mischlingshund

Es gibt bislang zwar keine Studie, die einen Beweis dafür liefert, dass Mischlingshunde gesünder sind als Rassehunde, es gibt aber wissenschaftliche Argumente, die zumindest für eine durchschnittlich höhere Lebenserwartung von Mischlingen sprechen. Das dürfte wenigstens dann der Fall sein, wenn man Mischlinge mit solchen Hunden vergleicht, die rassetypisch einen hohen Inzuchtfaktor aufweisen. Überall im Tierreich führt Inzucht nämlich zu einer Verkürzung der Lebenszeit.

In der Genetik kennt man außerdem den sogenannten »Heterosis-Effekt«: Wenn man einen Hund, der durch Inzucht belastet ist, mit einem weiteren Hund kreuzt, der ebenfalls einen hohen Inzuchtfaktor besitzt, aber aus einer ganz anderen Rasse stammt, dann sind die Nachkommen dieser beiden Tiere oft außergewöhnlich leistungsfähig. Ein Mix aus zwei Rassehunden könnte also gesundheitlich besonders fit sein, falls es sich bei den Elterntieren nicht schon um kranke Qualzuchten handelt. Das gilt allerdings nur für die erste Generation dieser Mischlinge. Kreuzt man deren Abkömmlinge weiter mit anderen Hunden, geht der Effekt wieder verloren.

Und es gibt noch einen dritten Grund, warum Mischlinge im Schnitt langlebiger sein könnten als Rassehunde: Die Wahrscheinlichkeit, von beiden Elterntieren mit derselben Erbkrankheit belastet zu sein, sinkt beim Rassemix.

All dies trifft aber nur zu, wenn man Durchschnittswerte betrachtet. Ein Mischling aus Schäferhund und Berner Sennenhund beispielsweise dürfte immer noch ein größeres Krankheitsrisiko besitzen als ein reinrassiger Hovawart. Schäferhund und Berner Sennenhund leiden nämlich überdurchschnittlich oft unter erblicher Hüftgelenksdysplasie, während beim Hovawart diese Krankheit dank konsequenter Zuchtvorschriften quasi ausgeschlossen werden kann.

Gesundheitlich bedenklich ist auch immer die Kreuzung von Hunden unterschiedlicher Körpergröße.

Contra Mischlingshund

Ein Mischlingshund ist eine Art Wundertüte: Man weiß vorher nie, was man bekommt. Bei Aussehen und Größe kann das reizvoll sein, denn jeder Mischling ist ein Unikat. Beim Charakter und Temperament kann die Wundertüte auf vier Beinen aber auch zum Problemhund werden. Es ist nämlich nicht selbstverständlich, dass man bei der Kreuzung von zwei Rassehunden charakterlich eine Mischung aus beiden Elterntieren erhält. Die Nachkommen können ganz der Papa, ganz die Mama, eine Mischung oder ein ganz eigener Charakter werden.

Im Prinzip ist das ja kein Problem. Beim Rassehund aber sind besondere körperliche Fähigkeiten oft über Jahrhunderte hinweg mit einem ausgeprägten »Will to please« kombiniert worden. Hütehunde zum Beispiel sind oft ausdauernde Energiebündel, sie reagieren aber auf den kleinsten Wink ihres Besitzers, und das macht sie umgänglich. Herdenschutzhunde hingegen wurden dafür gezüchtet, ohne jede menschliche Unterstützung bei einer Schafherde zu wachen und sie eigenständig vor Dieben und Wölfen zu schützen. Bei einer Kreuzung aus Hütehund und Herdenschutzhund kann ein rührender Familienhund zur Welt kommen, aber wenn sich Temperament und Eigenständigkeit mischen, kann der Welpe auch zu einem energiegeladenen Querdenker heranwachsen, für den man eigentlich einen Waffenschein bräuchte.

Was kostet ein Mischling?

Es gibt keinen festgelegten Preisrahmen für Mischlingswelpen. Verantwortungsvolle Hundezucht kostet aber Geld, und wer für seine Welpen wenig verlangt, hat vielleicht auch wenig investiert. Also lieber Hände weg von Schnäppchenpreisen!

44 Einen Nothund aufnehmen

In vielen Ländern Europas leben Hunde unter schrecklichen Bedingungen. Sie werden gequält, misshandelt, getötet. Tierschützer retten solche Hunde und bringen sie nach Deutschland, wo sie medizinisch behandelt und an Familien vermittelt werden. Aber auch bei uns haben viele Hunde ein elendes Leben. Immer häufiger beispielsweise stoßen Behörden auf ein Phänomen, das bisher nur aus den USA bekannt war; dort heißt es Animal Hoarding: Menschen, die Tiere lieben und sich extrem einsam fühlen, schaffen sich unzählige an, fünf, zehn, hundert, zweihundert. Solche psychisch kranken Tierliebhaber merken nicht, wenn die Tiere leiden und verwahrlosen. 2006 wurden auf einem »Tiergnadenhof« in Liebenwalde fast zweihundert Hunde beschlagnahmt, die unter erbärmlichen Bedingungen dort vor sich hin vegetierten. Alle landeten im Tierheim.

Hunde können aber auch durch ganz alltägliche Vorkommnisse in Not geraten: wenn ein Besitzer stirbt, durch eine Scheidung, wenn Kinder geboren werden und Eltern überfordert sind oder wenn der notwendige Sachkundenachweis für die Haltung eines »Kampfhundes« vom Besitzer nicht erbracht wird.

Besonnen helfen

Wer einen Hund im Tierheim leiden sieht, will oft spontan helfen, und das ist gut. Ein Hund, der Schlimmes erlebt hat, darf aber keine weiteren schlechten Erfahrungen mit Menschen machen, das könnte ihm seine letzte Chance auf ein gutes Hundeleben nehmen. Ein solcher Nothund kann ein wundervoller Familienhund sein, aber nur, wenn er die richtige Familie findet. Wer einem solchen Tier also wirklich helfen will, muss vorher viel Zeit einplanen, um wichtige Fragen zu klären. Auch Hunderetter können in Wahrheit Hundehändler sein. Auch Tierheimhunde können Rassen angehören, die sich nicht für die Haltung in einer Familie eignen. Und ein ehemaliger Streuner kann in einer Großstadtwohnung vielleicht nie glücklich werden.

Je stärker man den Drang spürt, einem gequälten Tier zu helfen, desto mehr sollte man sich fragen, ob man das auch wirklich kann. Nur das ist wahre Tierliebe.

45 Einen Hundeführerschein ablegen

»Wie groß muss die Zwingergrundfläche ohne Berechnung der Hundehütte mindestens für einen Rottweiler sein?«

Keine Ahnung. Ich besitze weder Zwinger noch Hundehütte noch Rottweiler.

»Welche Erreger sind die Verursacher der Tollwut?«

Das weiß ich nicht, mein Hund ist gegen Tollwut geimpft. Ich zwar nicht, aber selbst wenn ich Tollwut hätte, wäre es mir egal, welcher Erreger dafür verantwortlich ist.

»Rassespezifisch können bestimmte Augenkrankheiten auftreten. Welche Rasse neigt zu »Offenen Augen« (Ektropium)?

Ich wusste bis eben nicht einmal, dass es diese Krankheit gibt, aber mein Tierarzt kennt sie bestimmt, und deswegen finde ich das nicht schlimm.

Ich lebe in Baden-Württemberg, und hier kann ich mir diese Wissenslücken leisten. Würde ich aber in Nordrhein-Westfalen wohnen, wäre mein zotteliges Hundetier ein sogenannter 40/20-Hund, und ich wäre jetzt vielleicht durch die Prüfung für den Sachkundenachweis gefallen. Diesen sogenannten Hundeführerschein müssen in Nordrhein-Westfalen nämlich nicht nur Halter von »Kampfhunden« ablegen, sondern auch Besitzer von Hunden, die größer als 40 Zentimeter sind oder mehr wiegen als 20 Kilo. Juristisch betrachtet gelten solche Tiere dort als »große Hunde«, und gemäß Paragraph 11 des Landeshundegesetzes muss man für ihre Haltung bestimmte Auflagen erfüllen. Unter anderem muss man eine Sachkundeprüfung ablegen.Das ist im Prinzip gut. Alle Hundebesitzer müssen über Hundewissen verfügen. Aber eben alle. Warum sollte der Besitzer eines großen dicken Beagles mehr Wissen benötigen als der eines kleinen dünnen? Und vielleicht sollte man auch an den Fragen noch ein wenig feilen. Warum müssen Beaglebesitzer überhaupt

Wissen über die Zwingergröße für Rottweiler haben, zumal die Zwingerhaltung von Hunden ohnehin höchst umstritten ist?

Nordrhein-Westfalen ist nicht das einzige Bundesland, das eine Prüfung für Hundehalter vorschreibt. Seit Januar 2013 müssen auch Neuhundebesitzer in Niedersachsen einen Führerschein ablegen, aber dort trifft dieses Gesetz alle Herrchen und Frauchen. In Hamburg können Hundebesitzer eine Gehorsamkeitsprüfung ablegen und dürfen dann mit ihrem Hund auch ohne Leine Gassi gehen, für alle übrigen gilt die Leinenpflicht. Und in den anderen Bundesländern sind solche Prüfungen zum Teil für Halter gefährlicher Hunde Vorschrift (siehe auch das Kapitel: »Einen ›Kampfhund‹ halten«).

Sachkundenachweise oder Hundeführerscheine sind auch oft Voraussetzung für die Teilnahme an Hundesportprüfungen und bei der Begleithundprüfung. Anders als der Autoführerschein gilt leider kein Hundeführerschein flächendeckend im ganzen Bundesgebiet. Von Land zu Land und von Verein zu Verein müssen unterschiedliche Anforderungen an Hund und Besitzer eingehalten werden.

In der Schweiz ist es allen Hundehaltern gesetzlich vorgeschrieben, vor dem Erwerb eines Hundes unabhängig von Rasse und Größe einen Theoriekurs zu besuchen und eine Prüfung abzulegen, die dann landesweit gültig ist.

HUNDEFÜHRERSCHEIN

Hiermit wird bestätigt, dass
Frau Kunterbunt
Hundestraße 1
00001 Musterhausen

mit ihrem Hund
Bello (Rottweiler)

am Prüfungstag 03.03.2013
ihre Sachkunde sowie den Gehorsam und die Sozialverträglichkeit
des oben genannten Hundes nachgewiesen hat.

Musterhausen, 3. März 2013

---

46 Einen »Kampfhund« halten

Kampfhunde sind im ursprünglichen Sinne des Wortes alle Hunde, die gezielt fürs Kämpfen gezüchtet und abgerichtet wurden. Schon Alexander der Große hatte auf seinen Kriegszügen Hunde in seinem Tross, die Seite an Seite mit den Männern in die Schlacht zogen. Solche Kampfhunde gab es auch noch in beiden Weltkriegen. Mit der zunehmenden Technisierung der Waffen verlagerten sich allerdings ihre Aufgaben. Statt wie früher gegnerische Soldaten anzugreifen, mussten die Tiere Verwundete aufspüren, Lasten transportieren, Nachrichten übermitteln oder sich mit einem Sprengsatz auf dem Rücken in die feindlichen Linien schicken lassen, wo die Munition dann detonierte und Hund und Menschen tötete.

Hunde werden heute noch bei der Bundeswehr für die Suche nach Kampfmitteln oder feindlichen Personen trainiert.

Aber nicht nur im Krieg mussten Hunde auf Wunsch ihrer Besitzer kämpfen. Schon seit dem Altertum wurden sie auch für Tierkämpfe abgerichtet und traten in Arenen gegen Artgenossen, Bären, Löwen, Bullen oder Ratten an.

Kampfhunde heute

Wenn man heute allerdings von einem »Kampfhund« spricht, meint man damit umgangssprachlich Hunde ganz bestimmter Rassen, die laut Gesetz als besonders aggressiv und gefährlich gelten und für die besondere Rechtsvorschriften geschaffen wurden. In fast allen Bundesländern und auch im Ausland gibt es Listen mit Rassen, die unter diese Gesetze fallen. Deshalb bezeichnet man solche Tiere auch als

»Listenhunde«. Die Regelungen reichen von einer erhöhten Hundesteuer über Leinen-, Maulkorb- und Hundeführerscheinpflicht bis hin zu Zucht- und Einreiseverboten. Welche Rasse wie gefährlich ist und was deren Halter beachten müssen, ist von Bundesland zu Bundesland unterschiedlich. In manchen Ländern können Hundehalter die Friedfertigkeit ihrer Hunde mit einem Wesenstest überprüfen lassen und werden dann von Auflagen befreit.

Unter Wissenschaftlern ist die Gefährlichkeit all dieser Rassen umstritten, denn keine Studie konnte sie bislang beweisen. Durch falsche Zucht, Haltung und Dressur kann man nachweislich fast jeden Hund aggressiv machen, und richtig erzogen erweisen sich viele solcher Listenhunde als sanfte Lämmchen.

Wer einen sogenannten »Kampfhund« besitzen möchte, muss aber auch mit Problemen rechnen, wenn der Hund kein Problemhund ist. Er hat aufgrund gesetzlicher Auflagen größere Schwierigkeiten, das Tier artgerecht zu halten. Er muss höhere Kosten in Kauf nehmen und kann mit dem Hund nicht problemlos verreisen, nicht in ein anderes Bundesland oder gar ins Ausland umziehen. Außerdem benötigen Besitzer solcher Hunde ein dickes Fell, sie müssen oft verbale Attacken von Nachbarn und Passanten hinnehmen und stets damit rechnen, dass ihre Tiere vergiftet werden. Kein Wunder, dass die Tierheime von »Listenhunden« überfüllt sind, die meist keine Chance auf ein neues Zuhause haben.

Niedersachsen ist das erste Bundesland, das neue Wege bei der Einstufung gefährlicher Hunde geht. Dort gibt es keine Rasselisten, sämtliche gesetzlichen Maßnahmen zur Verhinderung von Beißunfällen durch Hunde treffen alle Hundebesitzer. Nur tatsächlich aggressive Hunde oder verantwortungslose Hundebesitzer erhalten weitere Auflagen.

Übrigens: Eine Studie des Hundeforschers Udo Gansloßer zeigte, dass Hunde mit Maulkorb von Artgenossen genauso akzeptiert werden wie Hunde ohne Maulkorb. Die soziale Interaktion der Tiere litt nicht und aggressive Verhaltensweisen traten selten auf. Maulkorbträger spielten aber weniger oft mit anderen Hunden als Tiere ohne Maulkorb.

47 Für einen Hund haften

»Eltern haften für ihre Kinder«. Ein Schild mit dieser Aufschrift steht an jeder Baustelle. Tatsächlich ist diese Aussage aber falsch, denn Eltern haften für ihre Kinder grundsätzlich nur, wenn sie ihre elterliche Aufsichtspflicht verletzt haben, also Schuld an einem »Delikt« ihrer Kinder haben. Man nennt das im Juristendeutsch »Verschuldenshaftung«, und bei dieser Regelung bleibt ein Restrisiko für die Geschädigten: Eltern müssen ihre Kinder nämlich nicht rund um die Uhr überwachen, um der Aufsichtspflicht gerecht zu werden. Im Gegenteil. Es ist gesetzlich gewollt, dass Kinder Freiräume haben, und deshalb reicht es, wenn Eltern ihren Nachwuchs in altersgemäßen Abständen stichprobenartig kontrollieren. Man kann also zum Beispiel vierjährige Kinder ruhig auch mal ein paar Minuten allein im Garten spielen lassen. Wenn die lieben Kleinen in dieser Zeit ausbüxen und Schaden anrichten, haben die Geschädigten Pech gehabt. Die Eltern trifft keine Schuld, sie haften in einem solchen Fall nicht für ihre Kinder, und Kinder unter sieben Jahren haften ohnehin für nichts, was sie anstellen. In einem solchen Fall muss also derjenige die Kosten übernehmen, der den Schaden hat, obwohl auch ihn natürlich überhaupt keine Schuld trifft.

Bei Hunden ist das anders. Herrchen und Frauchen haften für fast alles, was Hundchen anstellt, egal ob sie eine Pflichtverletzung begangen haben oder nicht.

In Paragraph 833 des Bürgerlichen Gesetzbuches heißt es nämlich: »Wird durch ein Tier ein Mensch getötet oder der Körper oder die Gesundheit eines Menschen verletzt oder eine Sache beschädigt, so ist derjenige, welcher das Tier hält, verpflichtet, dem Verletzten den daraus entstehenden Schaden zu ersetzen.«

Im Juristendeutsch nennt man eine solche Regelung »Gefährdungshaftung«. Weil Tiere grundsätzlich unberechenbar sind, bedeutet jede Tierhaltung eine potenzielle Gefahr für Leben, Gesundheit oder Eigentum anderer Menschen. Man darf in unserer Gesellschaft dennoch Tiere halten, aber man wird im Schadensfall immer zur Kasse gebeten, auch wenn man an dem Schaden keine Schuld trägt und seine Aufsichtspflicht nicht verletzt hat.

Nutzhund contra Luxushund

Eine erste Ausnahme von dieser Regel steht bereits im Gesetzestext: »Die Ersatzpflicht tritt nicht ein, wenn der Schaden durch ein Haustier verursacht wird, das dem Beruf, der Erwerbstätigkeit oder dem Unterhalt des Tierhalters zu dienen bestimmt ist und entweder der Tierhalter bei der Beaufsichtigung des Tieres die im Verkehr erforderliche Sorgfalt beobachtet oder der Schaden auch bei Anwendung dieser Sorgfalt entstanden sein würde.« Hier wird also unterschieden zwischen Nutztieren und Luxustieren. Auf Hunde übertragen heißt das: Wenn Försters Dackel oder Schäfers Hütehund Schäden verursacht, dann haftet der Hundehalter nur, wenn er daran Schuld trägt. Das ist bei einem Hund allerdings meistens der Fall, sodass hier nur auf dem Papier ein Unterschied besteht.

»Typische Tiergefahren«

Es gibt weitere Ausnahmen für die Haftung: Tierbesitzer haften nur, wenn ein Schaden durch eine »typische Tiergefahr« entstanden ist. Typische Hundegefahren sind beispielsweise Beißen, Weglaufen, Anpinkeln oder Anspringen.

Wenn aber ein Schaden, den ein Hund bewirkt hat, nicht im Hundsein des Hundes begründet liegt, sieht die Sache anders aus. Konkret: Wenn ein Postbote wegen eines Hundes stürzt, der ihn anspringt, haften Herrchen und Frauchen. Wenn ein kurzsichtiger Postbote aber über einen schlafenden Hund stolpert, haften die Besitzer nicht zwangsläufig, denn der Postbote wäre auch gefallen, wenn an dieser Stelle ein Ball oder eine Handtasche gelegen hätte. Das ist also keine »typische Tiergefahr«. Der Postbote müsste in diesem Fall nachweisen können, dass der Hund an der betreffenden Stelle nicht hätte liegen dürfen, so wie dann aber auch eine Handtasche oder ein Ball an dieser Stelle nicht hätten liegen dürfen.

Aber selbst wenn ein Hund ganz hundetypisch zubeißt, haften Herrchen und Frauchen nur, wenn das Beißen des Tieres unberechenbar war. Wer also einen Hund reizt oder sein Beißen provoziert, ist selbst schuld.

Aber was ist, wenn ein Postbote über einen schlafenden Hund stolpert und der Hund daraufhin zubeißt, was Handtaschen ja nun mal nicht tun? Oder wenn ein Tierarzt einem Hund Schmerzen zufügt und das Tier sich provoziert fühlt und dann schnappt? Wer haftet dann? Meistens sieht man sich dann vor Gericht wieder, und wie das Urteil ausfällt, ist vorher schwer absehbar. Ohne Anwalt sollte man sich daher nie auf einen Streit einlassen. Hier einige Gerichtsurteile im Überblick – eine Rechtsberatung können sie natürlich nicht ersetzen:

Eingriff mit Folgen

Hände weg, wenn sich zwei Hunde beißen! Eine Hundehalterin, die in die Auseinandersetzung zweier Hunde eingriff, um ihr eigenes Tier zu schützen, wurde von dem fremden Hund gebissen. Vor Gericht musste sie sich in letzter Instanz einen hohen Mitverschuldensanteil anrechnen lassen und konnte von der Halterin des fremden Tieres nur anteiligen Schadensersatz und Schmerzensgeld verlangen.

Wer in eine Beißerei eingreift, muss sich dieser Gefahr bewusst sein, so befand das Gericht.
(Oberlandesgericht Hamm, 17.10.2011, AZ I–6 U 72/11)

Angreifende Kinder

Wer einen angeleinten, fremden Hund ohne die Zustimmung des Halters unaufgefordert streichelt, muss damit rechnen, gebissen zu werden. In diesem Fall haftet der Hundehalter nicht oder wenigstens nicht allein. Auch ein zehnjähriges Kind sollte wissen, dass man fremde Hunde niemals ohne Rücksprache mit dem Besitzer streicheln darf, da die Hunde das als Angriff werten können.
(Oberlandesgericht Celle, 8.11.2001, AZ 22 Ss 9/02)

Angreifende Tierärzte

Hunde mögen tierärztliche Behandlungen nicht. Und wenn Hunde etwas nicht mögen und jemand das nicht berücksichtigt, kann ein Hund dies als Angriff werten und beißen. In diesem Fall geht trotzdem eine typische Tiergefahr vom Hund aus. Herrchen und Frauchen haften, weil sie den Tierarzt ja ausdrücklich um den Eingriff gebeten haben. Da ein Tierarzt aber aufgrund seines Berufes die Risiken im Umgang mit Hunden kennt, wird hier ein strenger Maßstab an sein eigenes Verhalten angelegt. Er muss Gefahren nach Möglichkeit vorher erkennen und vermeiden.
(Oberlandesgericht Celle, 11.6.2012, AZ 20 U 38/11)

Friedliche Katzen

Wenn ein Hund einen Kater angreift und ihn tötet, ohne vorher von dem Kater bedroht worden zu sein, kann der Hund als »gefährlicher Hund« im Sinne des Landeshundegesetzes Rheinland-Pfalz einge-

stuft werden, was unter anderem Leinenzwang und Maulkorbpflicht nach sich zieht.
(Verwaltungsgericht Mainz, 7.10.2008, AZ 1 L 737/08.MZ)

Dackelbesitzerin haftet nicht

Hundehalter müssen bei einem Unfall nicht für den ganzen Schaden aufkommen, wenn ein Geschädigter sich leichtsinnig verhalten hat. In dem konkreten Fall war ein Jogger über einen Dackel gestolpert und hatte sich dabei die Hand gebrochen. Nach Ansicht der Richter hätte der Sportler vorhersehen können, dass der nicht angeleinte Hund seinen Weg kreuzen würde, und wenigstens sein Tempo drosseln müssen.
(Oberlandesgericht Koblenz, 3.7.2003, AZ 5 U 27/03)

Dackelbesitzerin haftet

Eine andere Dackelbesitzerin musste allerdings für ihren Hund haften, obwohl sie ihn angebunden hatte und er nur durch sein Gebell eine Frau erschreckt und dadurch deren Sturz verursacht hatte. In diesem Fall hatte Frauchen ihren Dackelmischling vor einem Gemüseladen an einen Zaun gebunden. Als eine fremde Frau vorüberging, bellte der Hund. Die Frau wich einen Schritt zurück, stürzte und brach sich einen Lendenwirbel und das linke Handgelenk. Die Halterin haftete für das typische Tierverhalten ihres Hundes und musste die Behandlungskosten übernehmen.
(Landgericht Coburg, 22.7.2011, AZ 13 O 150/11)

Wer nicht mitdenkt, trägt Mitschuld

Wenn jemand einfach ein Haus durch eine unversperrte Haustür betritt, muss er sich nicht wundern, wenn er vom Hund des Hauses gebissen wird. In diesem Fall hat der Geschädigte keinen Anspruch auf Schmerzensgeld vom Hundehalter.

(Oberlandesgericht München, 5.10.2000, AZ 14 U 1010/99)

Verbotene Liebe

Mehrere Gerichte haben inzwischen geurteilt, dass der Besitzer eines Rüden dafür haftbar gemacht werden kann, wenn sein Hund unerwünscht eine läufige Hündin deckt. Der Besitzer einer läufigen Hündin muss allerdings dafür sorgen, dass diese nicht unbeaufsichtigt und unangeleint herumläuft, sonst trifft ihn eine Mitschuld.

Kreative Hunde

Und zum Schluss noch ein kurioses Urteil des Landgerichts Hannover, das beweist, wie wichtig eine Haftpflichtversicherung für Hundehalter ist: Wenn ein Hundebesitzer für kurze Zeit seine Wohnung verlässt und seinen Hund im Badezimmer einsperrt und wenn der Hund in dieser Zeit Toilettenpapier ins Klo stopft und so oft die Spülung betätigt, bis die Wohnung überschwemmt ist, dann kann sein Herrchen keinen Schadenersatz von der Hausratversicherung verlangen.

(Landgericht Hannover, 23.3.2000, AZ 19 S 1986/99)

48 Was Hundebesitzer oft sagen, wenn sie sich treffen

49 Hund und Wettbewerb

Konkurrenzdenken ist Hunden nicht fremd. Sie beobachten genau, ob ein Artgenosse mehr Futter bekommt, höher pinkeln kann oder beim anderen Geschlecht besser ankommt. Hunde versuchen außerdem stets, ihren Rang in der Hundehierarchie zu verbessern. Wettbewerbe, wie Menschen sie lieben, kennen Hunde aber von sich aus nicht. Wenn sie allerdings entdecken, wie wichtig ein Sieg für Herrchen oder Frauchen sein kann, sind sie oft mit großer Begeisterung dabei, ihn zu erringen.

Schöne Hunde

Bei der Westminster Kennel Club Dog Show, der ältesten Hundeausstellung der Welt, wird jedes Jahr im Februar der Titel »Best in Show« verliehen. Die Gewinner gelten als schönste Hunde der Welt. Der Sieger erhält mehrere Pokale und darf die Eröffnungsglocke der New Yorker Börse läuten.

»Schönste Hunde der Welt« werden aber auch in Orlando, Salzburg und Birmingham regelmäßig erwählt; zugelassen sind jeweils nur Rassehunde.

Um zu solchen Wettbewerben antreten zu können, müssen die Bewerber zunächst Landessieger, Bundessieger und Champions bei Hundeausstellungen werden, wie sie in der Rassehundezucht üblich sind. Solche Wettbewerbe sind stark umstritten, da viele Rassestandards Qualzuchten fördern, weil Gesundheitskriterien bei den Wettbewerben meist ebenso wenig eine Rolle spielen wie der Charakter des Hundes und weil in der »Hundeshowszene« viele Besitzer mit Tricks arbeiten, die mit dem Tierschutz nicht zu vereinbaren sind, damit die Hunde gesünder, ihre Fellfarbe intensiver und ihre Nasen schwärzer wirken. Der Film *Pedigree Dogs Exposed,* der auf die tierschutzrelevanten Folgen solcher Shows aufmerksam machte, sorgte 2008 in Großbritannien für großes Aufsehen. Der Film zeigte Beispiele von preisgekrönten Hunden mit schweren Erbkrankheiten, die dennoch zur Zucht eingesetzt wurden und ihre Deformationen an zahlreiche Nachkommen weitergeben konnten. So musste 2003 der Sieger des Wettbewerbs *Crufts* in Birmingham, ein Pekinese namens Danny, seinen Preis eisgekühlt entgegennehmen, weil er wegen starker Atemprobleme sonst an Überhitzung hätte sterben können.

Hässliche Hunde

Petaluma, Kalifornien: Beim World's Ugliest Dog Contest wird jedes Jahr im Sommer der hässlichste Hund der Welt gekürt. Der Sieger erhält ein Preisgeld von 1000 Dollar und eine Jahresration an Leckerchen. Hier sind auch Mischlinge zugelassen, und ihre skurrilen Gesichter sorgen regelmäßig rund um die Welt für Schlagzeilen. Wirklich lustig ist dieser Wettbewerb aber nicht, denn auch hier werden Qualzuchten prämiert.

Sportliche Hunde

Nicht nur für ihr Aussehen erhalten Hunde von Menschen Pokale und Medaillen. Auch außergewöhnliche Leistungen werden prämiert. Bei solchen Wettbewerben hüten Hunde Schafe, rennen um die Wette, suchen Spuren, fangen Frisbees, ziehen Schlitten und tanzen zu Musik. Die neueste Trendsportart aus den USA heißt »Dock

Diving«, auf gut Deutsch »Dog Diving«. Hunde springen hier mit Anlauf von einem Steg ins Wasser, gemessen wird dann die Weite des Sprungs. Inzwischen gibt es auch in Deutschland Dog-Diving-Wettbewerbe; der Weltrekord liegt bei zehn Metern.

Bunte Hunde

Bei der jährlichen Hundeparade an Halloween wird in New York immer auch das beste Hundekostüm prämiert, es winken verschiedene Preise. Schnauzer Nacho räumte schon vier Mal einen der Preise ab, zuletzt ging er als Touristenbus.

Mit einer kuriosen Idee gingen Hundebesitzer in Hongkong im Dezember 2012 an die Öffentlichkeit: Dreihundertzwölf Herrchen und Frauchen putzten ihren Hunden drei Minuten lang die Zähne, um den Weltrekord in der Kategorie »Die meisten Leute, die Hunden gleichzeitig die Zähne putzen« aufzustellen.

50 Einen Job für den Hund finden

Es gibt einen großen Unterschied zwischen Mensch und Hund: Hunde arbeiten gern. Wenn ein Job den Neigungen und Fähigkeiten eines Hundes entspricht, wird er diese Aufgabe stets leidenschaftlich gern und gut gelaunt erledigen, jeden Tag wieder, Jahr für Jahr. Und er wird dafür nie mehr als ein gutes Wort und ein Leckerli erwarten. Hier eine Übersicht über gute Jobs für arbeitseifrige Hunde:

Therapiehund: Ein Job als Therapiehund eignet sich für Hunde aller Größen und Rassen. Erforderlich sind ein freundliches Wesen, große Belastbarkeit, ein ausgeprägter Spieltrieb und eine ganz enge Bindung an Herrchen oder Frauchen. Solche Hunde werden schon als Welpen ausgewählt und gezielt geschult. Auch die Hundeführer absolvieren eine entsprechende Ausbildung. Therapiehunde werden bei der medizinischen Behandlung von Menschen eingesetzt, in der Psychotherapie, in der Heilpädagogik oder auch bei der Behandlung von Komapatienten. Zu ihren Aufgaben gehört es, mit den Patienten zu schmusen und zu spielen. Im Gegensatz zu Assistenzhunden arbeiten Therapiehunde nur stundenweise mit den Patienten.

Assistenzhund: Assistenzhunde sind Hunde, die nach einer entsprechenden Schulung Menschen in ihrem Alltag dauerhaft begleiten und für sie Aufgaben übernehmen, die diese selbst nicht bewältigen können. Die bekanntesten Assistenzhunde sind Blindenhunde. Es gibt aber auch Signalhunde, die hörbehinderte Menschen auf Geräusche aufmerksam machen, Servicehunde, die für Menschen mit motorischen Einschränkungen Handgriffe mit Schnauze und Pfoten übernehmen; außerdem gibt es Hunde, die Patienten mit Diabetes und Epilepsie aufmerksam beobachten und drohende Anfälle frühzeitig erkennen können.

Besuchshund: In Altenheimen, Schulen, Kindergärten und Krankenhäusern sind Hunde inzwischen oft gern gesehene Besucher, die Lebensfreude, aber auch Disziplin und Respekt vor anderen vermitteln können.

Rettungshund: Einen hohen Zeitaufwand für Hundebesitzer erfordert die Ausbildung eines Hundes zum Rettungshund. Obwohl ehrenamtlich, ist diese Tätigkeit nur schwer mit einem normalen Berufsalltag zu vereinbaren. Rettungshunde verfolgen die Spur von vermissten Menschen, sie stöbern Leichen auf, suchen in Lawinen und unter Trümmern nach Verschütteten oder retten Menschen vor dem Ertrinken. Diese Aufgaben können sie nur nach einem harten Training absolvieren. Die Einsatzorte und –zeiten können Mensch und Hund einiges abverlangen. Wenn beide eine anspruchsvolle Ausbildung absolviert haben und zum Team zusammengewachsen sind, können sie nach einer sechsmonatigen Probezeit in einer Hundestaffel mitarbeiten.

Diensthund: Offiziell in Amt und Würden sind Hunde, die bei Polizei, Militär oder Zoll ähnliche Aufgaben wie die Rettungshunde übernehmen. Sie können aber auch als Schutzhund, Drogenspürhund, Sprengstoffspürhund und Brandmittelspürhund oder sogar so abgerichtet werden, dass sie einen Riecher für Geldscheine entwickeln. Zollbeamte an Flughäfen setzen inzwischen auch Artenschutzspürhunde ein. Sie können durch Koffer und Reisetaschen hindurch wittern, ob die Gepäckstücke Reptilienhaut, Elfenbein, Federn oder Schildkrötenpanzer enthalten.

In den Staatsdienst kommen nur Hunde bestimmter Rassen. Die Tiere leben bei ihren Diensthundeführern im Haus und bleiben dort auch nach ihrer Pensionierung.

Hütehund: Eine Ausbildung im Schafehüten ist für Hunde nur sinnvoll, wenn Herrchen oder Frauchen auch wirklich Schafe besitzen. Nur einfach so ab und zu eine Herde zu hüten, um den Hütetrieb auszuleben, so wie man mit dem Hund einmal wöchentlich zum Hundesport geht, ist für Hunde nicht ausreichend, und für die Schafe ist der Umgang mit ungeübten Hunden eine Tortur. Weil die wenigsten Hundebesitzer Schafe halten, ist einer der ältesten Hundeberufe, der Job als Schäferhund, leider vom Aussterben bedroht.

Jagdhund: Die Tätigkeit als Jagdhund ist wohl wirklich das älteste Gewerbe der Hundheit. Schweißhund, Apportierhund, Stöberhund, Laufhund, Vorstehhund, Wasserhund, Bauhund und Sauhund – die Einsatzmöglichkeiten sind vielfältig. Während viele Menschen der Jagd zunehmend skeptisch gegenüberstehen, sind Hunde nach wie vor begeistert von diesem Job.

Trüffelhund: Trüffel gehören zu den kostbarsten Speisepilzen. 100 Gramm eines weißen Trüffels können bis zu 500 Euro kosten. Schwarze Trüffel sind günstiger; hier ist man schon mit etwa 100 Euro dabei. Die Preise sind so hoch, weil die unterirdisch wachsenden Pilze äußerst selten und schwer auffindbar sind, zumindest für Menschen. Hunde mit guter Nase sind nach einer entsprechenden Ausbildung in der Lage, die teuren Knollen zu erschnuppern. In der Schweiz bieten Hundeschulen bereits entsprechende Kurse an. Um fündig zu werden, müssen Mensch und Hund allerdings viel Erfahrung und Geduld besitzen. In Deutschland gehören Trüffel zu den besonders geschützten Arten und dürfen nicht ausgegraben werden.

Schimmelspürhund: Hunde können in Häusern und Wohnungen Schimmel erschnüffeln. Sie sind außerdem in der Lage, den gefürchteten Hausschwamm zu wittern und anzuzeigen. Das kann beim Hauskauf wichtig sein, aber auch, wenn Familienmitglieder an Allergien ungeklärter Herkunft leiden. Die Ausbildung des Hundes sollte früh beginnen und dauert mindestens ein Jahr.

Filmhund: In Filmen und Werbespots sieht man oft Hunde. Manche laufen nur mal eben kurz durchs Bild, andere spielen tragende Rollen. Im Prinzip kann jeder sehr gut erzogene und nervenstarke Hund ein solcher Filmhund werden. Nur, wie kommt man ran an einen Job? Meistens werden solche Tiere von professionellen Tiertrainern ausgebildet und vermittelt.

Man kann seinen Hund aber auch zu einem Kurs im »Filmdoging« anmelden, wo er Tricks und Kunststücke im gleißenden Scheinwerferlicht einübt, und ihn dann bei einer Tierfilmagentur in die Kartei eintragen lassen. Die Erfolgsaussichten, damit so berühmt zu werden wie einst Lassie, sind zwar gering, aber wenn's Spaß macht – warum nicht?

Natürlich gibt es auch Jobs für Hunde mit gering ausgeprägtem Arbeitswillen.

Flirthund: Studien haben bewiesen, dass man mit einem Hund an der Leine bessere Flirtchancen hat. Wer also selbst keine Lust aufs Gassigehen, aber einen ausgesprochen niedlichen Hund hat, kann diese Theorie im Bekanntenkreis verbreiten, und schon hat der Hund ausreichend Bewegung an frischer Luft. Bei guter Erfolgsquote kann man daraus vielleicht sogar Kapital schlagen und eine Dogsharing-Agentur gründen.

Haarendes Sofakissen: Sehr faule und arbeitsscheue Hunde können immer noch als Haarspender dienen. Angeblich hilft Hundehaar bei der Vertreibung von Mardern, Maulwürfen und Wildschweinen. Solche Hunde kann man auf dem Sofa liegend bürsten, mit ihrem Fell kann man Auto- und Gartenbesitzer glücklich machen.

51 Mit Hunden ausgehen

Hunde schränken die Freizeitgestaltung ihrer Besitzer ein, einfach weil es viele Orte gibt, zu denen sie keinen Zutritt haben. Das sind zum Beispiel:

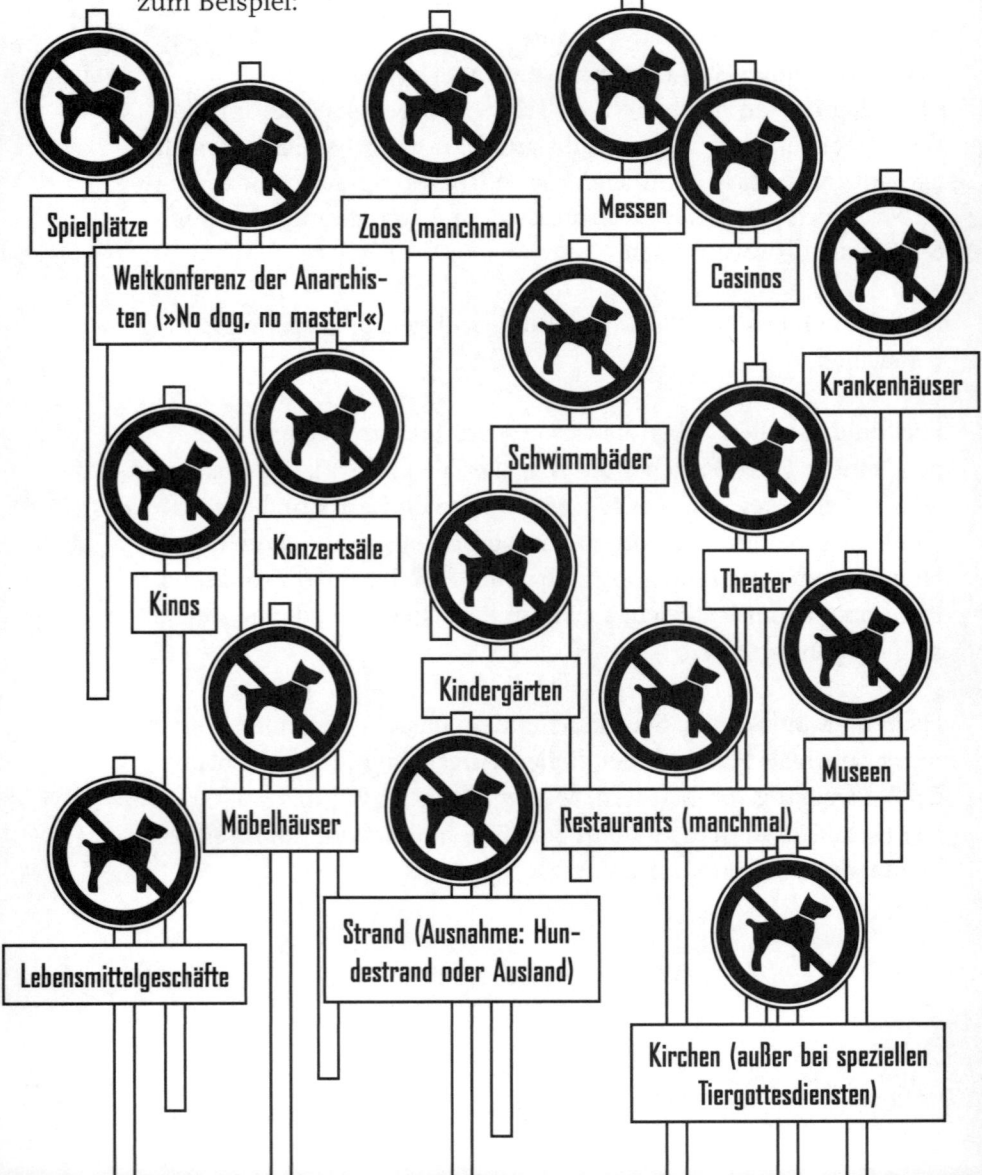

Spielplätze

Zoos (manchmal)

Messen

Weltkonferenz der Anarchisten (»No dog, no master!«)

Casinos

Krankenhäuser

Schwimmbäder

Konzertsäle

Theater

Kinos

Kindergärten

Museen

Möbelhäuser

Restaurants (manchmal)

Lebensmittelgeschäfte

Strand (Ausnahme: Hundestrand oder Ausland)

Kirchen (außer bei speziellen Tiergottesdiensten)

52 Einem Hund Tricks beibringen

Ein Hund muss gut erzogen sein, sonst eckt er in der menschlichen Gesellschaft an. Die Befehle Sitz, Platz, Komm und Bleib gehören zur Grundausbildung jedes zivilisierten Hundes. Wer sie nicht beherrscht, kann nicht ohne Leine Gassi gehen.

Jeder durchschnittlich begabte Hund kann diese Kommandos innerhalb kürzester Zeit intellektuell durchdringen. Bis er sie allerdings zuverlässig befolgt, müssen Hundehalter eine lange Durststrecke überstehen. Wenn nämlich als Alternative ein gefüllter Napf, ein Kampf mit einem Artgenossen oder ein Liebesabenteuer locken, können Hunde in Sekundenschnelle mehrere Jahre des Trainings komplett vergessen.

Viel leichter ist es, dem Hund ein paar Tricks beizubringen, und diese erweisen sich als optimale Ergänzung zur echten Erziehung. Denn obwohl es überaus schwierig ist, einen Hund mit dem Ruf »Komm!« zuverlässig zur Umkehr zu veranlassen, darf man für ein solches Kunststück niemals Applaus erwarten. Tadel, wenn das mal nicht klappt, ist hingegen sicher.

Wenn man aber »Peng!« ruft und der Hund daraufhin umfällt, ist Anerkennung garantiert. Ein solcher Trick, der bei näherem Hinsehen eher albern ist, katapultiert seltsamerweise nicht nur das Image des Hundes, sondern auch das seines Besitzers unverzüglich von null auf hundert.

Jeder Hund kann daher mit solchen Tricks sich und seinen Besitzern den Alltag erheblich erleichtern.

Hier eine Auswahl der simpelsten und zugleich wirkungsvollsten Tricks:

High Five

Man geht vor dem Hund in die Hocke, hebt die Hand, ruft »High Five!«. Der Hund klatscht die Hand mit der Pfote ab.

Schwierigkeitsgrad:
Für Hunde, die Pfötchen geben können: 0

Eignung:
Passt immer. Vor jüngerem Publikum viel wirkungsvoller als Pfötchen geben.

Contra:
Manche Kritiker sind der Meinung, ein mitteleuropäischer Hund solle keine amerikanischen Begrüßungsgesten einüben, sondern lieber einen ordentlichen mitteleuropäischen Händedruck erlernen.

Pro:
Befürworter sagen: Amerikanisierung? So what! Bleib cool! Hauptsache Fun! Ein Händedruck ist mit Pfoten und Krallen außerdem unmöglich, schon der Versuch könnte Kratzspuren hinterlassen.

Und so wird geübt:
Ein Hund, der Pfötchen geben kann, tut das in der Regel schon, wenn man ein Leckerli in der einen Hand hat und ihm die andere Hand hinstreckt. Statt nun diese Hand wie bisher waagrecht zu halten, streckt man sie ihm beim nächsten Mal senkrecht entgegen. Man äußert zu diesem Zeitpunkt noch keinen Befehl. Wenn der Hund die Hand mit der Pfote berührt, erhält er eine Belohnung. Bei den nächsten Versuchen hebt man die Hand jedes Mal ein Stück höher. Wenn der Hund diese Übung beherrscht, führt man dafür die Bezeichnung »High Five« ein: Man hebt die Hand, wartet, bis der Hund einschlägt, sagt »High Five« und gibt ihm dann die Belohnung. Nach kurzer Zeit erkennen durchschnittlich begabte Hunde diese Worte, und man kann mit diesem Befehl von diesem Zeitpunkt an den Pfoten-Touch auslösen.

Schäm dich

Auf die Aufforderung »Schäm dich« legt sich der Hund auf den Boden und reibt sich mit der Pfote reuig eine imaginäre Träne aus dem Augenwinkel.

Schwierigkeitsgrad:

1, für nervöse Hunde eventuell nicht geeignet.

Eignung:

Dieser Trick kann die Stimmung retten, wenn ein Hund beispielsweise einem Kind das Pausenbrot aus der Hand stibitzt oder dem Nachbarn ans Hosenbein gepinkelt hat. Achtung: Kann funktionieren, muss aber nicht!

Contra:

Kritiker wenden ein, dass es entwürdigend für den Hund sei, sich für etwas entschuldigen zu müssen, das seinem Hunde-Naturell entspricht.

Pro:

Befürworter entgegnen, der Hund entschuldige sich mit dieser Geste nicht. Er tue nur so, weil er ein Leckerchen wolle, und Hunde müssten oft viel lästigere Dinge tun, um an ein bisschen Nahrung zu kommen.

Achtung:

Man sollte dieses »Schämen« nicht zu schnell nach dem »Vergehen« des Hundes einfordern. Kluge Hunde wissen sonst sehr schnell, dass sie nur dem Nachbarn ans Bein pinkeln und dann die Pfote an die Schnauze legen müssen – und schon gibt es eine Belohnung. Spätestens nach dem dritten Mal lässt sich der Nachbar auch durch ausgiebiges »Schämen« nicht mehr besänftigen.

Und so wird geübt:

Für diese Übung benötigt man einen selbstklebenden Notiz-Zettel. Man klebt ihn sich zunächst zwei- oder dreimal auf Hose oder Pullover, damit er seine Klebkraft fast völlig verliert. Anschließend befiehlt man dem Hund, sich hinzusetzen, und klebt ihm den Zettel seitlich an die Schnauze. Bitte nicht an die feuchte Nase oder an die empfindlichen Tasthaare heften! Hunde, die für diese Übung geeignet sind, werden nun versuchen, den Zettel mit der

Pfote abzustreifen. Wenn sie das tun, erhalten sie sofort Lob und ein ganz besonders leckeres Leckerchen. Hunde, die dieser Zettel nervös oder aggressiv macht, sind für die Übung nicht geeignet und sollten davon verschont bleiben. Falls der Hund cool reagiert, wiederholt man die Übung bis zu diesem Punkt mehrmals und übt sie auch an den Folgetagen. Wenn der Hund den Widerwillen gegen den Zettel abgelegt hat und ihn freudig abstreift, um seine Belohnung zu erhalten, folgt der nächste Schritt: Man klebt ihm den Zettel erneut an, sagt rasch »Schäm dich«, und wenn der Hund dann den Zettel abstreift, folgt die Belohnung. Wenn der Hund zuverlässig auf den Befehl hin den Zettel abstreift, kann man im dritten Schritt den Zettel ganz weglassen. Der Hund wird sich nun auch ohne ihn auf Befehl über die Nase wischen.

Peng

Man ruft »Peng!«, der Hund lässt sich aus dem Laufen fallen und bleibt wie tot liegen.

Schwierigkeitsgrad:

2

Eignung:

Kann für einen Lacher sorgen, wenn der Befehl »Schäm dich« nicht den gewünschten Erfolg hatte.

Contra:

Kritiker finden es überhaupt nicht lustig, sondern militaristisch und geschmacklos, Tiere für einen simulierten Gewaltakt zu missbrauchen.

Pro:

Man kann Kindern so anschaulich machen, dass Filmhunde wie Lassie nicht wirklich tot sind, wenn sie von Wilderern erschossen werden.

Und so wird geübt:

Am besten trainiert man die Übung, wenn der Hund müde und entspannt ist. Man gibt ihm den Befehl »Platz«. Anschließend dirigiert man den Kopf des Hundes mit einem Leckerchen so, dass

der Hund den Kopf auf den Boden legen muss, um an das Leckerchen zu kommen. Sobald der Hund den Kopf ablegt, sagt man
»Peng« und öffnet die Hand, damit er das Leckerchen fressen
kann. Wenn das klappt, wiederholt man die Übung erst aus dem
»Sitz« heraus, zuletzt aus dem Stand oder dem Lauf.

Aufräumen

Bei dem Befehl »Aufräumen« apportiert der Hund ein zusammenge-
knülltes Blatt Papier und wirft es in einen bereitstehenden Papierkorb.

Schwierigkeitsgrad:

3

Eignung:

Dieser Trick kann selbst schwäbische Hausfrauen von der Nütz-
lichkeit eines Hundes überzeugen.

Contra:

Man kann sich darüber streiten, ob Hunde dazu da sind, hinter
ihren Menschen herzuräumen. Noch effektvoller wäre es natürlich, wenn man einem Hund beibringen könnte, seinen eigenen
Kothaufen einzutüten. Das ist bisher aber noch nicht gelungen.

Pro:

Ist doch eine gute Arbeitsteilung: Herrchen und Frauchen machen das Häufchen weg, und dafür kümmert sich Hundchen ums
Altpapier.

Und so wird geübt:

Der Hund muss bereits apportieren können. Man lässt ihn das
Papier zunächst einige Male bringen. Dann stellt man sich einen
Papierkorb vor die Füße, nimmt das Papier nicht entgegen, sondern wartet, bis der Hund es beim Bringen zufällig in den Korb
fallen lässt. Das belohnt man mit einem Jackpot, also einer ganzen
Hand voll Leckerchen. Mehrfach wiederholen. Wenn der Hund
den Zusammenhang begreift, kann man ihn beim nächsten Üben
mit dem Wort »Aufräumen« zum Apportieren auffordern und
ihn belohnen, sobald das Papier in den Papierkorb fällt.

Das Einüben solcher Tricks wird übrigens von vielen Erziehungsexperten empfohlen. Weil diese Form von Gehorsam für Hund und Halter keine Pflicht, sondern eine unterhaltsame Kür ist, sind Hundehalter beim Training oft viel entspannter und lachen mehr. Das spüren Hunde, und sie haben viel Spaß beim Üben. Scheue Hunde werden oft selbstbewusster, wenn sie für einfache Tricks Lob und Leckerli erhalten; Energiebündel kann man so müde machen.

53 Hund und politische Macht

»Zeige mir deinen Hund, und ich sage dir, wer du bist.« Wissenschaftler sagen: An diesem Satz ist wirklich etwas dran. Hunde sind tatsächlich ein Spiegel der Persönlichkeit ihrer Halter, und ein Blick auf den Hund bietet gleichzeitig Einblicke ins Seelenleben seines Besitzers. Man kann nämlich angeblich am Hund ablesen, was einem Menschen im Leben fehlt. Was findet er weder im Beruf noch in seiner Freizeit noch im Zusammensein mit Mitmenschen? Diese Seiten seiner Persönlichkeit will er vermutlich mit seinem Hund ausleben. Ein sportlicher Border Collie beispielsweise erfüllt andere Bedürfnisse als ein ondulierter Pudel mit lackierten Krallen.

Außerdem wollen Hundebesitzer mit der Wahl ihres Hundes auch stets nach außen hin etwas demonstrieren, der Hund ist also zudem immer eine Form der Selbstdarstellung, eine Art Aushängeschild an der Leine. Und auch hier ist es ein Unterschied, ob an der Seite eines Menschen ein Windhund schreitet oder ob da ein magerer Mischling aus Spanien hinkt.

So wundert es nicht, dass Politiker und Machthaber oft ganz bewusst auf Hunde als PR-Helfer setzen. Und es ist ein interessantes Gedankenspiel, die Herrschenden der Welt einmal als Herrchen oder Frauchen zu betrachten.

Der Alte Fritz (1712–1786)
Wenn heute ein Kind so aufwachsen müsste wie der Kronprinz, aus dem dann später Friedrich II. von Preußen wurde – man würde das Jugendamt einschalten und den Vater vor Gericht stellen. Die sogenannte »Erziehung« des Prinzen durch seinen Vater Friedrich Wilhelm I., der als Soldatenkönig in die Geschichte einging, war nämlich geprägt von körperlicher und seelischer Gewalt. Die Grau-

samkeiten des Vaters gipfelten in der Enthauptung von Friedrichs Freund Hans Hermann von Katte vor den Augen des damals Achtzehnjährigen. Aber bei einem König mischen sich die Behörden nicht in die Erziehung ein, und so musste Friedrich II. jede Menge Qualen und Demütigungen erdulden, bis sein Vater starb, und da war der Kronprinz schon zweiunddreißig Jahre alt.

Der einzige Lichtblick in Friedrichs Kindheit war ein kleiner Hund, ein Italienisches Windspiel, das der Junge allerdings nur kurz behalten durfte. Verständlich, dass Friedrich sich später wieder mit solchen Hunden umgab.

Insgesamt sollen es im Laufe seines Lebens rund fünfunddreißig Windspiele gewesen sein, die in seinem Bett schliefen, von ihm eigenhändig gefüttert wurden, ihn in den Krieg und sogar ins Grab begleiteten. Jeden einzelnen seiner Hunde beerdigte er nämlich selbst, und er verfügte, dass seine letzte Ruhestätte neben diesen Hundegräbern liegen solle. Noch auf dem Sterbebett bat der König um eine Decke für seine frierende Hündin Superbe.

»Je mehr ich von den Menschen sehe, umso lieber habe ich meine Hunde.« So wird Friedrich der Große von Zeitgenossen zitiert. Und er soll auch gesagt haben: »Hunde haben alle guten Eigenschaften des Menschen, ohne gleichzeitig ihre Fehler zu besitzen.«

Die hervorstechenden Eigenschaften Italienischer Windspiele lassen tatsächlich einen Blick in Friedrichs Seelenleben zu: Sie gelten als anschmiegsam, freundlich, empfindsam und zart. Und sie sind klein.

Friedrich der Große wollte also seine Größe nicht durch riesige Hunde an seiner Seite betonen. Seine vierbeinigen Lebensgefährten waren für ihn nicht Symbole der Macht, sondern Lebewesen, die von Natur aus so waren, wie er selbst nie sein durfte: schutzbedürftig und verletzlich.

Erzogen hat Friedrich der Große seine Hunde übrigens nie.

Otto von Bismarck (1815–1898)

Auch der »Eiserne Kanzler« Otto von Bismarck war ein großer Hundefreund. Er allerdings setzte seine Vierbeiner gezielt ein, um sich in der Öffentlichkeit sowohl mächtig als auch menschlich darzustellen. Der Kanzler umgab sich mit Hunden der damals größten Rasse, mit Doggen, und er züchtete sie sogar.

Seine erste Dogge erhielt Bismarck nach einem missglückten Attentat als Geschenk. Dieser Hund namens Sultan fungierte fortan als sein persönlicher Bodyguard und begleitete den Reichskanzler, wann immer dies möglich war. Wenn Bismarck mit Vertretern des Osmanischen Reichs verhandelte, nannte er den Hund allerdings »Sultl«, um keine Animositäten zu wecken. Weniger sensibel war der Kanzler im Umgang mit einem russischen Amtskollegen. 1878, auf dem Berliner Kongress, erschien Bismarck mit Sultans Nachfolger, einer Dogge namens Tyras. Dieser Hund spürte die gereizte Stimmung zwischen seinem Herrn und dem russischen Reichskanzler Gortschakow und klärte die Sache auf seine Art. »Herrchen mag den Kerl nicht«, muss Tyras gedacht haben. Er griff an und zerfetzte dem russischen Kanzler die Hose.

Bismarck soll sich damals nicht einmal entschuldigt haben. Er lachte angeblich, und das ganze Deutsche Reich lachte mit. Tyras wurde von nun an in der Öffentlichkeit als »Reichshund« bezeichnet.

Gortschakow allerdings fand das gar nicht komisch; das russischdeutsche Verhältnis kühlte merklich ab.

Kaiser Wilhelm II. (1859–1940)

Während Bismarck sich mit Riesenhunden umgab, bevorzugte der letzte deutsche Kaiser Winzlinge auf krummen Beinen. Seine Hunde hießen Hexe, Dachs, Strolch, Liesel oder auch Erdmann und waren Dackel. Die meisten lebten in Zwingern, nur die jeweiligen Favoriten durften den Kaiser bis in seine Gemächer begleiten. Aber auch bei diesen kaiserlichen Lieblingshunden handelte es sich nicht um Salondackel. Alle Hunde des Kaisers waren zur Jagd ausgebildet und stets dabei, wenn der Kaiser auf die Pirsch ging.

Und das tat Kaiser Wilhelm oft. Er war ein leidenschaftlicher, aber kein unumstrittener Jäger. Schon Zeitgenossen kritisierten in vorsichtigen Worten des Kaisers Neigung, seinen jagdlichen Erfolg vor allem mit hohen Abschusszahlen zu belegen. So soll der Kaiser Wild gezielt mit Futter angelockt und dann höchstselbst wie am Fließband abgeknallt haben. Aufgabe der Dackel war es dann, die Fährte angeschossener Tiere aufzunehmen.

Warum liebte der Kaiser ausgerechnet Dackel? Es gibt Spekulationen, er habe sich wegen seiner verkrüppelten Hand den damals auch als Krummbein bezeichneten Hunden nahe gefühlt. Ein zeitgenössisches Lexikon beschreibt die Vertreter dieser Rasse außerdem als gelehrig, treu, wachsam und tapfer, kurz, als unermüdliche Jäger. Und vom Charakter her seien sie bissig, unverträglich und eigensinnig. Vielleicht sah der Kaiser auch hier eine Seelenverwandtschaft?

Adolf Hitler (1889–1945)

Früher sagte man: »Wo man singt, da lass dich ruhig nieder. Böse Menschen haben keine Lieder.« Und noch heute denken begeisterte Hundehalter in Abwandlung dieses Sprichwortes: »Wo man bellt, da lass dich ruhig nieder. Böse Menschen lieben keine Hunde.«

Spätestens seit Adolf Hitler weiß man: Beide Sätze sind falsch. Böse Menschen können sich sowohl Lieder als auch Hunde gezielt zunutze machen.

Hitler besaß zeit seines Lebens mehrere Deutsche Schäferhunde, und mit einer Hündin namens Blondi zeigte er sich oft und gern in der Öffentlichkeit. Dieser Hund sollte zum einen die menschliche Seite des Führers zeigen. Aber die Hündin symbolisierte noch mehr. Sie war eine Deutsche Schäferhündin reinster Rasse, sie war überaus sportlich und gehorchte aufs Wort – alles Tugenden, die Herrchen gern betonte.

Aber war Adolf Hitler überhaupt Blondis Herrchen? Ihr Besitzer war er, so viel ist wahr. Aber ihre Bezugsperson war der Führer ganz offensichtlich nicht. Wenn man sich die alten Wochenschau-Filme auf Youtube ansieht, erkennt man: Blondi hat Angst vor ihrem Besitzer. Es gibt eine einzige Filmszene, in der die Schäferhündin in Hitlers Gegenwart verhalten mit dem Schwanz wedelt. In dieser Sequenz wirft Hitler für sie einen Apportiergegenstand, und die Hündin muss ein hohes Hindernis überwinden, um den Dummy zurückzubringen. Das macht ihr sichtlich Spaß.

In den anderen Filmsequenzen wird gezeigt, wie Hitler Blondi lockt, wie er sie streichelt, sein Gesicht in ihr Fell drückt und mit ihr spricht. Aber man muss kein Hundeexperte sein, um zu erkennen, dass die Hündin ihm nicht vertraut. Sie weicht zurück, duckt sich mit angelegten Ohren unter der Hand des Führers weg und legt sich schließlich in einer anrührenden Unterwürfigkeitsgeste auf den Boden. Als Hitler sie liebkost, wedelt sie nicht mit dem Schwanz, sondern steht stocksteif da. Kaum lässt er ihr Halsband los, rennt die Hündin weg. Vielleicht hat sie nur Angst vor dem Kamerateam, aber bei ihrem Herrn sucht Blondi ganz eindeutig keinen Schutz.

Adolf Hitler ein Tierfreund? Seine Beziehung zu Blondi bietet dafür keinen Hinweis. Auch die Tatsache, dass Hitler dem Hund im Bunker vor seinem eigenen Selbstmord ebenfalls eine Giftkapsel verabreichen ließ, war wohl nicht dem Wunsch geschuldet, das Tier mit in den Tod zu nehmen. Angeblich wollte er damit die Wirksamkeit des Giftes testen.

Es gab übrigens noch einen weiteren Hund, der Hitlers Beamtenstab eine Weile intensiv beschäftigte. Diesen Fall deckte der Publizist Klaus Hillenbrand in der Zeitung *taz* auf. Der Dalmatinermischling aus dem finnischen Ort Tampere trug den Namen des Führers und konnte die Pfote auf Befehl zum Hitlergruß heben. Er sorgte 1941 tatsächlich monatelang für diplomatische Turbulenzen zwischen Deutschland und Finnland. Als sein Besitzer, ein Unternehmer, vor Gericht gestellt werden sollte, fanden sich in Tampere plötzlich keine Zeugen für dieses Kunststück mehr, und der Hund hieß auf einmal Jackie.

Hunde im Weißen Haus

In Deutschland waren Politiker nach Hitlers Blondi-Inszenierung lange sehr zurückhaltend, wenn es um öffentliche Auftritte mit Hunden ging. Viele hatten zwar Hunde, Konrad Adenauer beispielsweise besaß Rottweiler, Theodor Heuss und Helmut Kohl einen Schäferhund, aber das blieb Privatsache. In den USA kannte man solche Vorbehalte nie. Jeder amerikanische Präsident in der Geschichte des Landes war Hundebesitzer, und im Weißen Haus haben Schätzungen zufolge schon 230 Exemplare fast aller Rassen gelebt. Manche Präsidenten waren schon vor ihrer Amtszeit Hundefans, einige legten sich die Vierbeiner gezielt zu, um ihr Image zu verbessern.

Unvergessen ist noch immer Theodore Roosevelts Mischlingshund Skip, der auf einem Pony reiten konnte und dieses Kunststück Besuchern und Journalisten gern vorführte. Franklin D. Roosevelts Scottish Terrier namens Fala war so populär, dass er eine eigene Sekretärin hatte, die Fanpost beantwortete.

Kennedys Lieblingshund war ein Welsh Terrier namens Charlie. Er galt als Schrecken des Personals im Weißen Haus, weil er sich gern von hinten an arbeitende Menschen anschlich, um sie in den Hosenboden zu beißen.

Ronald Reagans Bouvier des Flandres entwickelte eine ähnliche Eigenart, die dazu führte, dass der Hund aus dem Weißen Haus flog und fortan auf Reagans Ranch in Kalifornien leben musste: Der riesige Hütehund – eigentlich wird diese Rasse zum Treiben von Rindern gezüchtet – verlegte sich in Ermangelung von Rindern darauf, stattdessen Herrchen zu treiben. Weil seine Bisse in Reagans Hacken und Hinterteil nicht besonders medientauglich waren, musste er umziehen.

Bill Clinton war ursprünglich Katzenbesitzer. Nach dem Sex-Skandal um Monica Lewinsky schaffte er sich zur Verbesserung seines Images den schokoladenbraunen Labradorrüden Buddy an; die Katze musste ausziehen.

Auch der amtierende Präsident Barack Obama besitzt einen First Dog. Mit seiner Anschaffung setzte Obama nach seiner Wahl zum Präsidenten ein Wahlversprechen an seine Töchter um. Der portugiesische Wasserhund namens Bo kann sogar Kunststücke: Toter Hund und High Five. Und er freut sich sichtlich, wenn Herrchen ihn streichelt.

Labradore erobern die Welt

Zum Lieblingshund der Mächtigen avancierte in den vergangenen Jahrzehnten der Labrador. Nicht nur Bill Clinton hatte einen: François Mitterand fand in der schwarzen Hündin Baltique eine langjährige Gefährtin, Nicolas Sarkozy liebte einst angeblich die sandfarbene Indie, und Wladimir Putin lässt sich sogar zu offiziellen Terminen von seiner schwarzen Koni begleiten. Warum bevorzugen die Mächtigen der Welt heutzutage den Labbi? Liegt es vielleicht daran, dass er insgesamt zu den beliebtesten Hunderassen der Welt zählt?

Queen Elizabeth II. (*1926)

Sie fahren auf der linken Straßenseite, sie wollen keinen Euro, und sie halten ihrem Königshaus fest die Treue. Die Briten sind bekannt dafür, dass sie eigene Wege gehen. Und so ist es auch kein Wunder, dass die englische Königin keinen Labrador besitzt, sondern sich in eine andere britische Hunderasse verliebt hat: die Corgis. Ihren ersten erhielt sie im Alter von neun Jahren, ihren liebsten als Achtzehnjährige. Diese Hündin namens Susan ist die Ahnin aller Corgis der Queen. Bei ihren derzeitigen Hunden handelt es sich um Urenkel von Susan in der zehnten Generation.

Daneben besitzt die Queen auch Dorgis, eine Kreuzung aus Corgis und Dachshunden.

Die kurzbeinigen Corgis gelten als intelligente, robuste, gesunde und genügsame Hunde. Sie können allerdings stur sein und neigen zu eigenen Entscheidungen.

Übrigens: Kein anderes europäisches Königshaus ist traditionell so auf den Hund gekommen wie das britische. Prinz Charles und Camilla besitzen einen Jack Russel Terrier. Prinzessin Anne ist vorbestraft, seit ihre Pitbull-Hündin Dottie Kinder angegriffen hat. Und William und Kate besitzen einen Cockerspaniel namens Lupo. Immer wieder sorgen Beißereien zwischen den britischen Palasthunden für Schlagzeilen.

54 Unnützes Hundewissen zum Thema Hund und Gesellschaft

In Shanghai dürfen die Einwohner nur noch einen Hund pro Haushalt besitzen. Wer allerdings schon vor Inkrafttreten des Gesetzes mehr als einen Hund besaß, muss keinen abgeben.

Es gibt nicht nur Mutter-Kind-Kuren, sondern auch Frauchen-Hund-Kuren. Und natürlich gibt es auch Vater-Kind- sowie Herrchen-Hund-Kuren.

Mitt Romney, Gegenkandidat von Barack Obama im Kampf ums Amt des US-Präsidenten, hatte seinen Hund einst bei einer Urlaubsfahrt in einer Transportbox aufs Dach des Familienautos geschnallt, weil im Fahrzeug kein Platz mehr für das Tier war. Der Irish Setter namens Seamus überlebte die Fahrt, Mitt Romney überstand diese Geschichte im Wahlkampf aber nicht spurlos.

Der teuerste Hund der Welt war die Tibetdogge Hong Dong; der Besitzer bezahlte für den Zuchtrüden der seltenen Rasse umgerechnet rund 1,1 Millionen Euro.

Zeitungsberichten zufolge feiert man weltweit am 10. Oktober den internationalen Tag des Hundes. Wer diesen Tag ausgerufen haben soll, ist allerdings unklar, in anderen Ländern kennt man ihn nicht. Einige Nationen begehen am letzten Sonntag im April den »International Day of the Dog«. Davon wissen wiederum wir hier nichts. Der Verband für das deutsche Hundewesen (VDH) feiert jedes Jahr am 1. Sonntag im Juni den »Tag des Hundes«.

IV.
HUND UND KULTUR

»Alles Wissen, die Gesamtheit aller Fragen und alle
Antworten, sind in den Hunden enthalten.«

FRANZ KAFKA

55 Mit einem Hund unterm Schreibtisch schreiben

Carl Zuckmayer. Nele Neuhaus. Monika Maron. Viele Schriftsteller schreiben besonders gern, wenn ein Hund unter ihrem Schreibtisch liegt. So wie einst Schiller besser reimen konnte, wenn ihm der Duft faulender Äpfel in die Nase stieg, können andere besser arbeiten, wenn Hundemief in der Luft liegt.

Anders als faulende Äpfel, verströmen schlafende Hunde aber nicht die berauschende Substanz Ethylen. Die Gründe für ihre inspirierende Wirkung sind nicht chemischer, sondern psychischer Natur.

Musen auf vier Pfoten

Ein Hund unterm Schreibtisch wärmt die Füße und das Herz. Er vermittelt das Gefühl von Gesellschaft, ohne gesellschaftliche Konventionen einzufordern. Man ist in seiner Gegenwart nie ganz allein, aber doch allein genug, um konzentriert zu arbeiten.

Ein Hund unterm Schreibtisch sorgt außerdem für gesunde Arbeitspausen. Irgendwann langweilt er sich dort, äußert tierische Bedürfnisse und zwingt Kopfarbeiter zur Bewegung an frischer Luft. Wenn dies auch manchmal als Störung des Arbeitsprozesses empfunden werden kann, erhalten solche Pausen doch langfristig die Bandscheiben und die Schaffenskraft.

Ganz wichtig ist für Schriftsteller auch die bedingungslose Anbetung ihres Hundes in Momenten, in denen das Publikum ihnen diese Form der Anbetung versagt, also eigentlich immer.

Der Hund als Störung

Es gibt aber auch schreibende Hundehalter, die die Anwesenheit ihres Hundes im Arbeitszimmer als Störung empfinden. Thomas Mann beispielsweise gehörte zu dieser Spezies. Über seinen Hund Bauschan schrieb er in der Erzählung *Herr und Hund*: »Sobald er schlief, begann er zu träumen, wobei er mit allen vier ausgestreckten Füßen Laufbewegungen vollführte und ein zugleich hohes und dumpfes, gleichsam bauchrednerisches und wie aus einer anderen Welt kommendes Gebell vernehmen ließ.«

Bauschans Schlaflaute weckten das schlechte Gewissen des Schriftstellers. »Dieses Traumleben war zu offensichtlich nur ein künstlicher Ersatz für wirkliches Rennen und Jagen«, notierte er. Gegen lange Spaziergänge mit dem Hund sprachen in Manns Leben allerdings oft »höhere Interessen«, und so musste Bauschan beim Schreiben vor Herrchens Tür träumen.

Die Hundesicht auf schreibende Menschen

Ob unterm Tisch oder vor der Tür – Hunde sind für viele Schriftstellerinnen und Schriftsteller die idealen Haustiere. Aber gilt dies auch umgekehrt? Sind schreibende Menschen gute Herrchen und Frauchen?

Einige Aspekte sprechen dafür: Die meisten Schriftsteller arbeiten überwiegend am heimischen Schreibtisch und sind deshalb meistens da. Hunde mögen das. Außerdem neigen Schriftsteller wie alle Heimarbeiter zur Prokrastination und lassen sich leicht vom Arbeiten ablenken. Einige traben sogar in regelmäßigen Abständen zum Kühlschrank, um sich für ihren Fleiß zu belohnen, und auch das ist eine Eigenschaft, die Hunde zu schätzen wissen.

Aber es gibt auch Nachteile für vierpfotige Musen: Zum einen sind schreibende Menschen langweilig. In ihren Schaffensphasen bieten sie einem Hund wenig bis gar keine Abwechslung. Und es ist ein Irrglaube, dass Hunde diese Zeiten wenigstens für entspannte Nickerchen nutzen können. Im Blut schreibender Menschen können sich nämlich besonders vor Abgabeterminen oder nach der Lektüre schlechter Rezensionen viele Stresshormone ansammeln. Hunde spüren und riechen so etwas und werden schnell selbst nervös.

Hunde würden sich also vermutlich einen anderen Beruf für ihre Menschen wünschen. Aber welcher Hund kann sich seine Besitzer schon aussuchen? Und immerhin kommen auf diese Weise viele Hunde zu literarischen Ehren.

Schreibende Hundemenschen und ihre Musen

Lord Byron (1788–1824): Boatswain (Neufundländer)
Gertrude Stein (1874–1946): Basket (Pudel, weiß)
Thomas Mann (1875–1955): unter anderem Motz (Collie);
    Bauschan (Hühnerhund-Mix); Nico (Pudel)
Dorothy Parker (1893–1967): C'est tout (Pudel)
Carl Zuckmayer (1896–1977): Flick und Flock (Springer Spaniels,
    ein Geschenk von Stefan Zweig)
Erich Maria Remarque (1898–1970): Lux (Schäferhund)
John Steinbeck (1902–1968): Charley (Pudel, schwarz)
Roald Dahl (1916–1990): Chopper (Jack Russel Terrier)
Martin Walser (*1927): Bruno (Appenzeller Sennenhund)
Friedrich Dürrenmatt (1921–1990): Sheriff (Papillon)
Günter Grass (*1927): Kara (großer Wuschelhund, Rasse nicht
    bekannt)
John Irving (*1942): Dickens (Labradorhündin, braun)
Paul Auster (*1947): Jack (Mischling, groß und haarig)
Cornelia Funke (*1958): Luna (Bearded-Collie-Retriever-Mix)
Karen Duve (*1961): Bulli (Bulldogge)
Nele Neuhaus (*1967): Shelby (Jack Russel Terrier)
Juli Zeh (*1974): Olga (Mischling, groß und braun);
    Othello (Mischling, groß und schwarz)
Daniel Kehlmann (*1975): Nuschki (Mischling)

56 Über Hunde schreiben

Fast jeder Schriftsteller, der einen Hund besaß oder besitzt, schreibt irgendwann ein Buch oder wenigstens eine Erzählung, in der Hunde eine wichtige Rolle spielen. Doch auffällig ist: Nur selten zählen diese Werke zu den bedeutendsten des jeweiligen Autors. Von den Erzählungen Thomas Manns beispielsweise gehören *Der Tod in Venedig* und *Tonio Kröger* zu den meistgelesenen, die Erzählung *Herr und Hund* dagegen blieb fast unbeachtet. Von Kafka kennt kaum jemand den Text *Forschungen eines Hundes*, in dem sich der Schriftsteller in einen Vierbeiner hineinversetzte, doch jeder kennt *Die Verwandlung*, in der der Protagonist Gregor Samsa zum sechsbeinigen Insekt mutiert. Günter Grass erhielt den Nobelpreis nicht für seinen Roman *Hundejahre*, sondern für *Die Blechtrommel*. Und Juli Zeh setzte mit ihrem Buch *Kleines Konservationslexikon für Haushunde* in den Augen von Kritikern gar fast ihren literarischen Ruf aufs Spiel, genauso wie Paul Auster mit *Timbuktu*.

In den Kanon bedeutender Werke deutschsprachiger Autoren, den Kritikerpapst Marcel Reich-Ranicki vor einigen Jahren zusammenstellte, schaffte es nur eine einzige Hundegeschichte: *Krambambuli* von Marie von Ebner-Eschenbach.

Woran liegt das? Bieten kleine, mittelgroße und selbst große Hunde vielleicht grundsätzlich keinen Stoff für große Literatur?

Hund und Literatur

Was ist überhaupt große Literatur? Schwer zu sagen. Fest steht vor allem, was sie niemals sein darf, nämlich trivial. Alles, was unterhaltsam, spannend, leicht verständlich, beglückend, allseits beliebt oder gar lustig ist, zählt also ganz sicher nicht dazu.

Hunde aber sind flauschig, freundlich, niedlich und treu, geeignet zum Knuddeln und Liebhaben. Und noch schlimmer: Fast jeder mag sie. Wie kann man über ein solches Thema große Worte verlieren, ohne fast zwangsläufig trivial zu klingen? Man muss es so hart sagen, wie es ist: Hunde geben literarisch wenig her.

Kanon der Hundeliteratur

Trotzdem lesen viele Hundebesitzer gern Hundebücher, und es scheint an der Zeit, endlich einmal einen Kanon lesenswerter Werke zum Thema Hund zusammenzustellen. Literarische Kriterien können aus den eben genannten Gründen für diese Auswahl aber nicht herangezogen werden. Wichtiger sind andere Fragen: Hat die Geschichte Fleisch am Knochen, und bringt sie ihre Leser zum Knurren, Jaulen, Winseln oder zu bellendem Lachen? Und macht sie Appetit auf mehr? Hier einige Vorschläge für einen solchen Kanon.

Einem Hund eine Stimme geben

Grob vereinfacht gibt es vier Kategorien von belletristischen Hundebüchern. In die erste kann man alle Werke einordnen, in denen ein Autor einem Hund eine Stimme gibt und es ihm damit ermöglicht, den Lesern die Geschichte aus seiner Sicht zu erzählen und seine Gedankenwelt darzulegen. Manchmal tut der Hund das als Ich-Erzähler, manchmal fühlen sich Autoren in personaler Perspektive in die Gefühlswelt der Tiere hinein.

Diese Idee ist nicht neu, schon **Miguel de Cervantes** erfand im 16. Jahrhundert einen sprechenden Hund namens Berganza. Wenn man allerdings ein oder zwei solcher Geschichten gelesen hat, kehren die Motive wieder, und die Sache wird ein bisschen langweilig: Hunde haben andere Sinneswahrnehmungen als Menschen, und sie sind Tiere, setzen also auch andere Prioritäten als ihre Besitzer. Damit kann man irgendwann keinen Hund mehr hinterm Ofen vorlocken.

Es gibt aber durchaus lesenswerte Bücher in dieser Sparte.

Virginia Woolfs schmales Buch mit dem Titel *Flush* eignet sich für Hundefreunde, die Wert auf poetische Sprachbilder legen und sich außerdem beim Lesen nebenher gern weiterbilden. Flush ist der historisch belegte Spaniel der kranken Dichterin Elizabeth Barrett. Durch seine sanften braunen Hundeaugen beobachtet er die Liebesgeschichte der Lyrikerin mit dem sechs Jahre jüngeren Dichter und Dramatiker Robert Browning.

Timbuktu von **Paul Auster** kam zwar bei den Kritikern nicht gut an, viele Leser lieben dieses Buch aber trotzdem. Armut und Obdachlosigkeit aus der Sicht eines Hundes – bei diesem Thema landet Auster natürlich fast zwangsläufig nah an der Grenze zum Kitsch. Na und? Genau da liegt ja die Stärke dieses Buches. Und wirklich kitschig kann ein Hund wie dieser scharfsinnige, witzige, melancholische, philosophische Mr. Bones doch gar nicht sein.

Bücher wie *Enzo. Die Kunst, ein Mensch zu sein* von **Garth Stein** beachten Kritiker grundsätzlich nicht. Dieses Werk gehört nämlich zur Unterhaltungsliteratur und will auch gar nichts anderes sein. Der Labradormischling Enzo erzählt hier die Geschichte seines Herrchens, des Rennfahrers Denny, der seine schwerkranke Frau Eve beim Sterben begleitet und versucht, seiner kleinen Tochter Zoe ein guter Vater zu sein. Bei der Lektüre unbedingt ein Taschentuch bereitlegen!

Hunde – aus dem Leben gegriffen

In die zweite Kategorie von Hundebüchern gehören diejenigen, in denen ein Autor Erlebnisse mit seinem eigenen Hund aufzeichnet. Diese Bücher können zum Bestseller werden, wenn Herrchen oder Frauchen so prominent sind, dass Leser Interesse an ihrem Privatleben haben, oder wenn es sich bei dem Hund um ein außergewöhnliches Tier handelt.

Literarisch anspruchsvolle Leser schätzen in dieser Rubrik auch heute noch **Thomas Manns** Erzählung *Herr und Hund*. Darin gibt es lange Sätze mit vielen, vielen Nebensätzen, noch längere Passagen, die nur Naturbeschreibungen enthalten, aber auch wundervoll sensible Schilderungen aus dem Alltag von Familienhund Bauschan. Dieses Gefühl zum Beispiel, wenn sich ein Hund wie zufällig auf den Fuß seines Menschen setzt und beide, Hund und Besitzer, dies genießen, obwohl sie so tun, als bemerkten sie es gar nicht, kennen bestimmt viele Hundemenschen, und es ist interessant, dass es Thomas Mann da nicht anders ging. Nicht zuletzt ist Thomas Manns Erzählung aber auch ein Zeit- und Sittengemälde eines Hundelebens aus dem Jahr 1918, und viele Gefühle, die seine Brust fast zu sprengen drohten, kennen wir heute nicht mehr. Die Freude, die der Schriftsteller empfand, wenn Bauschan in voller Hatz ein Wildtier jagte, ist uns heute fremd, wir erbleichen in solchen Fällen und buchen ein Anti-Jagd-Training in der nächsten Hundeschule.

Nichts für zarte Gemüter ist der Roman *Ein Hund mit Charakter* von **Sándor Márai**. Der ungarische Schriftsteller, der einst einen Hund namens Tschutora besaß, beschreibt in diesem Werk einen ungarischen Schriftsteller, der einen Hund namens Tschutora besitzt. Man kann dieses Buch als Metapher für das Scheitern des Bürgertums in Ungarn lesen. Als Hundebesitzer liest man es aber vor allem als autobiografische Schilderung einer gescheiterten Beziehung zwischen Mensch und Hund mit grausamen Folgen für das betroffene Tier. Der Welpe Tschutora gerät als Spontankauf an Weihnachten in das Haus eines Ehepaares und wird dort weder artgemäß gehalten noch erzogen. Er wächst auf, entwickelt Unarten und Marotten und verwandelt sich schließlich in ein verhaltensauffälliges Tier, das am Ende mit Faustschlägen und Fußtritten blutüberströmt aus dem Haus gejagt wird. Möglich, dass der Hund Charakter hat. Seine Besitzer zeigen aber wenig davon.

Von den Höhen der Literatur in ihre Niederungen: Ein verhaltensauffälliger Hund, der seine Menschen an den Rand ihrer Belastbarkeit bringt, das ist auch Marley, Protagonist des Unterhaltungsromans *Marley und ich* von **John Grogan**. Anders als Márai erzählt dieser Autor allerdings eine Geschichte über Hundeliebe mit all ihren Höhen und Tiefen, die prompt zum Bestseller avancierte. Auch dieses Buch darf nicht als Lehrbuch für artgemäße Hundeerziehung gelesen werden. Ein Pageturner, der alle Akkorde auf der Gefühlsklaviatur von Hundefans anschlägt, ist es aber allemal. Rotgeweinte Augen auf den letzten Seiten sind garantiert!

Hunde in Nebenrollen
In die dritte Kategorie gehören Bücher, in denen Hunde keine Hauptrolle spielen, sondern in einer Nebenrolle eine mehr oder weniger große Schlüsselfunktion übernehmen. Dafür gilt die Faustregel: je kleiner die Rolle des Hundes, desto größer die literarische Bedeutung des Werkes. Dazu gehören zum Beispiel Bücher wie **Theodor Fontanes** Roman *Effi Briest* oder **Goethes** *Faust*. Der Neufundländer Rollo ist nur eine Randfigur, aber immerhin die einzige, bei der die Protagonistin Effi Schutz und Trost findet. Und der Pudel in Goethes *Faust* besetzt zwar eine wichtige Rolle, tritt aber nur kurz in Erscheinung.

Unter den literarischen Hunden mit großer Rolle, aber kleinem literarischen Wert findet man dann solche wie Kurt, den Deutsch Drahthaar in **Daniel Glattauers** *Der Weihnachtshund*. In solchen Büchern könnte der Hund genauso gut auch eine Katze sein, und manchmal ist er das sogar. Trotzdem lesen Tierliebhaber mit einem Faible für gute Unterhaltungsliteratur solche Geschichten immer wieder gern.

Hund und Kind
Traditionell groß ist das Angebot an Hundebüchern in der vierten Sparte, nämlich in der Kinder- und Jugendliteratur, und weil bei der Zielgruppe literarische Kriterien weniger im Vordergrund stehen als Spannung und Unterhaltung, können wirklich poetische Werke hier viel besser gedeihen. Aus dem großen Angebot seien zwei wirklich außergewöhnliche Bücher erwähnt.

Der Hund mit dem gelben Herzen oder die Geschichte vom Gegenteil von **Jutta Richter** ist ein Buch mit einem ganz eigenen Zauber. In dieser Geschichte geht es um ein altes Kinderbuchthema: um die Freundschaft zwischen Kind und Hund. Aber es geht auch um Gott und die Welt, um Religion, Philosophie und Mythologie, und das so leicht, witzig und in so wunderschönen Sprachbildern, dass man, auf der letzten Seite angelangt, gleich wieder von vorn beginnen möchte. Ein Buch für Menschen ab zehn.

Mehr Mainstream, aber kein bisschen Allerweltskost ist das Buch *Winn-Dixie* von **Kate DiCamillo**. Die zehnjährige India Opal Buloni möchte im Supermarkt Makkaroni kaufen und trifft dort auf einen verwilderten Hund. Dieser Hund ist etwas Besonderes, das merkt Opal sofort, denn er kann lächeln. Und mit seinem Lächeln verändert er das Leben des kleinen Mädchens. Herzerwärmend, voller Lebensweisheit, kein bisschen kitschig, ein tolles Hundebuch für Kinder ab zehn.

57 Hund und Lyrik

Es gibt viele berühmte Tiergedichte, über Panther, Nachtigallen, Werwölfe, Nasobeme oder Elefantentanten. Aber, Hand aufs Herz, wer kennt ein Gedicht über Hunde?

Gibt es nicht? Gibt es doch, und zwar in ungeahnter Vielfalt. Wenn man ein bisschen sucht, findet man anrührende Verse wie diese von Justinus Kerner (1786–1862):

An den Hund des Toten
Der Tod den edlen Herrn dir nahm,
Vergebens suchst du seine Wege.
Du blickst mich an, ja, komm und lege
Auf meinen Schoß dein Haupt voll Gram.
Aus deinen Augen, treues Tier!
Schaut eine stumme, tiefe Klage,
Und geht an mich die ernste Frage:
»Wo find ich ihn? Mensch! sag es mir!«
Wend ab dein fragend Auge nur!
Was könnt' ein armer Mensch dir sagen?
Antwortet ja auf solche Fragen
Selbst ihm mit Schweigen die Natur.

Es gibt aber auch humorvolle Hundegedichte, etwa von Christian Morgenstern (1871–1914):

Der heroische Pudel
Ein schwarzer Pudel, dessen Haar
des Abends noch wie Kohle war,
betrübte sich so höllenheiß,
weil seine Dame Flügel spielte,

trotzdem er heulte; dass (o Preis
dem Schmerz, der solchen Sieg erzielte!)
er beim Gekräh der Morgenhähne
aufstand als wie ein hoher Greis –
mit einer silberweißen Mähne.

Hier eine kleine Auswahl von Hundegedichten zum Nachschlagen;
alle findet man auch im Internet:

Avenarius, Ferdinand Ernst Albert: Der Hund
Busch, Wilhelm: Hund und Katze
Castelli, Ignaz Friedrich: Grabschrift auf meinen Hund
Demel, Richard: Nur ein Hund
Erhardt, Heinz: Hund und Herrchen
Falke, Gustav: Der Bauer und sein Hund
Grillparzer, Franz: Die beiden Hunde
Heine, Heinrich: Der tugendhafte Hund
Hoffmann, Heinrich: Die Geschichte vom bösen Friederich
Immermann, Carl: Sonette, XIX, Der Pudel
Jandl, Ernst: Ottos Mops
Kulmann, Elisabeth: An ein Hündlein
Logau, Friedrich: Ein Krieges-Hund redet von sich selbst
Morgenstern, Christian: Der Hund
Pichler, Adolf: Der alte Hund
Rilke, Rainer Maria: Der Hund
Stamm, Karl: Der Hund
Thümmel, Moritz August von: Elegie auf einen Mops
Wedekind, Frank: Die Hunde
Zachariae, Justus Friedrich Wilhelm: Die Hunde mit der Löwen-
    haut

58 Hund und Ratgeberliteratur

Das Verzeichnis lieferbarer Bücher enthält mehr als tausend Ratgeber-Titel rund um den Hund. Wichtige Themenschwerpunkte sind Hundeverhalten, Hundeerziehung, Pflege und Ernährung des Hundes, Zucht, Krankheiten und natürlich Hundesport. Bestseller sind in dieser wie in fast jeder Sparte die Bücher von Fernsehgrößen. Im Hundesektor sind das zurzeit der amerikanische Hundeflüsterer Cesar Millan und der deutsche Hundetrainer Martin Rütter. Auch Bücher zu den klassischen Ratgeberthemen Welpenaufzucht und artgerechte Hundeernährung boomen nach wie vor.

Wellness

Hunde erobern aber auch neue Sparten auf dem Markt der Ratgeber-Literatur, etwa im Bereich Wellness.

Natürlich können Hunde ihre Ruhestunden weiterhin auf traditionelle Weise verbringen. Dann liegen sie nach einem langen Spaziergang nass und schmutzig unterm Tisch oder auf ihrer Hundedecke. Es geht aber auch anders. Hund und Mensch können herrlich entspannende Wohlfühlmomente gemeinsam zelebrieren. Das geht mit Aromatherapie, Massagen und Streicheleinheiten, man kann dabei aber auch in die Seele des Hundes hineinhorchen und gezielt über Musik und Klang ein Umfeld schaffen, das die Gesundheit und das Wohlbefinden des Hundes verbessert und Heilungsprozesse beschleunigt.

Literaturtipps:
Kathrin Blümchen: *Das Wohlfühlbuch für Hunde. Wellness und Entspannung für jeden Tag.* Cadmos 2009

Joshua Leeds: *Mit den Ohren eines Hundes. Über den Einsatz von Musik und Klang zur Verbesserung der Gesundheit und des Verhaltens Ihres Hundes.* Animal Learn Verlag 2009

Do it yourself

Wer praktischer veranlagt ist, kann ruhig auch mal in den Abteilungen Handarbeit und Kochen stöbern. Alles, was Hunde brauchen oder auch nicht, kann man nämlich selbst herstellen: Bademäntel, schicke Lodenjäckchen, reflektierende Warnwesten, Packtaschen, Halsband und Leine, einen Überzug fürs Hundekörbchen und sogar einen faltbaren Wassernapf! Man kann auch Gourmet-Menüs für Hunde selbst zubereiten, Pfotenfood, Waldorfsalat für Wauzis oder Mops-Sushi.

Literaturtipps:

Mette Syrstad Hoydal: *Hundesachen selber machen. Stil- und Sinnvolles aus Stoff.* Kynos 2008
Uschi Ackermann: *Hier kocht der Mops. Sir Henrys beste Rezepte.* Heel 2012

Bücher für Hunde

Eigentlich gibt es unter Hunderatgebern nichts, was es nicht gibt. Nur eine Marktlücke habe ich entdeckt. Es gibt Duftbücher für Kinder, aber es gibt keine Schnüffelbücher für Hunde. Noch nicht.

59 Einen Hund malen

Steinzeitmenschen malten Hunde an die
Wände ihrer Höhlen. Ägyptische Pharaos ließen
ihre Gräber mit Hundereliefs schmücken. Die
Griechen malten Hunde auf Vasen, die Römer
verzierten ihre Böden mit Hunde-Mosaiken,
und seit dem Mittelalter findet man auf fast
jeder gemalten Jagdszene ganze Hundemeuten.
Dürer malte Hunde, Rubens, Brueghel und van Dyck
ebenso. Später ließen sich Herrscher gern mit edlen
Hunden malen, und feine Damen posierten gern mit
ihren Schoßhündchen. Wenn Hunde auch literarisch
nicht viel hergeben, in
der Malerei gehören
sie zu den beliebtesten
Haustiermotiven.

Der Hunde-Leonardo

Der berühmteste Hundemaler war Sir Edwin Henry
Landseer (1802–1873). Sein Durchbruch gelang ihm
mit dem Porträt eines King Charles Spaniels namens
Dash, dem Lieblingshund von Prinzessin Alexandrina Victoria, der
Herzogin von Kent. Als diese ein Jahr später zur Queen Victoria von
England gekrönt wurde, avancierte Landseer zum beliebtesten Hundemaler der Aristokratie. Später schlug ihn die Königin gar zum Ritter. Weil Landseer bevorzugt große, schwarz-weiße Neufundländer
malte, wurde die Rasse später nach ihm benannt.

Stars auf der Leinwand

Zu den weltberühmten Hundegemälden gehören die Bilder von Franz Marc und die Zeichnungen Pablo Picassos von seinem Dackel Lump. Das populärste Hundebild der Welt ist aber vermutlich das von Nipper, einem Terrier-Mischling, der vor dem Trichter eines Grammofons sitzt und den Kopf schräg neigt, weil er darin die Stimme seines Herrn hört. Gemalt hat dieses Bild Francis Barraud, ein britischer Maler, der heute längst vergessen wäre, hätte er dieses Bild nicht für hundert Pfund an die Gramophone Company verkauft, die das Bild des treuen Hundes ab 1900 als Firmenlogo verwendete.

Hunde im Fokus der Kamera

Noch immer sind Hunde beliebte Motive moderner Künstler. Zurzeit werden ihre ausdrucksstarken Gesichter gerade von Fotokünstlern entdeckt. Mit seinem Bildband *Underwater Dogs*, auf *Hunde unter Wasser*, schaffte der Tierfotograf Seth Casteel den Durchbruch. Zuvor konnte er sich mit seiner Arbeit gerade so über Wasser halten, jetzt schwimmt er ganz oben auf der Erfolgswelle. Seine Bilder tauchender Hunde sind urig, witzig, wild und animalisch zugleich; sein Buch stürmte weltweit die Bestsellerlisten. Ähnlich erfolgreich wird vielleicht Martin Usborne mit seinem Bildband *The Silence* *of Dogs in Cars*. Diese Fotos von Hunden, die voller Sehnsucht in Autos auf ihre Besitzer warten, sind sorgfältig inszenierte Kunstwerke, weniger Porträts als vielmehr Trennungsstudien: ganz große Fotokunst.

60 Einem Hund ein Denkmal setzen

Ein Denkmal ist eine Skulptur, mit der ein Künstler den Betrachter seines Werkes durch einen optischen Reiz dazu auffordert, mal zu denken, und zwar an das, was das Denkmal zeigt.

Hunde zeigen wenig Interesse an Denkmälern. Die Angewohnheit einiger Rüden, an solchen Skulpturen ihr Bein zu heben, kann nach Ansicht von Experten zwar als Versuch verstanden werden, das Denkmal in ein Riechmal umzugestalten, dem liegt aber kein schöpferisch-künstlerischer Anspruch im engeren Sinne zugrunde. Auch die These, Hunde wollten mit Haufen an exponierten Stellen bewusst ein Zeichen setzen, also quasi ein »Trittmalrein« kreieren, gilt inzwischen als widerlegt.

Wer trotz der Gleichgültigkeit seines Hundes nicht darauf verzichten möchte, ihm ein Denkmal zu setzen, kann sich von bedeutenden Hundeskulpturen inspirieren lassen.

Tokio – Hachikō

Der berühmteste Denkmalhund der Welt ist der Akita-Rüde Hachikō. Drei Denkmäler in Japan erinnern an ihn, und mit einem Hollywood-Film wurde ihm ein weiteres gesetzt. Die Geschichte des treuen Hundes, der zehn Jahre lang vergeblich auf sein längst verstorbenes Herrchen wartete, bewegte nämlich erst Japan und später die ganze Welt.

Im Jahr 1924 holte der Junghund Hachikō täglich sein Herrchen Hidesaburō Ueno vom Bahnhof ab, wo der Professor jeden Abend nach getaner Arbeit mit dem Zug ankam. Aber eines Tages wartete Hachikō vergeblich.

Der Agrarwissenschaftler war während einer Vorlesung an einer Hirnblutung gestorben. Der Hund wartete weiter, solange er lebte. Nach dem Tod seines Besitzers sollte er bei Verwandten leben, doch von dort riss er aus und traf fortan zehn Jahre lang pünktlich zur Einfahrtszeit des Zuges am Bahnhof ein, um seinen Herrn wiederzusehen. Das erste Denkmal für ihn wurde sogar noch in seinem Beisein enthüllt. Die Bronzestatue steht da, wo er stets wartete, an der Westseite des Shibuya-Bahnhofs, und zeigt den Hund in Lebensgröße. Die Skulptur wird von Passanten so oft gestreichelt, dass sie an einigen Stellen goldgelb glänzt. Eine ähnliche Statue steht in Ōdate, Hachikōs Geburtsort, und neben dem Grab seines Besitzers erinnert eine Stele an den treuen Hund. Ausgestopft kann man Hachikō im Nationalmuseum der Naturwissenschaften im Tokioter Bezirk Ueno betrachten.

Edinburgh – Greyfriars Bobby

Auch eines der Wahrzeichen der schottischen Stadt Edinburgh ist einem treuen Hund gewidmet, und zwar einem Skye Terrier namens Bobby. Dieser kleine, haarige Wuschelhund begleitete Mitte des 19. Jahrhunderts den Polizisten John Gray auf dessen Patrouillengängen durch die Stadt. Als Gray 1858 an Tuberkulose starb, folgte Bobby dem Sarg bis zum Friedhof der Greyfriars Kirk und wartete dort 14 Jahre lang auf die Rückkehr seines Herrn. Er verließ den Kirchhof nur zu den Mahlzeiten, die er in einem benachbarten Coffee-House einnahm. Bobby war schon zu Lebzeiten eine Legende und wurde nach seinem Tod heimlich auf dem Kirchhof begraben. Noch in seinem Todesjahr schuf der schottische Bildhauer William Brodie eine Bronzeskulptur, die bis heute vor der Kirche an Bobby erinnert. Auch das Leben von Bobby wurde schon verfilmt, und zwar von Walt Disney.

New York – Balto

Nicht Treue war es, sondern Ausdauer, die dem sibirischen Husky Balto zu einer Bronzestatue im Central Park verhalf.

1925, also im selben Jahr, in dem Hachikō in Tokio mit dem vergeblichen Warten auf sein Herrchen begann, brach in dem Ort Nome in Alaska die Diphtherie aus. Schon mehrere Kinder waren an der Krankheit gestorben, denn die indianische Bevölkerung hatte keine Abwehrkräfte gegen diese Krankheit der Weißen. Das einzige Medikament, das dagegen half, gab es tausend Meilen entfernt, in Anchorage. Nur Hundeschlitten konnten diese Strecke bei den eisigen Witterungsverhältnissen bezwingen, und so setzte man auf eine Stafette, an der zwanzig Gespanne teilnahmen. Balto war der Leithund der Meute, die das Medikament schließlich nach Nome brachte, und wurde für dieses Verdienst mit dem Denkmal in New York geehrt und mit Ruhm überschüttet. Alle anderen Hunde, die an der Stafette teilgenommen hatten, erhielten kaum Beachtung, so auch Togo, der Leithund des Gespanns, das die größte Distanz zurückgelegt hatte. Togo war das egal, sein Herrchen aber ärgerte sich sehr menschlich über die entgangene Anerkennung. Auch Baltos Leben wurde mittlerweile als Zeichentrickfilm verewigt.

St. Bernhard – Barry

Braun-weiße Bernhardiner müssen auch heute noch oft ein Schnapsfässchen um den Hals tragen. Das verdanken sie ihrem legendären Vorfahr, dem Lawinensuchhund Barry, der vor zweihundert Jahren in den Schweizer Alpen rund vierzig Menschen das Leben gerettet haben soll, indem er sie im Schnee ausfindig machte, ausgrub, und mit einem Schluck aus dem Fässchen wieder zu Kräften brachte. Barry gab es wirklich, und tatsächlich hatte er eine begnadet gute Nase und rettete viele Menschenleben.

Ein Schnapsfass allerdings trug er nie. Und er wurde auch nicht von einem Menschen, den er retten wollte, mit einem Wolf verwechselt und erschossen, wie es auf seinem Denkmal heißt, sondern starb im Alter von vierzehn Jahren eines natürlichen Todes. Auch Barrys Leben wurde bereits zweimal verfilmt. Sein Denkmal steht auf einem Hundefriedhof bei Paris und zeigt den Bernhardiner bei der Rettung eines Kindes, das er auf dem Rücken trägt.

Thailand – Jarlet

Im Park des Palastes Sanam Chan steht ein Denkmal, das der thailändische König Rama VI. (1880–1925) für seinen Hund Jarlet errichten ließ. Dieser Hund, eine schwarz-weiße Promenadenmischung, hatte den König selbst zu seinem Herrn erwählt. Er gehörte ursprünglich dem Oberaufseher des Gefängnisses, doch bei einem Besuch des Königs in der Anstalt wich Jarlet dem Monarchen nicht mehr von der Seite. Jarlet soll dem König das Leben gerettet haben, als dieser von einem Geistesgestörten mit einem Messer angegriffen wurde. Eines Morgens jedoch lag Jarlet mit einer Schusswunde tot vor dem Palast; vermutlich war er ein Opfer von Palastintrigen geworden. Der König fasste seine Gefühle in Worte, die er auf das Denkmal schreiben ließ: »Mein Herz ist zerrissen, als ob jemand in meine Brust geschossen hätte«, steht da, und: »Wenn alle wären wie du, dann wäre die Welt besser.« Das Leben dieses Denkmal-Hundes wurde bisher noch nicht verfilmt!

Obenrüden an der Wupper – Namenloser Rüde

Eine martialische Steinskulptur eines Hundes kann man am Rüdenstein in der Nähe von Solingen mitten im Wald entdecken. Das Denkmal erinnert an einen Hund, der dort in der Weihnachtswoche im Jahr 1424 seinen Herrn gerettet haben soll. Der junge Herzog war bei der Jagd auf einen Hirsch vom Pferd gestürzt und drohte im Schnee zu erfrieren. Sein Hund alarmierte die Jagdgesellschaft durch lautes Bellen, und so konnte der Junker gerettet werden. Zum Dank ließ er dem Hund an dieser Stelle ein Denkmal errichten, das allerdings irgendwann angeblich in die Wupper gestürzt sein soll. Das heutige Denkmal stammt aus dem Jahr 1927.

Vom Winde verweht

Besonders originell sind all diese Hunde-Denkmäler nicht. Sie zeigen einen Hund. Punkt. Das ist einerseits naheliegend, andererseits aber nicht besonders kreativ. Wer gern eigene Wege gehen möchte, sollte allerdings aufpassen, dass er dabei nicht in ein Fettnäpfchen oder gar Schlimmeres tappt. Als gescheitert muss man die Idee des amerikanischen Künstlers Paul McCarthy betrachten, der versuchte, einem Hundehaufen ein Denkmal zu setzen. Seine fünfzehn Meter hohe aufblasbare Hundekot-Skulptur mit dem Titel »Complex Shit« beim Zentrum Paul Klee in Bern wurde im Jahr 2008 leider von einem Windstoß erfasst, flog 200 Meter weit und beschädigte bei diesem Flug eine Stromleitung und ein Gewächshaus. Nicht bestätigt sind Insiderinformationen, nach denen der Künstler dieses Ereignis mit den Worten »Shit happens« kommentiert haben soll.

61 Guerilla Dogging

Guerilla Dogging ist eine Form der Aktionskunst, die es noch nicht gibt, die aber so überdeutlich in der Luft liegt, dass sie hier schon einmal beschrieben und damit möglichst ins Leben gerufen werden soll.

Kurz zur Idee: Wenn man allein in Deutschland von einer Zahl von fünf Millionen Hunden ausgeht (siehe Kapitel: »Hunde in der Statistik«), die täglich mindestens zwei Stunden Auslauf benötigen und im Durchschnitt eine davon auch tatsächlich bekommen, dann legen deutsche Hundehalter bei einer Durchschnittsgeschwindigkeit von fünf Kilometern pro Stunde täglich rund 25 Millionen Kilometer zurück.

Nur zum Vergleich: Alle deutschen Straßen inklusive Autobahnen sind zusammen gerade mal 627 000 Kilometer lang.

Da laufen also Millionen von Menschen tagaus, tagein auf immer gleichen Wegen, treffen die immer gleichen Menschen und deren Hunde und denken die immer gleichen Gedanken. Und vielleicht stöhnen sie dabei manchmal heimlich über den immer gleichen Trott beim Gassigang.

Welch ungenutztes Potenzial! Könnte man das nicht kreativ nutzen? Und schon sind wir beim Guerilla Dogging.

Streetart – heimlich, still und leise

Guerilla – das bedeutet Kleinkrieg. Man versteht darunter meist einen Kampf der Schwachen und Unterdrückten gegen die Starken und die Machthaber, der fast unbemerkt im Verborgenen abläuft. Die Grenze zum Terror ist hier fließend.

Das Wort Guerilla wird inzwischen aber auch als eine Art Vorsilbe für Aktionen verwendet, die heimlich, still und leise am Rande der Legalität ablaufen, aber mit Krieg, Gewalt und Terror nichts zu tun haben. Guerilla Gardening beispielsweise bezeichnet den blumigen und gemüsigen Protest gegen graue Betonstädte. Dabei werfen Garten-Guerilleros heimlich Samenbomben auf Brachflächen. Ihr Ziel: Dort sollen Pflanzen wachsen, die blühen und Früchte tragen.

Guerilla Knitting – auch das hat nichts mit kalter Gewalt, vielmehr ganz viel mit warmer »Woll-Lust« zu tun. Wahrhaft bestrickende Menschen fertigen dabei in stundenlanger Handarbeit gemusterte und geringelte Bekleidungen für Straßenlaternen, Bäume oder Marmorstatuen im öffentlichen Straßenraum und setzen damit bunt geringelte Zeichen im Stadtbild.

Oder Guerilla Marketing: Man macht Werbung mit Methoden, die sich juristisch in Grauzonen bewegen, »Reverse Graffiti« zum Beispiel. Statt mit Spraydosen an Häuser zu schreiben, was verboten ist, greift man zum Hochdruckreiniger und entfernt den Schmutz von Wänden, was nicht verboten ist. Vorher legt man aber eine Schablone auf die Wand. Und ähnlich, wie man mit Fingern seine Botschaft in Staub schreiben kann, entstehen so Botschaften auf gereinigten Fassaden. Ganz legal ist das nicht, aber auch nicht illegal.

Zurück zum Guerilla Dogging

Wie wäre es nun, wenn wir Hundebesitzer auf diesen Trend aufspringen würden? Wenn wir beim Gassigehen unsere Welt kreativ gestalten würden? Man könnte beim Spaziergang mit dem Hund etwas wirklich Sinnvolles tun, vielleicht allen Müll einsammeln, den man unterwegs findet, oder auch alle Hundehaufen.

Man könnte auch Hundsveilchen oder Hundsrosen auf graue Brachflächen sähen. Man könnte im Internet einen Flashmob verabreden und an einem vorher bestimmtem Tag landesweit beim Gassigehen dasselbe Lied singen oder pfeifen. »Ein Mops ging in die Küche« zum Beispiel. Man könnte auch Gedichte über Hunde abschreiben und an Bäume und Sträucher hängen. Man könnte wie beim Bookcrossing Hundebücher auswildern, von mir aus sogar dieses.

Man kann das alles natürlich auch lassen, aber man verzichtet damit auf den spielerischen Umgang mit den vielfältigen Formen des Zeichensetzens im städtischen Raum und in der Natur und auf konstruktive Konzepte, die mit ästhetischen und medientechnischen Mitteln der kapitalistischen Gesellschaft gegenläufig sind oder so ähnlich.

Wollen wir das riskieren? Das muss jeder selbst entscheiden.

62 Hund und Musik

Man mag es kaum glauben, aber es gibt tatsächlich noch keine einzige Forschungsarbeit zur Rolle des Hundes in der abendländischen Musik. Das ist ein unverzeihliches Versäumnis, denn Hunde haben in den vergangenen Jahrhunderten viele Kompositionen beeinflusst, und sie tun es bis heute.

Komponieren mit Hund

Antonio Vivaldi ließ in seinen *Vier Jahreszeiten* die Bratschen ein Hundegebell imitieren. Wolfgang Amadeus Mozart dichtete ein zwanzig Strophen langes Scherzgedicht auf einen Hund namens *Buzigannerl*. Ludwig van Beethoven vertonte die herzergreifende *Elegie auf den Tod eines Pudels* eines unbekannten Dichters, in der es heißt:

Du warst so rein von aller Tück' und Fehle
als schwarz dein krauses Seidenhaar;
wie manchen Menschen kannt' ich, dessen Seele
so schwarz als deine Außenseite war.

Oft, wenn ich des Gewühles satt und müde
mich gern der eklen Welt entwöhnt,
hast du, das Aug' voll Munterkeit und Friede,
mit Welt und Menschen wieder mich versöhnt.

Trüb sind die Augenblicke unsers Lebens,
froh ward mir mancher nur durch dich!
Du lebtest kurz und lebtest nicht vergebens;
das rühmt, ach! selten nur ein Mensch von sich.

Frédéric Chopin nannte sein heute als *Minutenwalzer* berühmt gewordenes Werk zunächst *Petit Chien*, da ihn ein junger Hund dazu inspiriert hatte, der seinen eigenen Schwanz zu fangen versuchte. In Webers *Freischütz* erscheint Nero, der Kettenhund. Auch Richard Wagner war ein großer Hundefan, und sein Spaniel Peps soll einer seiner schärfsten Kritiker gewesen sein. Passagen in Es-Dur liebte Peps, Takte in E-Dur machten ihn nervös. Sein Nachfolger Fips soll den Komponisten gar zum *Siegfried* inspiriert haben. Beerdigt wurde Richard Wagner neben seinem Neufundländer Russ, der Jahre vor ihm gestorben war. Am Grab stand damals angeblich der treue Marke, der Nachfolger von Russ, ebenfalls ein Neufundländer. Er soll sich geweigert haben, Wagners Grab zu verlassen, und starb wenige Tage später an gebrochenem Herzen.

»Wer mich liebt, liebt meinen Hund«, soll Erik Satie gesagt haben, der zwei seiner Klavierzyklen Hunden widmete und sie *Préludes flasques pour un chien* nannte.

Hunde-Tralala

Aber nicht nur in der sogenannten »E-Musik« spielten und spielen Hunde eine wichtige Rolle. Sie bevölkern auch Kinderlieder, Spottlieder, Schlager und moderne Opern. Da gibt es Möpse, die einem Koch ein Ei stehlen, kleine Hunde namens Fips, die vom Onkel einen Schlips erhalten, es gibt Verballhornungen des *Radetzky-Marsches*, in denen ein Hund mit der Wurst übern Eckstein springt, und der Flohwalzer heißt in Russland Hundewalzer. Peter Alexander sang einst »Wenn ich mit meinem Dackel von Grinzing heimwärts wackel«, ebenso wie *Unser Hund jagt im Himmel die Engel*. Reinhard Mey träumte melancholisch davon, sein eigener Hund zu sein. Und die Komponistin Sinem Altan komponierte mit *Stadt der Hunde* die erste Hundeoper, die 2009 in Berliner Bezirk Neukölln uraufgeführt wurde.

Rock around the dog

Auch in der Musik der Underdogs, dem Rock 'n' Roll und der Rock-Musik, spielen Hunde traditionell eine große Rolle. Angefangen bei *Hound Dog*, weltberühmt vor allem in der Version von Elvis Presley, und *Two Hound Dogs* von Bill Haley, reicht das Spektrum über *Doggy Doggy*, einen Song der Band Bulldog, *Bird Dog* von den Everly Brothers bis hin zu *Dogs* von Motörhead, *Givin' The Dog A Bone* und *Dog Eat Dog* von AC/DC und zur US-Band Pavlov's Dogs.

Aber auch in Punk, Pop und Hip-Hop geht es nicht ohne Hund. Beispiele dafür sind *Wau Wau* von Nina Hagen, *I Love My Dog* von Cat Stevens oder *Who Let the Dogs Out* von Baha Men.

Natürlich wird auch das Leben vieler musikalischer Weltstars von Hunden beeinflusst. Robbie Williams besitzt acht Hunde; er trat mit ihnen vor den Traualtar, und angeblich dürfen sie alle in seinem Bett schlafen. Und Ozzy Osbourne lebt sogar mit zwölf Hunden zusammen; er beschäftigt für sie eine Hunde-Nanny.

Musik für Hunde

Hunde haben aber nicht nur Musiker inspiriert, sie reagieren auch selbst auf Musik. Deborah Wells, Psychologin an der Queen's University Belfast, spielte fünfzig Tierheimhunden unterschiedliche Musikstücke vor. Ergebnis ihrer Studie: Heavy Metal machte die Hunde nervös, Popmusik ignorierten sie kaltschnäuzig, aber bei sanften Stücken von Vivaldi, Grieg und Bach entspannten sich die Tiere. Mittlerweile gibt es auf Youtube und im Handel schon Entspannungsmusik für Hunde. In Neuseeland stürmte Weihnachten 2008 gar ein Song die Charts, der in einer nur für Hunde hörbaren Frequenz aufgenommen wurde. Der Titel: *A Very Silent Night*.

Ein erstes Hundekonzert fand 2010 vor der Oper in Sydney statt. Die Komposition aus Walgesängen, Tönen im Ultraschallbereich, Synthesizerklängen, begleitet von Saxophon, Geige und Gitarre, brachte das überwiegend tierische Publikum zu mehr oder weniger begeisterten Reaktionen wie Hecheln, Bellen und Schwanzwedeln.

Musik von Hunden

Hunde haben auch schon selbst Konzerte gegeben. Kirk Nurock, ein amerikanischer Komponist und Jazz-Pianist, komponierte in den 1980er Jahren mehrere Stücke, in die er Hundestimmen einbaute. Die Performance *Howl*, ein musikalisches Werk für zwanzig Menschen und drei Hunde, wurde in der Carnegie Hall uraufgeführt. Außerdem schuf er eine *Sonata for Piano and Dog* und *Expedition*, ein Stück für ein Jazz-Trio und einen sibirischen Husky.

Auf Youtube kann man übrigens nicht nur eine Aufzeichnung eines dieser Stücke in der Letterman-Show sehen, sondern auch ein ganz anderes musikalisches Genie auf vier Pfoten. Dieser Hund kann nicht nur selbst Klavier spielen und singen, er hat das avantgardistische Pianostück, das er aufführt, auch noch selbst komponiert.

Der kleine Abriss hundlichen Wirkens in der abendländischen Musik zeigt: Es ist längst Zeit für eine systematische Untersuchung dieses Phänomens und für eine Auflistung all dieser Musikstücke in einem »Knöchelverzeichnis«.

63 Hund und Film

Auf dem Walk of Fame in Los Angeles schreitet man über 2489 Sterne, die zu Ehren von Filmgrößen in den Boden eingelassen worden sind. Drei davon erinnern an berühmte Filmhunde.

Strongheart

Der erste Filmhund, der auf diese Weise geehrt wurde, war der Deutsche Schäferhund Etzel von Oeringen aus Quedlinburg. Der Rüde hatte zunächst in Deutschland eine Ausbildung als Polizeihund absolviert. Später gelangte er in den Besitz des amerikanischen Stummfilmschauspielers Laurence Trimble, der ihm den Namen Strongheart gab. Trimble nahm den Hund mit in die Staaten, dressierte ihn und ließ ihn in insgesamt sechs Filmen mitwirken, die das Tier weltberühmt machten.

1929 erlitt Strongheart schwere Verbrennungen durch einen Filmscheinwerfer. An den Brandnarben bildete sich Monate später ein Tumor und Strongheart starb.

Rin-Tin-Tin

Ebenfalls ein Deutscher Schäferhundrüde und ebenfalls ein Auswanderer, das war Rin-Tin-Tin, Filmstar und lange Zeit Amerikas beliebtester Hund.

Der amerikanische Sergeant Leland Duncan fand 1918 eine Hündin mit Welpen auf einem zerstörten Flugfeld in Frankreich und nahm einen davon mit nach Kalifornien. Rinty, wie der Hund gerufen wurde, trat zunächst im Zirkus auf, wurde dann vom Film entdeckt und drehte insgesamt sechsundzwanzig Filme. Als er 1931 starb, trauerten Jung und Alt im ganzen Land.

Lassie

Der dritte Hund, an den auf dem Walk of Fame ein Stern erinnert, ist die Collie-Hündin Lassie, noch heute der berühmteste Hund der Welt. Sie wurde von dem amerikanischen Schriftsteller Eric Mowbray Knight für eine Kurzgeschichte erfunden; Vorbild war die Collie-Hündin Toots des Autors. Die Geschichte erzählt von einem Jungen, dessen Familie in finanzielle Not gerät und den Familienhund, die Hündin Lassie, an einen reichen Adligen verkaufen muss. Die Hündin leidet ebenso unter der Trennung wie der Junge, und Lassie reißt immer wieder aus, bis sie schließlich nach Hause zurückkehren darf. Dieser Bestseller wurde 1943 mit der zehnjährigen Elizabeth Taylor in einer der Hauptrollen verfilmt. Star des Films war allerdings der Collie, der die Hündin spielte. Das lange Fell, das sämtliche Geschlechtsunterschiede verhüllte, machte es möglich, dass die Hündin Lassie von einem Rüden namens Pal dargestellt werden konnte. Auch in späteren Folgen wurde Lassie dann meist von einem Rüden dargestellt, da bei dieser Rasse das Fell männlicher Tiere edler wirkt.

Uggie

Seine Fans wollten ihn mit dem Oscar auszeichnen, aber der ist für tierische Filmstars tabu. Deswegen erhielt Uggie 2012 als Auszeichnung den eigens neu geschaffenen Golden Collar Award, das goldene Halsband. Der Jack Russell Terrier spielte sowohl in *Wasser für die Elefanten* als auch in *The Artist* tragende Rollen. Einen Stern auf dem Walk of Fame besitzt er noch nicht, dafür durfte er als erster Filmhund auf dem berühmten Platz vor dem Grauman's Chinese Theatre seine Pfoten in feuchten Zement drücken.

Berühmte Hunde-Filme

Ein Bernhardiner namens Beethoven, ein Schäferhund mit Namen Rex, 101 Dalmatiner, Hachikō, ein japanischer Akita-Hund: Viele berühmte Filmhunde verhalfen ihren Trainern zu Reichtum und ihren

Rassen zu einem Modeboom. Sich selbst haben die Hunde mit ihrer Filmtauglichkeit vermutlich keinen großen Gefallen getan, denn ein Leben im Rampenlicht ist bestimmt nicht das, wovon Hunde träumen. Spielfilme mit Hunden sind nicht einmal das, was Hunde selbst gern sehen. Nur Menschen lieben solche Filme.

Der tut nix, der will nur fernsehen

Zur Einführung des digitalen Fernsehens zeigte der Sender Einsfestival am 1. Mai 2012 einen ganzen Tag lang »Wauwau-TV«. Beim analogen Fernsehbild hatten Hunde bis zu diesem Tag nur flimmernde Standbilder erkennen können (siehe auch das Kapitel: »Die Welt durch Hundeaugen betrachten«). In der digitalen Fernsehwelt ist das jetzt aber anders, und nun gehören auch Hunde zur Zielgruppe der Sender.

Tatsächlich, mein Hund sieht fern, und es ist ihm nicht egal, was er sieht. Der Anblick von Menschen lässt ihn gelangweilt die Augen schließen. Selbst ein gut besprochener Tatort samt Schießerei im Showdown veranlasst ihn nicht einmal, mit den Ohren zu zucken.

Deutliches Interesse zeigt mein Hund aber an Tiersendungen, besonders wenn darin Schafe oder Katzen vorkommen, außerdem sieht er gern Hundevermittlungsshows und Sendungen, in denen Hundeflüsterer verzogene Hunde auf den Pfad der Tugend zurückbringen.

Er steht eindeutig auf Reality-TV, Spielfilme mit Hunden als Darsteller sind für ihn aber nicht so der Jauler. Das spielerische Bellen der trainierten Filmhunde wird von ihm offenbar als künstlich entlarvt, es weckt in ihm keine echten Emotionen. Einzige Ausnahme: Der Film *Krambambuli* von Xaver Schwarzenberger. Das Winseln dieses Filmhunds brachte mein Tier so aus der Fassung, dass ich aus Tierliebe auf die zweite Hälfte des Films verzichtet habe. Zu deutlich klang mir noch in den Ohren, wovor Loriot in einem Sketch zur Frage »Sollen Hunde fernsehen« gewarnt hatte: »Es häufen sich die Fälle, in denen Hunde nach mehrstündigem abendlichen Fernsehen schlecht einschlafen, schwer träumen oder tagelang stottern.«

64 Hund und Comic

Hunde sind die Tiere, die in Comics am häufigsten vorkommen. Sie schlagen sogar Enten, Mäuse und Hasen. Bekannte Beispiele in alphabetischer Reihenfolge sind:

Ace – »Bat-Hound«, Gefährte von Batman, Schäferhund, meist maskiert

Balto – ein Schlittenhund in einem Film, der auf einer wahren Begebenheit beruht (siehe auch das Kapitel »Einem Hund ein Denkmal setzen«)

Bolt – kleiner weißer Hund mit magischen Eigenschaften, Hauptfigur des gleichnamigen Kinofilms

Capper – Jagdhund aus dem Disneyfilm *Cap und Capper*, freundet sich mit einem Fuchs an

Dogbert – Beagle aus den Dilbert-Comics von Scott Adams, ist größenwahnsinnig und strebt nach der Weltherrschaft

Foo Foo – der Hund von Miss Piggy ist natürlich keine Comicfigur sondern ein Muppet, soll hier dennoch erwähnt werden

Goofy – der treue Freund von Micky Maus ist freundlich und doof, aber wenn er nach dem Genuss von Zaubernüssen als Supergoof auftritt, kann er durchaus auch mal die Welt retten

Gromit – der kluge Hund des Erfinders Wallace

Hong Kong Pfui/Fu – schlappohriger Hundeheld aus den 1970ern, im wahren Leben Hausmeister, wenn aber ein Verbrechen geschieht, verwandelt er sich in einen Karatekämpfer mit dem Schlachtruf »Hi Ha Hu – Rinki Dinki Du«

Idefix – winziger Hund von Obelix, Rasse undefinierbar, tauchte erst im fünften Asterix-Band auf, muss immer sehr weinen, wenn Obelix einen Baum fällt

Josef – Alm-Öhis Bernhardiner in der Zeichentrickserie Heidi

Knecht Ruprecht – Greyhound von Bart Simpson, schwer erziehbar

Lucky – Dalmatinerwelpe in der Zeichentrickserie *101 Dalmatiner*, selbstbewusst und abenteuerlustig

Max – Bobtail in Disneys *Arielle, die Meerjungfrau*

Nana – Bernhardinerhündin im Zeichentrickfilm *Peter Pan*, eine rührende Babysitterin der Kinder

Odie – sabbernder Hund mit langer Zunge, der von Comic-Kater Garfield gern gedemütigt wird

Pluto – Haushund von Micky Maus, im Gegensatz zu den anderen Figuren nicht vermenschlicht, spricht nicht

Rantanplan – der dämliche Hund begleitet Lucky Luke und hat nur eins im Kopf – Fressen

Scooby-Doo – die sprechende, gruselige Kriminalfälle lösende Deutsche Dogge der gleichnamigen amerikanischen Zeichentrickserie

Snoopy – philosophischer Beagle aus den Charlie-Brown-Comics, der meist in Gedanken vertieft auf dem Dach seiner Hundehütte liegt; kunstbegeistert und belesen

Susi und Strolch – Susi ist eine Cavalier-King-Charles-Spaniel-Dame und Strolch ein Mischling. Beide stammen aus dem gleichnamigen Film aus dem Hause Disney

Struppi – Foxterrier aus den Comics *Tim und Struppi*, heimlicher Star der Serie

Wum – Cartoonfigur aus der Feder von Loriot, Begleiter von Moderator Wim Thoelke in der Fernsehshow *Der große Preis*

65 Über Hunde lachen

Forschungsergebnisse belegen einen Zusammenhang zwischen Gesundheit und Lachfrequenz: Wer häufiger lacht, erleidet seltener einen Herzinfarkt, empfindet beim Zahnarzt weniger Schmerz und lebt viereinhalb Jahre länger als Nichtlacher. Ärzte empfehlen ihren Patienten daher, täglich mindestens 15 Minuten zu lachen.

Und noch eine Studie zum Thema Lachen: Der britische Psychologe Richard Wiseman untersuchte 2001 in einer groß angelegten Internetstudie, worüber Menschen lachen. Ergebnis: Weltweit lachen Menschen besonders gern über Tierwitze. Und am lautesten und längsten lachen sie statistisch gesehen, wenn sie einen Witz exakt in der Mitte des Monats abends um 18.03 Uhr hören und wenn in diesem Witz eine Ente vorkommt. Das ist übrigens kein Witz, das hat Wiseman tatsächlich herausgefunden.

Aber jetzt kommen Witze, speziell für Hundeliebhaber. Vor der Lektüre des letzten sollte man innehalten und ihn erst Mitte des Monats um 18.03 Uhr lesen, denn darin kommt sogar eine Ente vor.

Ein Großwildjäger geht in der afrikanischen Savanne mit seinem Hund auf Jagd. In der Mittagspause legt sich der Hund fernab des Lagers unter einen Baum, um sich im Schatten auszuruhen. Da erblickt er plötzlich einen Löwen – und der Löwe erblickt ihn.

Für Flucht ist es zu spät, also kriecht der Hund zu einem Knochenhaufen. Als der Löwe nahe genug herangekommen ist, sagt er laut: »Das war aber mal ein leckerer Löwe. Ich könnte jetzt glatt noch einen verdrücken.«

Der Löwe erschrickt und zieht sich in den Dschungel zurück.

Auf dem Baum sitzt ein Affe, der die Szene beobachtet hat. Schon lange möchte er den Löwen als mächtigen Freund gewinnen. Er rennt ihm nach und erzählt ihm alles.

Als der Löwe von der List des Hundes erfährt, ist er wütend. »Los, spring auf«, ermuntert er den Affen. »Diesen elenden Köter schnappen wir uns.« Der Affe klettert auf den Rücken des Löwen und reitet dem Hund triumphierend entgegen.

Der kluge Hund erspäht die beiden von Weitem, überlegt kurz, bleibt dann aber liegen und macht ein gelangweiltes Gesicht. Und als die beiden in Hörweite sind, brummt er vor sich hin: »Wo bleibt denn nur dieser Affe? Vor zehn Minuten habe ich ihn gebeten, einen neuen Löwen zu besorgen, und er ist immer noch nicht zurück!«

Ein Dieb bricht nachts in ein Haus ein. Plötzlich hört er hinter sich eine schnarrende Stimme: »Ich sehe dich, und Jesus sieht dich auch.«

Er sucht mit seiner Taschenlampe nach dem Sprecher, sieht aber niemanden. Da ertönt wieder die Stimme: »Ich sehe dich, und Jesus sieht dich auch.«

Wieder leuchtet der Mann mit der Taschenlampe in alle Ecken und entdeckt in einem Käfig einen Papagei. Erleichtert spricht er den Vogel an. »Hey, Piepmatz, wie heißt du?«

»Harald«, sagt der Papagei und putzt sich das Gefieder.

»Ein blöder Name für einen Papagei«, spottet der Mann.

»Möglich«, antwortet der Vogel. »Aber Jesus ist auch ein blöder Name für einen Rottweiler.«

Zwei Kaninchen werden von einer Meute Jagdhunde verfolgt und können sich gerade noch in eine Erdhöhle retten.

»Was machen wir denn jetzt?«, jammert die Karnickeldame, während draußen die Hunde bellen und jippern.

»Keine Angst, Hasi«, sagt Herr Karnickel zärtlich und nimmt ihre Pfoten in seine. »Wir warten einfach, bis wir ihnen zahlenmäßig überlegen sind.«

Zwei Jäger gehen gemeinsam auf die Jagd. Der eine hat zum ersten Mal seinen jungen Dackel dabei. Als der Dackelbesitzer eine Ente schießt, saust der Hund sofort los und apportiert den Vogel.

»Das ist ja toll«, sagt der andere. »Wie hast du ihm das denn so schnell beigebracht?«

»Gar nicht!«, antwortet stolz das Herrchen. »Das ist ein Autodidackel.«

66 Hund und Museum

Im menschlichen Alltag haben Hunde seit Jahrhunderten Spuren hinterlassen, und zwar nicht nur in Form von Duftmarken und Tretminen. Wie hier bewiesen werden konnte, wurden Literatur, Malerei und Musik erheblich von Hunden mitgestaltet. Umso erstaunlicher, dass es im deutschsprachigen Raum nur ein einziges Museum gibt, das die gemeinsame Geschichte von Hund und Mensch thematisiert. Pferdemuseen hingegen oder Musen über Katzen kann man kaum an einer Pfote abzählen, da braucht man schon eine zweite dazu.

Im »Europäischen Hundemuseum« im Kloster Marienberg im österreichischen Burgenland geht es sowohl um die Herkunft des Hundes und seine Verwandtschaft mit dem Wolf als auch um kulturgeschichtliche Themen wie Hundemythen, Hundebilder, Hundeskulpturen, Hundemusik und Hundebücher. Brave Hunde müssen hier natürlich nicht draußen bleiben, sie dürfen die Exponate ebenfalls beschnuppern, und in der Umgebung rund um das Kloster kann man stundenlang Gassi gehen. Das Museum ist von Mai bis Oktober sonntags und an Feiertagen von 14 bis 17 Uhr geöffnet. Nach Absprache kann man auch andere Besuchszeiten vereinbaren.

67 Unnützes Hundewissen zum Thema Hund und Kultur

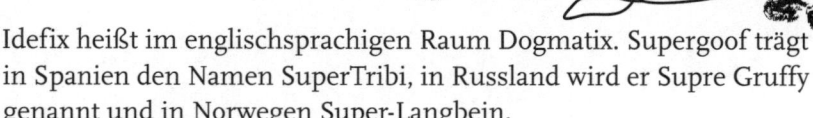

Idefix heißt im englischsprachigen Raum Dogmatix. Supergoof trägt in Spanien den Namen SuperTribi, in Russland wird er Supre Gruffy genannt und in Norwegen Super-Langbein.

Picasso bastelte mit eigenen Händen einen Hasen aus Papier für seinen jagdbegeisterten Dackel Lump. Der Hund fraß den echten Picasso einfach auf.

Ziggy, the painting Pekinese, lebt in Los Angeles und malt angeblich gern. Damit das besser geht, hat Frauchen ihm einen Pinsel an eine Klopapierrolle geklebt, die er ins Maul nehmen kann. So richtig inspiriert wirkt Ziggy auf seinem Youtube-Video allerdings nicht. Überzeugender ist da Wunzie, the singing Pekinese.

Die Hunde von Elisabeth Mann Borgese, einer Tochter Thomas Manns, konnten auf einer Schreibmaschine schreiben und leichte Stücke auf einem speziellen Hundeklavier spielen.

Die amerikanische Hundetrainerin Bonnie Bergin bringt Hunden sogar das Lesen bei. Die Tiere können danach bestimmte Befehle befolgen, wenn man sie ihnen in schriftlicher Form auf Karten vor die Nase hält.

»Ars Canis« heißt ein Internetportal, das sich speziell an kunstliebende Hundefreunde oder hundeliebende Kunstfreunde richtet (www.ars-canis.de). Architektonische Meisterwerke für Hunde findet man unter: www.architecturefordogs.com.

V.

HUND UND RELIGION

>>Schau dir den Blick deines Hundes an: Kannst du
immer noch behaupten, er hätte keine Seele?<<

VICTOR HUGO

68 Einen Hund anbeten

Das englische Wort »Dog« wird rückwärts gelesen zu »God«, und manche glauben, das sei kein Zufall. Für eine besondere Nähe zwischen Hunden und göttlichen Kräften findet man aber weltweit in der Mythologie kaum Hinweise.

Götter in Hundegestalt gibt es nicht. Nicht einmal Zeus, der sich ja in vielerlei Tiergestalt zu seinen Schäferstündchen schlich, verwandelte sich je in ein Hundetier. Nur Anubis, der ägyptische Totengott, wird manchmal als großer schwarzer Hund oder Schakal dargestellt, zumindest im Kopfbereich, genau wie auch Xolotl, der aztekische Todesgott.

Begleiter von Totengöttern

Hunde sind also niemals selbst Götter, aber man findet sie oft als Begleiter von göttlichen Wesen. Auffällig oft sind das zerstörerische Götter, Todesgötter oder Göttinnen der Nacht. Bhairava, im Hinduismus die zerstörerische Inkarnation des Gottes Shiva, wird beispielsweise oft in Gesellschaft eines Hundes dargestellt. Die römischen und griechischen Mond- und Jagdgöttinnen Diana, Artemis und Hekate haben ebenfalls stets einen oder mehrere Hunde an ihrer Seite. Der griechische Höllenhund Kerberos beziehungsweise Zerberus bewacht genauso wie der germanische Hund Garm den Eingang zur Unterwelt.

Als Begleiter der Seelen Verstorbener kommen Hunde noch in einem weiteren germanischen Volksmythos vor, in der Geschichte der »Wilden Jagd«. Der Sage nach zieht in den Raunächten zwischen Weihnachten und Dreikönig ein Geisterheer durch die Lüfte, bestehend aus Pferden, Hunden und den Seelen von Menschen, die vor ihrer Zeit gestorben sind.

In Japan gibt es sogar Hundegeister, die den Tod bringen. Diese Inukami sind Geistwesen in Hundegestalt, die man anrufen kann, wenn man jemanden ermorden oder in den Wahnsinn treiben will. Die grausige Prozedur, mit der man diese Geister beschwört, besteht aus dem Foltern eines echten Hundes.

Hundeverehrung

In der Mythologie spielten Hunde also stets eine dunkle Rolle. Außerdem haben sie in fast keiner Kultur je eine Sonderbehandlung genossen wie etwa die Katzen in Ägypten oder die Kühe in Indien. Wenn ein Volk Hunde verehrte, dann war das für die Hunde in der Regel eher unangenehm. Bei den Sioux-Indianern beispielsweise wurden Hunde durch zeremonielles Töten und Essen zu »Sacred Dogs«. Auch bei vielen Völkern Afrikas war der Hund ein angesehenes Tier, denn Sagen und Mythen berichten davon, wie er den Menschen einst das Feuer brachte. Allerdings führte auch dort Hundeverehrung oft zur Hundeverzehrung.

Hohes Ansehen, verbunden mit bester Pflege, genossen und genießen Hunde nur bei einer altiranischen Religionsgemeinschaft, bei den Anhängern Zarathustras oder Zoroasters. Dieser Zoroaster war ein weiser Priester, der vermutlich im zweiten Jahrtausend vor Christus in Persien gelebt hat. Seine Lehren sind in der heiligen Schrift Avesta niedergeschrieben. Zoroasters Anhänger verehren den guten, gerechten und allwissenden Gott Ahura Mazda, der die Welt beherrscht und dabei gegen seinen Zwillingsbruder und Widersacher, den bösen Angra Mainyu, ankämpft. Die Anhänger dieser Religion bemühen sich stets, den guten Gott in seinem Kampf zu unterstützen und den bösen zu schwächen. Sie versuchen, nur Gutes zu denken, zu sagen oder zu tun. Sie dürfen nicht lügen und keine Schulden machen, denn das würde die bösen Kräfte stärken. Außerdem bekämpfen sie alle Tiere des bösen Geistes, also Schlangen, Mäuse und Ameisen, aber auch Raubtiere. Um Hunde allerdings kümmern sie sich rührend, denn sie gelten als Verbündete des guten Gottes und stehen in enger Beziehung zu den Menschen.

Durch den Verstand des Hundes besteht ihrer heiligen Schrift zufolge die Welt.

Ein Hund lässt sich nach Ansicht des Religionsstifters mit acht Menschen vergleichen: Er ist anspruchslos wie ein Priester, tapfer wie ein Krieger, wachsam wie ein Hirte, gehorsam wie ein Knecht, er vertreibt Dämonen wie ein Geisterbeschwörer und verfügt über das Wesen eines Kindes. Außerdem kennt er die Nacht wie ein Dieb und verrichtet seine Notdurft am Wegrand wie eine Dirne.

Aus dieser Menschenähnlichkeit folgt, dass Menschen Hunde niemals schlagen dürfen. Von jedem Brot sollen sie einem Hund drei Stücke abgeben, und wenn die Gläubigen an einem schlafenden Hund vorübergehen, müssen sie ihren Fuß leise aufsetzen, damit er nicht aufwacht.

Noch heute gibt es weltweit rund 200 000 Anhänger dieser Religion. Die größte Gruppe sind die indischen Parsen.

69 Hunde in der Bibel und im Koran

Das hebräische Wort Kaleb bedeutet Hund. In den frühen Aufzeichnungen des Volkes Israel war Kaleb noch ein beliebter Männername, und daraus kann man schließen, dass Hunde damals angesehene und beliebte Tiere waren. Aber schon in den Schriften des Alten Testaments ändert sich das, und der Hund wird zum einzigen Haustier der Bibel, dessen Name als Schimpfwort gebraucht wird.

Biblische Hunde

»Stumme Hunde sind sie, die nicht strafen können, sie sind faul, liegen und schlafen gerne. Es sind aber gierige Hunde, die nimmer satt werden können.« So heißt es beispielsweise in Jesajas Klage über die Hirten des Volkes.

Schuld am schlechten Image des Hundes waren die Lebensgewohnheiten wilder Hunde im alten Israel. Schmutzige, bellende, wilde Meuten streunten damals durchs Land. Die hungernden Tiere fraßen Aas und Exkremente, lauerten Verwundeten auf und stürzten sich auf das Blut von Hingerichteten. Mit Ekel betrachteten die Menschen damals auch die Paarungsgewohnheiten von Hunden, die sie als schamlos empfanden.

Die einzige Stelle in der ganzen Bibel, in der ein Hund positiv erwähnt wird, findet man im Buch Tobit. Sie ist kurz, aber herzerwärmend, zeugt sie doch von einer echten Beziehung zwischen Mensch und Hund. Tobias ist der fromme Sohn eines blinden Vaters. Zusammen mit dem Erzengel Raphael begibt er sich auf eine lange Reise voller Prüfungen. »Da brachen die beiden auf, und der Hund des jungen Tobias lief mit.« Bei der glücklichen Rückkehr Monate später ist der Hund immer noch mit von der Partie. »Sie machten sich auf den Weg und der Hund lief hinter ihnen.«

Hunde im islamischen Glauben

Im Islam werden Tiere in reine und unreine Arten eingeteilt. Hunde gehören genau wie Schweine zu den unreinen Geschöpfen.

In den Hadithensammlungen beispielsweise heißt es, die Engel würden keine Wohnung betreten, in der es einen Hund gibt. Ausgenommen sind jedoch Jagd-, Schutz- und Hütehunde. Auch Wild, das von Hunden apportiert wurde, gilt nicht als unrein.

Und selbst wenn Hunde unrein sind, so sind sie für den Propheten Mohammed doch Geschöpfe Allahs. Ein Beweis dafür ist die oft zitierte Geschichte, in der ein Mann einen durstigen Hund sieht, der in seiner Not Schlamm frisst. Der Mann füllt Wasser in seinen Schuh und gibt dem Hund zu trinken. Und weiter heißt es: »Gott wird diesem Mann seine gute Tat vergelten und ihn ins Paradies eingehen lassen.« Auch in der Siebenschläferlegende, einer frühchristlichen Legende, die sich auch im Koran findet, ist ein Hund dank seiner Treue ein hoch geachtetes Tier. Diese Geschichte handelt von sieben jungen Männern, die wegen ihres Glaubens verfolgt werden und in einer Höhle Schutz suchen. Dort schlafen sie 309 Jahre lang und werden die ganze Zeit von ihrem Hund bewacht.

70 Heilige Hunde

Hunde hatten in der Bibel keine große Bedeutung. Allerdings spielte die Bibel für die meisten Christen bis zum Mittelalter auch keine wichtige Rolle. Kaum jemand konnte damals lesen, kaum jemand besaß ein Exemplar der Heiligen Schrift, und kaum jemand konnte Latein, die Sprache, in die die Worte Gottes übersetzt worden waren. Kein Wunder, dass die christliche Religion damals viele sonderbare Blüten trieb und fernab der kirchlichen Lehren allerlei Legenden entstanden.

St. Guinefort

Eine dieser Geschichten handelt von einem heiligen Hund namens Guinefort; sie stammt aus dem 13. Jahrhundert. Bezeugt wird sie von Étienne de Bourbon, einem Mitglied des Dominikanerordens, der damals als Inquisitor auf der Jagd nach Ketzern und Dämonen das Land durchreiste und selbst abgelegene Dörfer und Höfe besuchte. In der Nähe von Lyon stieß der fromme Ordensmann auf eine Geschichte, die für ihn Aberglaube der übelsten Sorte, wenn nicht gar Gotteslästerung bedeutete. Man erzählte ihm, Frauen würden ihre kranken Kinder zum Grab eines Heiligen mit dem Namen St. Guinefort bringen, weil sie dort geheilt würden. In der Annahme, es handele sich dabei um einen ihm bekannten menschlichen Märtyrer, ging Étienne de Bourbon der Sache nach und erfuhr zu seiner Überraschung, dass es sich hier nicht um die Verehrung eines frommen Mannes, sondern um die eines Windhunds handelte. Die Leute berichteten ihm, ein früher hier ansässiger Schlossherr habe diesen Hund einst blutbesudelt neben der Wiege seines Erstgeborenen entdeckt. Im Glauben, der Hund habe das Kind zerfleischt, erschlug der Adlige das Tier. Tatsächlich aber schlief der Säugling friedlich zwischen seinen Kissen. Der Hund hatte nur eine giftige Schlange getötet, die sich der Wiege genähert hatte. Als der Schlossbesitzer seinen Irrtum entdeckte, bedauerte er seine Tat, warf den Hund in einen alten Brunnen in der Nähe seines Anwesens und pflanzte zur Erinnerung an das Tier ringsum Bäume. Einige Zeit später – das Schloss war inzwischen verlassen und zerfiel – erinnerten sich Bauern aus der Umgebung an diese Geschichte und machten den Ort zu einer Kultstätte. Angeblich riefen sie dort Dämonen zu Hilfe, und laut Étienne de Bourbon sollen bei diesen dunklen Ritualen sogar Kinder gestorben sein.

Der fromme Eiferer rief sofort alle Menschen aus der Umgebung zusammen, predigte wider den Aberglauben, ließ den Hund ausgraben und den Hain abholzen. Tatsächlich aber pilgerten noch im 19. Jahrhundert Mütter mit ihren kranken Kindern in diesen Wald, um Hilfe von dem angeblich heiligen Hund zu erflehen. Erst nach dem Ersten Weltkrieg verschwand der Kult ganz, allerdings nicht auf Betreiben der christlichen Kirchen, sondern weil Religion und Aberglaube im 20. Jahrhundert ohnehin an Wichtigkeit verloren hatten.

Märtyrer mit Hund

Jener heilige Hund namens Guinefort war kein Hund, der offiziell vom Papst heiliggesprochen wurde. So etwas passiert grundsätzlich nur Menschen. In den Legenden einiger »echter« Heiliger hatten Hunde aber immerhin eine lebensrettende Rolle: Der irische »Nationalheilige« St. Patrick kam dank seiner Gabe, mit gefährlichen Hunden umgehen zu können, in kritischen Situationen mehrfach gerade noch mit dem Leben davon. Der heilige Rochus gilt als Schutzpatron der Haustiere. Er kümmerte sich der Legende nach jahrelang um Arme und Pestkranke, bis er sich selbst mit der Pest infizierte und gestorben wäre, wenn nicht ein Hund seine Wunden geleckt, ihn mit Nahrungsmitteln versorgt und ihm Hilfe organisiert hätte.

Margareta von Cortona, ein hübsches Bauernmädchen, verdankte einem Hund zwar nicht ihr Leben, aber doch ihr Seelenheil. Als ihr Geliebter ermordet und sie selbst von zu Hause fortgejagt wurde, beschloss sie, ihren Körper in einem Bordell zu verkaufen. Der Hund ihres Geliebten aber zerrte an ihren Kleidern und führte sie zu einer Kirche. Sie trat dort in ein Kloster ein, und der Hund blieb zeit ihres Lebens an ihrer Seite. Auch über den italienischen Heiligen Don Bosco wachte ein geheimnisvoller grauer Hund, der immer dann auftauchte, wenn sein Herr in Gefahr geriet.

71 Buddha und seine Löwenhunde

Man sieht sie in China überall. Sie sind in Stein gemeißelt und bewachen die Gebäude der Verbotenen Stadt. Sie stehen vor den Toren buddhistischer Tempel, sie schützen wichtige Amtsgebäude, und selbst in Deutschland flankieren sie die Eingangstüren vieler Chinarestaurants. Die Rede ist von Wächterlöwen, steinernen Löwenskulpturen mit riesigen Pranken und lockiger Mähne, die stets zu zweit in Erscheinung treten. Der rechte Löwe symbolisiert Wachstum und Wohlbefinden, der linke Kraft und Macht.

Diese Löwenskulpturen sollen böse Einflüsse abwehren. Buddha höchstpersönlich verkündete einst in Gestalt eines Löwen seine höchste Lehre.

Löwe oder Hund?

Wer aber genau hinsieht, erkennt, dass die Wächterlöwen mit ihren platten Nasen, ihren runden Augen und ihrer seltsamen Haarpracht nicht wirklich wie Löwen aussehen. Als der Buddhismus nämlich im ersten Jahrhundert nach Christus von Indien nach China vordrang, hatten die chinesischen Bildhauer noch nie einen echten Löwen gesehen. Sie schufen ihre Kunstwerke nach Augenzeugenberichten, und offenbar haben die Befragten bei ihren Schilderungen ein bisschen danebengelegen.

Dem damaligen chinesischen Kaiser Han Mingdi gefielen die Löwenstatuen seiner Bildhauer aber außerordentlich gut. Bald hatte er nur noch einen Wunsch: Er wollte genau wie ein Buddha solche Tiere zum Gefährten haben. Die wenigen Löwen, die man bisher nach China gebracht hatte, waren aber alle den harten Wintern zum Opfer gefallen.

In dieser Situation entdeckte ein Höfling des Kaisers die Ähnlichkeit der kleinen Palasthunde mit den Löwenskulpturen. Man musste nur die »Mähnen« dieser Hunde ein bisschen frisieren und ihre Schwänze rasieren, schon hatte man Löwenhunde für den Herrscher.

Der Plan ging auf. Kaiser Mingdi war begeistert von seinen neuen Freunden und erklärte die kleinen, flachgesichtigen Hunde, die man damals »ha-pa«, also »Hunde unterm Tisch« nannte, kurzerhand zu Buddhas Löwen.

Dank des kaiserlichen Interesses kamen die umgestylten Hunde bei chinesischen Adligen bald in Mode, und jeder versuchte, Hunde mit wallender Mähne, breiter Nase, flachen Gesichtern und runden Augen zu züchten. Allmählich setzte sich in China sogar der Glaube durch, dass nicht Löwen, sondern Hunde das eigentliche Symbol Buddhas gewesen seien, und in manchen chinesischen Legenden wurde Buddha nun von Hunden begleitet, die sich bei Gefahr in Löwen verwandeln konnten. Die Palasthunde der Kaiserfamilie wurden bald als heilige Hunde verehrt.

Löwenhunde verschiedener Rassen

Als edelste Rasse dieser Löwenhunde galt damals der Pekinese. Zeitgleich züchteten Mönche in tibetischen Klöstern Hunde der Rasse Lhasa Apso, die später mit Pekinesen zum Shih Tzu gekreuzt wurden. Eine weitere Löwenhundrasse, der japanische »Chin«, ist vermutlich eine Kreuzung aus Pekinesen und Tibet-Spaniels.

Jedes Jahr fand am chinesischen Kaiserhof ein Zuchtwettbewerb statt, bei dem der Hund prämiert wurde, der die geringste Größe und die größte Ähnlichkeit mit Buddhas Löwen hatte. Da es dabei um einen hohen Preis ging – der Gewinner wurde Staatsbeamter auf Lebenszeit –, mussten viele Hunde quälende Prozeduren über sich ergehen lassen, die ihre Nase verkürzen und ihre Körpergröße verringern sollten.

Im 15. Jahrhundert hatte diese Praxis dann ein Ende. Die Zucht von Löwenhunden wurde zum kaiserlichen Privileg, und sie verschwanden hinter den Mauern der Verbotenen Stadt. Niemand außerhalb des Palastes bekam sie je zu Gesicht. Erblickte ein Normalsterblicher einen dieser Hunde auf dem Hof, musste er die Augen niederschlagen und rasch vorübergehen.

Die letzte Herrscherin Chinas, die Kaiserinwitwe Cixi, war ein großer Fan der Palasthunde. Sie soll die Würfe ihrer Hunde sogar als Orakel für politische Entscheidungen verwendet haben. Besaßen die Welpen einen weißen Fleck auf der Stirn, das sogenannte »dritte Auge Buddhas«, bedeutete das einen glücklichen Ausgang für Cixis Pläne.

1860, im zweiten Opiumkrieg, gerieten fünf Palasthunde in die Hände britischer Offiziere. Zwei davon wurden die Stammeltern der heutigen europäischen Pekinesen.

Die niedlichen Löwengesichter dieser Hunde mit ihren Kulleraugen und ihren Stupsnasen gelten heute als Qualzucht. Die Tiere leiden oft unter Augenerkrankungen und Atemnot. Inzwischen werden Tiere mit solchen Beschwerden von der Zucht ausgeschlossen.

72 Als Hund wiedergeboren werden

Wenn ein Hund faul auf einer grünen Wiese liegt und sich die Sonne auf den Bauch scheinen lässt, dann erwacht in vielen Menschen der Wunsch, im nächsten Leben als Hund auf die Welt zurückzukehren.

Man sollte sich allerdings nicht mit einem solchen Traum über das irdische Jammertal hinwegtrösten. Die Chancen für eine Wiedergeburt in Hundegestalt stehen nämlich schlecht.

Vom Mensch zum Hund

Manche Buddhisten und Hindus halten es zwar theoretisch für möglich, dass Menschen als Hunde auf die Welt zurückkehren können, aber wahrscheinlich ist das nicht.

Im ewigen Kreislauf von Geburt, Tod und Wiedergeburt stehen Tiere nämlich weit unter dem Menschen, und wer einmal die Schwelle zum Menschen und damit zum Bewusstsein überschritten hat, der kann nicht mehr zurück. Einmal Mensch, immer Mensch. Das ist wie bei den Raupen, die sich zwar verpuppen und dann zum Schmetterling werden können, ein Schmetterling aber kann sich niemals mehr in eine Raupe zurückverwandeln, egal, was er tut.

Selbst wenn ein Mensch in seinem Leben also ein sehr schlechtes Karma erwirbt und bei der nächsten Geburt quasi »herabgestuft« wird, erwartet ihn vermutlich nur ein richtig mieses Menschenleben.

Vom Hund zum Menschen

Da ist es schon wahrscheinlicher für einen Hund, dass er im nächsten Leben in Menschengestalt auf die Erde zurückkehrt. In der Mongolei beispielsweise glauben einige Nomadenstämme, Hunde stünden in der Hierarchie der Erleuchtung nur eine Stufe unter dem

Menschen und ein Hund müsse nur gutes Karma sammeln, um die Stufe zum Menschen überschreiten und der Erleuchtung so ein Stück näher kommen zu können.

73 Einen Hund im Himmel wiedersehen

Viele christliche Gläubige stellen sich die Frage: Wenn ich nach meinem Tod in den Himmel komme – kann ich dann dort mein geliebtes Hundetier wiedersehen?

Um diese Frage beantworten zu können, muss man sie in drei Teilfragen zerlegen:

1. Gibt es einen Himmel?
2. Wie komme ich hinein?
3. Wenn ich das schaffe, ist mein Hund dann auch da?

Gibt es einen Himmel?

Nach christlicher Auffassung muss man die erste Frage eindeutig mit Ja beantworten: Es gibt einen Himmel. Jesus hat das ausdrücklich gesagt, zum Beispiel im Evangelium des Matthäus: »Weiter ist es mit dem Himmelreich wie mit einem Netz, das man ins Meer warf, um Fische aller Art zu fangen. Als es voll war, zogen es die Fischer ans Ufer; sie setzten sich, lasen die guten Fische aus und legten sie in Körbe, die schlechten aber warfen sie weg. So wird es auch am Ende der Welt sein: Die Engel werden kommen und die Bösen von den Gerechten trennen und in den Ofen werfen, in dem das Feuer brennt. Dort werden sie heulen und mit den Zähnen knirschen.«

Diese Textstelle gibt auch schon einen ersten Hinweis darauf, wie man in diesen Himmel gelangt: Man muss zu den Gerechten gehören. Wie aber macht man das?

Wie kommt man in den Himmel?

Wenn man die rund 1500 Seiten Bibel zusammenfasst, kommt man zu folgendem Ergebnis: Man muss ohne Sünde sein, um nach dem Tod in den Himmel zu kommen. Als Mensch geht das aber nicht. Seit Eva ihrem Adam den Apfel reichte und er hineinbiss, trifft Menschen nämlich von Geburt an automatisch die Erbsünde, und täglich kommen kleine und große Sünden dazu. Erlösung von all diesen Sünden und Rettung der Seele können Menschen aber erlangen, wenn sie an Jesus glauben und ihn um Vergebung bitten.

Das klingt leicht, ist es aber nicht, denn Gott und Jesus kann man nicht belügen. Wer also um Vergebung bittet, der muss dies auch wirklich so meinen. Und daraus folgt automatisch, dass man mit dem Sündigen aufhören oder sich wenigsten alle Mühe geben muss, um dies zu erreichen. Das ist schwer, aber möglich ist es, und es bleibt immer noch die Beichte, wenn sich eine Sünde beim besten Willen nicht vermeiden ließ.

Kommen Hunde in den Himmel?

Für Hunde gilt hier, was ausnahmslos für alle Tiere gilt: Ja, sie können in den Himmel kommen. Der Prophet Jesaja beschreibt das Reich Gottes genau, und seiner Schilderung zufolge wohnen dort Wölfe bei Lämmern, Panther lagern bei Böcken, Löwen vertragen sich mit Kälbern und so weiter und so fort. Und wem das noch nicht

Beweis genug für die Anwesenheit von Tieren im Himmel ist, der findet im Buch Kohelet eine weitere Fundstelle, die darauf hinweist. Dort heißt es: »Denn es geht dem Menschen wie dem Vieh: Wie dies stirbt, so stirbt auch er, und sie haben alle einen Odem, und der Mensch hat nichts voraus vor dem Vieh; denn es ist alles eitel.« Mensch und Tier erfahren nach dem Tod also dasselbe Schicksal.

Wie kommt ein Hund in den Himmel?

Wie aber kommen Tiere in den Himmel hinein? Müssen sie auch von ihren Sünden erlöst werden? Klare Antwort: Nein. Die Sache mit dem Apfel im Garten Eden war schließlich eine Angelegenheit zwischen Gott, Adam, Eva und der Schlange. Die anderen Tiere haben das Gebot Gottes nicht gebrochen, sie haben nicht vom Baum der Erkenntnis gegessen, sie müssen also gar nicht gerettet werden, weil sie nie verloren waren. Und wenn sie sich verhalten, wie Tiere sich eben verhalten, kann das keine Sünde sein. Sie verfügen ja nicht über die Erkenntnis von Gut und Böse.

Wer also in den Himmel kommt, kann sich freuen: Sein Hund wartet dort auf ihn.

Das ist allerdings nur meine persönliche Auslegung der Bibelstellen. Alle Angaben in diesem Kapitel sind ohne Gewähr, sie decken sich möglicherweise nicht mit kirchlichen Lehrmeinungen. Mit Antworten auf solche Fragen befassen sich aber die Mitarbeiter des Institutes für Theologische Zoologie in Münster, die regelmäßig Vorträge und Veranstaltungen zu solchen Fragen anbieten.

74 Luthers Hund

Hunde kommen in den Himmel – auch Martin Luther vertrat diese Position. Auf die Frage eines kleinen Mädchens, ob es im Paradies auch Hunde und andere Tiere gäbe, antwortete der Doktor: »Mit Sicherheit!« Und er versprach dem Kind, die Haut dieser Hunde würde golden sein und ihre Haare seien aus Perlen.

Nun hatte Luther vielleicht tatsächlich einen besonders guten Draht zu Gott. Die goldene Haut der Hunde muss man aber wohl dennoch als Spekulation betrachten.

Oder als Wunschtraum. Luther hatte nämlich selbst einen Hund, und auch zu ihm hatte er offenbar einen besonders guten Draht.

Die Luthers und ihre Tiere

1542 besaß die Familie Luther zehn Schweine, drei Ferkel, fünf Kühe, neun Kälber und eine Ziege mit zwei Zicklein. Damit waren die Luthers die größten Viehbesitzer in Wittenberg. In Luthers Tischreden findet man auch Hinweise darauf, dass die Familie mehrere Hunde besaß. Und dabei handelte es sich diesen Quellen zufolge nicht um Stall-, Ketten- oder Hütehunde, sondern um Tiere, die im Haus lebten und an den Mahlzeiten der Familie teilnahmen.

Einer dieser Hunde gehörte Luthers Sohn Martinus Junior; überliefert ist, dass dieses Tier sich von dem Kind beim Spiel alles gefallen ließ, obwohl oder gerade weil der Knabe erst sieben Monate alt und vermutlich nicht besonders zartfühlend war. Der zweite Hund gehörte Luther selbst, hörte auf den Namen Tölplin oder Tölpel und war aller Wahrscheinlichkeit nach ein Spitz oder ein Terrier. Dieses Tier erfüllte das Herz seines Herrn mit Stolz. »Seht den Hund an«, soll Luther gesagt haben. »Er hat keinen einzigen Mangel an seinem ganzen Leib, hat feine, frische Augen, starke Beine, schöne weiße Zähne, einen guten Magen etc. Das sind die höchsten natürlichen Gaben, und Gott gibt sie einem unvernünftigen Tier.«

Ja, Luther hielt den Hund für ein unvernünftiges Tier, aber er hielt ihn auch für das Lebewesen, das dem Menschen in Weisheit und Gelehrigkeit am nächsten kam. Und nicht zuletzt hielt Luther seinen Hund Tölpel für ein Tier, von dem man als Mensch durchaus etwas lernen konnte: Der gierige Hundeblick bei Tisch veranlasste ihn beispielswiese zu dem Ausruf: »Oh, dass ich so beten könnte wie der Hund auf das Fleisch kann sehen.«

75 Unnützes Hundewissen zum Thema Hund und Religion

Die langjährige Justizministerin Sabine Leutheusser-Schnarrenberger besaß in den Neunzigerjahren einen Dackel mit Namen Dr. Martin Luther.

In vielen Kulturen werden »vieräugigen« Hunden besondere Kräfte zugeschrieben. Solche Tiere, die über beiden Augen jeweils einen hellen Fleck haben, können angeblich Hexen erkennen und böse Geister vertreiben.

Hubertus ist der Schutzpatron der Hunde. Am Hubertustag sollen geweihtes Salz, Brot und Wasser gegen Hundebisse schützen.

Mönche des Dominikanerordens hießen im Mittelalter auch »domini canes«, also Hunde des Herrn, weil sie während der Inquisition die Spuren von angeblichen Ketzern wie Hunde aufnahmen und unerbittlich verfolgten.

In Mesopotamien galt der Hund als Symbol der Heilung. Die babylonische Heilgöttin Gula ist deswegen immer in Begleitung eines Hundes dargestellt.

Das Hundetragen ist eine mittelalterliche Strafe für Kriegsanstifter. Die Verurteilten mussten zur Sühne einen Hund von einem Gau zum anderen tragen. Meistens wurden sie danach noch hingerichtet.

Weder evangelische noch katholische Pfarrer dürfen nach offizieller Kirchenmeinung Hunde bestatten. Sie dürfen aber Hundebesitzer bei der Trauer seelsorgerisch betreuen, und wenn sie dabei ein Ritual gestalten wollen, können sie dies tun. Es muss sich allerdings deutlich von der Bestattungsfeier eines Menschen unterscheiden.

Nach dem chinesischen Kalender befinden wir uns alle zwölf Jahre im »Jahr des Hundes«. Menschen, die in solchen Jahren geboren werden, gelten als ehrlich, pflichtbewusst und treu, aber auch eigensinnig. Jahre des Hundes waren bzw. sind: 1922, 1934, 1946, 1958, 1970, 1982, 1994, 2006, 2018.

VI.

HUND UND FORTSCHRITT

*»Die Größe und den moralischen Fortschritt
einer Nation kann man daran messen,
wie sie die Tiere behandelt.«*
MAHATMA GANDHI

76 An Hunden forschen

Die Idee, an Tieren Experimente durchzuführen, die Wissenschaftler Menschen nicht zumuten wollen, ist alt. Schon Aristoteles forderte im 4. Jahrhundert vor Christus Ärzte zu Tierversuchen auf, um mehr über die Funktionsweise des menschlichen Körpers zu erfahren.

Hippokrates soll zwar für seine medizinische Forschung nie Tiere verwendet haben, aber der zweite große Arzt der Antike, Galen, experimentierte schon im 2. Jahrhundert vor Christus öffentlich an lebenden Affen, Schweinen und Hunden und übertrug die Ergebnisse auf den Menschen. Dass er sich dabei oft irrte, entdeckten Ärzte erst im 16. Jahrhundert, als sie zunehmend menschliche Leichen sezierten. Versuche am lebenden Objekt wurden dennoch weiterhin an Tieren vorgenommen, bevorzugt an Hunden.

Hunde als Maschinen

Eine ethische Grundlage hierfür bot die Maschinentheorie von René Descartes. Der französische Philosoph betrachtete Tierkörper als Maschinen, die nicht in der Lage waren, Schmerz zu empfinden. Auch Nicolas Malebranche, ein weiterer französischer Denker, vertrat diese Ansicht: »Also haben die Tiere weder Intelligenz noch Seele, wie man es gewöhnlicherweise versteht. Sie fressen ohne Vergnügen, sie schreien ohne Schmerz, sie wachsen, ohne es zu wissen: sie ersehnen nichts, sie fürchten nichts, sie wissen nichts.«

An lebenden Hunden wurden in der Geschichte der Medizin Forschungserkenntnisse über den Blutkreislauf im Körper, das vegetative Nervensystem und die Funktionsweise der Verdauungsdrüsen und des Gehirns gewonnen. Für die Tiere bedeuteten diese Experimente stets unvorstellbare Qualen, an eine Betäubung dachte niemand.

Den Hunden kamen die neuen wissenschaftlichen Erkenntnisse in dieser Zeit nur ein einziges Mal zugute, als Louis Pasteur die Tollwut erforschte und sie mit einer Impfung besiegen konnte. In den meisten anderen Fällen nützten die Forschungsergebnisse weder Hund noch Mensch.

Tierversuchshunde heute

Heute wissen wir, dass Hunde genau wie wir Schmerzen und Leiden empfinden. Wer Tierversuche plant, muss daher bei allen Wirbeltieren gewisse Mindeststandards einhalten. Ein artgerechtes Leben gehört aber nicht dazu.

Nach Angaben des Bundesministeriums für Ernährung, Landwirtschaft und Verbraucherschutz wurden in Deutschland im Jahr 2011 an 2474 Hunden Experimente vorgenommen. 202 Hunde wachten nach den Experimenten aus der Betäubung nicht wieder auf. An vielen dieser Tiere werden medizinische Substanzen getestet, auch Präparate für Hunde.

Die meisten Laborhunde sind Beagles, da sie als freundliche, unkomplizierte und verträgliche Hunde bekannt sind. Manche Forschungslabore arbeiten mit Tierheimen zusammen, die die Hunde nach den Versuchen an private Besitzer vermitteln. Die meisten dieser Tiere kennen allerdings nur die Umgebung im Labor und müssen das Hundsein in ihrem neuen Zuhause von Grund auf lernen. Erfahrungen zeigen aber, dass Hunde das in jedem Alter schaffen können.

77 Mit Hunden den Südpol erobern

Nicht nur als Labortiere haben Hunde die Geschichte der Wissenschaft beeinflusst, sondern auch als »Entdecker«.

Im norwegischen Uranienborg steht ein Denkmal. Es stellt einen Mann mit Hakennase und Siegerblick dar, und neben ihm steht ein Hund, der eine ähnliche Tatkraft ausstrahlt. Das sind der norwegische Polarforscher Roald Amundsen, der erste Mensch, der den Südpol erreichte, und angeblich Etah, eine weiße Samojedenhündin, die Amundsens Schlitten zum Südpol gezogen haben soll.

Dichtung und Wahrheit

Es ist gut möglich, dass Roald Amundsen tatsächlich der Entdecker des Südpols war. Sicher ist das aber nicht. Nach damaligem Stand der Technik konnte man die Lage des Pols nämlich nur ungefähr bestimmen, und Amundsen irrte sich in seinen Messungen um rund 200 Meter. Und immerhin war Amundsen nicht allein am Pol; er hatte vier Männer bei sich. Es wäre also denkbar, dass nicht Amundsen, sondern einer seiner Begleiter, ohne es zu wissen, als Erster den Pol mit Füßen trat.

Ganz bestimmt war es aber keine schneeweiße Samojedenhündin namens Etah, die als erster Hund eine Pfote auf den Pol setzte. Amundsens Schlittenhunde waren nämlich Grönländer und keine Samojeden, und die ersten Hunde am Pol hießen nach Angaben von Amundsen Mylius und Ring, waren männlich, wenig elegant im Körperbau und erinnerten an »Würste auf vier Streichholzbeinen«.

Etah also gab es wahrscheinlich gar nicht, und wenn, dann war sie am Südpol auf jeden Fall nicht dabei.

Ist das wichtig?

Ist es wirklich bedeutsam, wer den allerersten Fuß oder die allererste Pfote auf den südlichsten Punkt der Erde setzte? Schwierige Frage. Man müsste ja eigentlich noch tiefer schürfen und fragen: Ist es überhaupt wichtig, dass je ein Mensch am Südpol war, an einer der wenigen Stellen der Erdkugel, an der es nichts zu sehen, nichts zu essen und nichts zu erobern gibt, und die sich in nichts von ihrer Umgebung im Umkreis von vielen hundert Quadratkilometern unterscheidet?

Für Hunde ist so etwas bestimmt nicht wichtig. Aber für Roald Amundsen war diese Frage wichtiger als alles andere auf der Welt.

Berufswunsch: Polarforscher

Roald Engelbregt Gravning Amundsen war fünfzehn Jahre alt, als er durch Zufall die Tagebücher des Polarforschers Sir John Franklin in die Hände bekam und sie nicht mehr weglegen konnte. Nach dieser Lektüre stand für den Jungen fest, was er später werden wollte: der allererste Mensch am Nordpol.

Und dieser Wunsch legte sich nicht mit zunehmendem Alter, wie solche Wünsche es manchmal tun, er wurde sogar immer stärker. Mit ungewöhnlicher Zielstrebigkeit kämpfte der junge Norweger daher jahrzehntelang um die Verwirklichung seines Jugendtraums.

Amundsen las alles über den Nordpol, was er auftreiben konnte, und er trainierte seinen Körper. Wann immer es möglich war, durchschritt er Schneewüsten und bestieg Gletscher, er lebte bei Eskimos und gewöhnte sich dort an das Überleben im ewigen Eis. Er lernte auch, wie man ein Schiff steuerte, erwarb das Kapitänspatent, organisierte Sponsoren, kaufte die notwendige Ausrüstung und fand Begleiter. Doch als Roald Amundsen mit siebenunddreißig Jahren kurz davorstand, endlich in See stechen zu können, erreichte ihn die Nachricht, dass zwei andere schneller gewesen waren. Die beiden Amerikaner Robert Edwin Peary und Frederick Cook behaupteten beide unabhängig voneinander, als Erste den geografischen Nordpol erreicht zu haben, und damals gab es – anders als heute – noch keinen Grund, an der Wahrheit ihrer Aussagen zu zweifeln.

Mehr als zwanzig Jahre lang hatte Amundsen sich systematisch darauf vorbereitet, als Entdecker in die Geschichtsbücher einzugehen; jetzt stand er vor dem Nichts. Und eine Alternative gab es nicht. Fast alles rund um den Globus war inzwischen erforscht. Amerika war entdeckt, Afrika durchquert, die Geheimnisse Australiens waren gelüftet, und jetzt war auch noch der Nordpol bezwungen. Das einzige unbekannte Fleckchen Erde, das ihm noch Berühmtheit verschaffen konnte, war der Südpol, und den steuerte gerade ein anderer an: der Brite Robert Falcon Scott.

Oder gab es doch eine Alternative?

Plan B: Der Südpol

Robert Falcon Scott war ein anderes Kaliber als Roald Amundsen. Der Sohn eines Rosenzüchters hatte als Marineoffizier Karriere gemacht und bis zu seinem dreißigsten Lebensjahr noch nie eine Schneeflocke gesehen, bevor er 1901 erstmals in die Antarktis schipperte und dort erste Erfahrungen mit dem ewigen Eis sammelte. Dennoch stach er am 1. Juni 1910 mit seinem Forschungsschiff »Terra Nova« ein zweites Mal in London in See und nahm Kurs auf den Südpol. Was ihm an Erfahrung fehlte, hoffte er mit Tatkraft, Disziplin und britischem Entdeckergeist auszugleichen.

Amundsen fackelte in dieser Situation nicht lange. Offiziell behauptete er nach wie vor, sein Ziel sei der Nordpol, aber als er im August desselben Jahres mit seinem Forschungsschiff »Fram« in Norwegen ablegte, hatte er längst beschlossen, stattdessen den Südpol anzusteuern.

Das wusste allerdings zunächst niemand. Selbst seine Mannschaft weihte er erst in seine Pläne ein, als sich die Fram bereits auf hoher See befand. Auch an Scott ließ er jetzt ein Telegramm schicken, um ihm nun endlich mitzuteilen, dass er sich in einem Wettrennen befand.

Am Rande des Schelfeises, in der »Bucht der Wale«, trafen sich die beiden Rivalen zufällig und waren darüber beide wenig erfreut. Rasch gingen beide Mannschaften wieder ihre eigenen Wege.

Hund oder Pferd

Heute wissen wir: Der Weg von Amundsen führte zum Erfolg, der von Scott in den Tod. Ursache dafür war aber nicht die unterschiedliche Marschroute der beiden, sondern ihre Wahl des Transportmittels. »Der größte Unterschied zwischen meiner und Scotts Ausrüstung bestand ohne Zweifel darin, dass ich Hunde mitnahm, er aber nicht«, so schrieb Amundsen rückblickend in seinem Buch *Die Eroberung des Südpols*.

Scott nämlich setzte beim Transport auf Motorschlitten und Ponys. »Hunde sind etwas für Eskimos, nicht für Engländer!«, äußerte er selbstbewusst. Er übersah dabei aber, dass auch das ewige Eis eher etwas für Eskimos als für Engländer war und dass man daraus vielleicht auch auf die Eignung von Hund und Pferd hätte schließen können.

Ponys nämlich sind schwerer als Hunde und sinken deswegen im Schnee tiefer ein. Sie haben keine Krallen und rutschen leichter aus. Sie sind nicht so robust wie Hunde und reagieren empfindlicher auf Kälte. Aber der größte Nachteil der Ponys: Für sie musste Robert Scott im ewigen Eis Hafer und Heu mitführen, Amundsen aber benötigte für seine Hunde keine Fleischvorräte. Denn aus den Erfahrungen anderer Polarforscher hatte er gelernt: »Man kann den Hundebestand allmählich vermindern, die weniger guten schlachten und die besseren damit ernähren.« Und wenn die eigene Nahrung knapp wurde, konnte man die Hunde auch selbst essen. Das hatte Amundsen fest eingeplant.

Zum Fressen gern

Roald Amundsen brach in Norwegen mit siebenundneunzig Hunden auf. Als sein Schiff im Januar in der Antarktis eintraf, waren es einhundertfünfzehn, denn einige Hündinnen hatten an Bord geworfen.

Zu all diesen Hunden hatte die Crew unterwegs eine tiefe Bindung aufgebaut. »Wir Menschen huldigen so gerne der Auffassung, die einzigen zu sein, die eine lebendige Seele ihr Eigen nennen. Die Augen, heißt es, sind die Spiegel der Seele. Das ist alles schön und gut. Aber schaut euch einmal diese Hundeaugen an, studiert sie genau. Wie oft sieht man da etwas wahrhaft ›Menschliches‹ in ihrem Ausdruck.« Diese Worte schrieb Amundsen in seinen Reisebericht.

Neun Monate dauerten die Vorbereitungen nach der Schifffahrt im Basislager in der Antarktis, bis Amundsen im Oktober mit vier Männern und zweiundfünfzig Hunden zur eigentlichen Eroberung des Pols aufbrach.

Hunger, Erschöpfung und Frostbeulen gehörten auf dieser Fahrt nicht nur für die Menschen zur Tagesordnung. Auch die Hunde waren gewaltigen Strapazen ausgesetzt, und viele starben vor Entkräftung. Einige stürzten in Gletscherspalten und verendeten dort. Läufige Hündinnen mussten unterwegs erschossen werden, weil sie Chaos im Rudel verursachten. Kurz vorm Ziel wurden dann planmäßig vierundzwanzig der Tiere geschlachtet, um Hunde und Menschen mit ihrem Fleisch am Leben zu halten. »Bei dem Gedanken an die frischen Hundekoteletts, die uns nach der Ankunft oben erwarteten, lief uns schon das Wasser im Munde zusammen.«

Amundsens Verhalten mag Hundefreunde schockieren, doch genau genommen ist es charakteristisch für den menschlichen Umgang mit Tieren: Wir streicheln und wir essen sie. Die Kaltblütigkeit, mit der Amundsen und seine Mannschaft ihre tierischen Freunde verspeisten, wundert vielleicht weniger, wenn man weiß, wie seine großen Vorbilder mit ihren Hunden umgegangen waren. Alle hatten schwache und verletzte Tiere geschlachtet und gegessen. Fritjof Nansen musste all seine Hunde am Ende der ergebnislosen Suche nach dem Nordpol erschießen, weil für sie kein Platz im Boot war. Und

Frederick Cook ließ seine allein auf dem Packeis zurück – mit Tränen in den Augen und großen Schuldgefühlen. Bei der Expedition von Sir John Franklin, dem großen Vorbild Amundsens, kannte die verhungernde Crew schließlich gar keine Nahrungstabus mehr. Die letzten Überlebenden verspeisten ihre toten Kameraden, bevor sie selbst verhungerten. Amundsen hatte von vornherein gewusst, worauf er sich einließ.

Am Ziel

Mit elf Hunden erreichte Roald Amundsen am 15. Dezember 1911 den Südpol, mehr als einen Monat vor Robert Falcon Scott. Der traf im Januar 1912 als Zweiter am Südpol ein, da waren Amundsen und seine Leute aber längst wieder in wärmeren Gefilden.

Weil Scotts Ponys verendet waren und er die wenigen Hunde, die er besaß, erst gar nicht zum Pol mitgenommen hatte, mussten er und seine Begleiter die Schlitten mit den Vorräten selbst zum Ziel ziehen. Es ist erstaunlich, dass sie überhaupt am Südpol ankamen, aber tatsächlich bezwangen sie die extrem beschwerliche Tour. Am Südpol entdeckten die Briten jedoch nicht nur die norwegische Fahne, die dort im Schnee steckte, sondern auch unzählige Pfotenabdrücke und Fußspuren. Sie wussten: Selbst wenn Amundsen sich bei der Ermittlung des Pols verrechnet hatte, war die Wahrscheinlichkeit gering, dass er ihn ganz verfehlt hatte. Man kann sich die Enttäuschung der Männer gut vorstellen. Als Zweiter geht man normalerweise nicht in die Geschichte ein.

In den Augen der Nachwelt

Robert Falcon Scott konnte damals nicht vorhersehen, dass er einmal viel berühmter sein würde als der Sieger Amundsen. Und hätte er es geahnt, hätte er auf diesen Ruhm vermutlich lieber verzichtet. Sein tragisches Schicksal bewegt nämlich heute noch die Gemüter. Er und seine vier Mitstreiter verhungerten bei der Rückkehr vom Pol und wurden so zu Märtyrern, die ihr Leben fürs Vaterland geopfert hatten.

Roald Amundsen aber konnte sich nie ungetrübt über seinen Sieg freuen. Er hatte nämlich nicht, wie er es ein Leben lang geplant hatte, den Nordpol entdeckt, sondern das genaue Gegenteil, den Südpol. Und das hat ihn zeit seines Lebens geärgert.

Die beiden Hunde Mylius und Ring durften zusammen mit anderen überlebenden Hunden die Heimreise antreten. Was aus ihnen wurde, ist unbekannt. Aber selbst wenn es sich bei dem bronzenen Hund um einen der beiden handeln sollte – es wäre ihnen garantiert egal gewesen. Hunde legen keinen Wert auf einen Platz in den Geschichtsbüchern.

78 Mit Hund die Seele ergründen

Auf der Liste der hundert einflussreichsten Persönlichkeiten der Menschheitsgeschichte findet man weder Roald Amundsen noch Robert Scott. Man findet dort aber auf Platz 69 einen anderen prominenten Hundebesitzer, nämlich Sigmund Freud, den Begründer der Psychoanalyse. Auch bei seiner Forschungsarbeit assistierten Freud Hunde. Allerdings nutzte er sie nicht, um seine Forschungen voranzutreiben, sondern nur, um seiner Arbeit selbst gewachsen zu sein.

»Hunde lieben ihre Freunde und beißen ihre Feinde, ganz anders als Menschen, die reiner Liebe unfähig sind und jederzeit Liebe und Hass in ihren Objektbeziehungen mischen müssen«, so äußerte sich Freud über den Unterschied zwischen Hund und Mensch. Und genau dieses Fehlen jeglicher Ambivalenz in den Gefühlen liebte der Begründer der Psychoanalyse Sigmund Freud an seinen Hunden.

Kein Wunder. Freud empfing täglich bis zu zwölf Stunden lang Patienten und hörte ihnen zu, während sie ihm unter Tränen ihre komplizierten Beziehungen aus einem Konglomerat an Liebe und Hass schilderten. So etwas kann man besser aushalten, wenn ein Hund unterm Schreibtisch liegt, dem das alles gleichgültig ist.

Freud und Jofie

Freuds erste Chow-Chow-Hündin zog 1928 bei ihm ein, starb allerdings schon bald bei einem Unfall. Dann kam Jofie und eroberte das Herz des damals über Siebzigjährigen. »Sie ist ein entzückendes Geschöpf, so interessant, auch als Frauenzimmer, wild, triebhaft, zärtlich, intelligent und doch nicht so abhängig, wie andere Hunde sein können. Man wird den Respekt vor solchen Tierseelen nicht los«, schrieb der Psychoanalytiker in einem Brief an Lou Andreas-Salomé.

Die goldfarbene Chow-Chow-Hündin erwiderte diese Zuneigung und wich Freud fortan nicht mehr von der Seite. Beim Essen lag sie neben seinem Stuhl und beim abschließenden Mittagsschläfchen auf seinem Schoß. Paula Fichtl, das Dienstmädchen der Familie Freud, berichtete in ihren Lebenserinnerungen, wie sie manchmal durch die Tür hörte, wie die Hündin wohlig knurrte, während der Professor eine Melodie vor sich hin summte.

Auch bei den Analysen war Jofie stets dabei. Sie begrüßte jeden Besucher und half Freud bei der ersten Einschätzung seiner Patienten. »Wen die Jofie nicht mag, bei dem stimmt auch etwas nicht«, soll er gesagt haben.

Außerdem wachte Jofie über Freuds Zeitplan. Wenn ein Patient seine Sitzung ungebührlich ausdehnte, sprang sie auf und lief bellend zur Tür.

Stellte die Hündin etwas an, so wurde sie nie getadelt. »Der Professor hat nur gelacht und die Jofie gestreichelt«, berichtete Paula Fichtl.

1937 wurde Jofie krank und musste eingeschläfert werden. Freud trauerte. »Über sieben Jahre Intimität kommt man nicht leicht hinweg«, schrieb er an Arnold Zweig.

Freud und Lün

Doch der selbst schwer an Gaumenkrebs erkrankte Mann blieb nicht lange ohne Hund. Lün-yu, ein ebenfalls goldfarbener Chow-Chow-Rüde, zog bei Freuds ein. Er emigrierte 1938 mit der Familie nach England, wo er sechs Monate lang in Quarantäne musste. Dann tobte er erstmals durch den winterlichen Garten der neuen Bleibe, und der Psychoanalytiker lebte sichtlich auf. Als Freud im August 1939 bettlägerig wurde, traf es ihn schwer, dass der Hund vor dem Geruch der Krankheit zurückwich und sein Zimmer nicht mehr betreten wollte.

Sigmund Freud starb am 23. September 1939 an einer selbst bestimmten Überdosis Morphium. Lün überlebte seinen Herrn um viele Jahre.

79 Einen Hund ins All schießen

Das Wort »zynisch« leitet sich von dem altgriechischen »Kynos« ab, und dieses Wort bedeutet Hund. Wahrhaft zynisch im doppelten Sinne dieses Wortes waren Leben und der Tod der russischen Hündin Laika im Dienste der Wissenschaft.

»All«-Machtsphantasien

»Das ist ein kleiner Schritt für Menschen, aber ein großer für die Menschheit.« Diesen Satz sagte der Astronaut Neil Armstrong 1969, als er als erster Mensch den Mond betrat. Noch heute gehören seine Worte zu den berühmtesten der Menschheitsgeschichte.

Aber sind sie auch wahr? Hat sich das Schicksal der Menschheit durch die erste Mondlandung wirklich verändert? Oder hätte man mit den 120 Milliarden Dollar, die allein diese Mission gekostet hat, die Geschicke der Menschheit auch nachhaltiger verändern können?

Heute denken viele so, aber in der Zeit des Kalten Krieges sah man das anders. Damals tobte eine gewaltige Propagandaschlacht zwischen den USA und der Sowjetunion, und es ging in Forschung und Technik, speziell in der Raumfahrt, vor allem um Superlative. Jede der beiden Nationen wollte die erste sein, die den Weltraum eroberte und damit den Beweis antrat, dass Menschen alles können.

Der Sputnik-Schock

Als die Sowjetunion am 4. Oktober 1957 um genau 19.28 Uhr den ersten künstlichen Erdsatelliten mit dem Namen Sputnik 1 ins All schoss, löste dies in den USA einen Schock aus, der seitdem nach diesem Satelliten benannt ist. Bis zu diesem Sputnik-Schock waren die US-Amerikaner der Ansicht gewesen, zur technologisch fortschrittlichsten Nation der Welt zu gehören, während sie die Sowjetunion für ein rückständiges Volk von Bauern hielten. Und nun hatten die Russen plötzlich ausgerechnet im Weltraum die Nase vorn. Das weckte die schlimmsten Befürchtungen, wozu russische Raketen auch militärisch in der Lage sein könnten, und löste überall im Westen große Panik aus.

Was für ein Triumph für die russische Regierung! Um den propagandistischen Effekt noch zu verstärken und die Überlegenheit des Kommunismus über den Kapitalismus zu beweisen, planten russische Weltraumexperten nun rasch den nächsten Coup. Bereits einen Monat später sollte in einer russischen Rakete das erste Lebewesen ins All starten.

Schnelligkeit war bei dieser Mission wichtiger als wissenschaftlicher Erfolg, und so wurde in großer Eile ein einfacher Satellit konstruiert, der schon damals nicht auf dem Stand der Technik war. Aber darum ging es in diesem Moment nicht, wichtig waren Schlagzeilen und Rekorde.

Stressresistente Tiere

Schon lange stand auf russischer Seite fest, welche Spezies als erstes Lebewesen in die Erdumlaufbahn gelangen sollte: Die Gattung Canis lupus familiaris, ein Haushund. Ratten und Mäuse waren zu klein, man konnte an ihren Körpern unmöglich all die Sensoren anbringen, die für die Überwachung der Körperfunktionen notwendig waren. Kaninchen hatten einen zu schnellen Herzschlag, bei ihnen konnte man starken Stress von schwachem mit den Pulsmessgeräten kaum unterscheiden. Und die Affen, mit denen die US-Amerikaner damals experimentierten, waren empfindlich und schwer zu trainieren.

Seit den Experimenten von Iwan Pawlow wusste man in der Sowjetunion, wie viel Stress und Leid Hunde gutmütig ertragen konnten und wie lernfähig sie waren, und so bildeten die Russen gezielt Hunde für ihre Weltraumexperimente aus.

Gute Mädchen fliegen in den Himmel ...

Der optimale Weltraumhund musste klein sein, damit er in der Raketen-Kapsel wenig Platz beanspruchte. Er sollte ein helles Fell haben, um von Kameras auch bei schlechter Beleuchtung wahrgenommen zu werden. Er sollte jung, gesund und belastbar sein, und diese Eigenschaften fand man zuverlässig bei Straßenhunden, die seit ihrer Welpenzeit extreme Bedingungen im Freien überlebt hatten. Der Hund für dieses Experiment sollte außerdem hübsch sein, um auf Pressefotos gut auszusehen, und »er« sollte kein Rüde, sondern eine Hündin sein, denn die Vorrichtungen an der Kluft der Weltraumhunde, die für das Auffangen von Fäkalien vorgesehen waren, eigneten sich nur für den Einsatz bei weiblichen Hunden.

Laika, eine Mischung aus Terrier und Husky, war eine zweijährige Streunerin mit wachen Augen, großen spitzen Ohren, dunklem Kopf und einer schmalen Blesse auf der Nase. Als man sie auf Moskaus Straßen einfing, wog sie ungefähr sechs Kilo und war so gesund, wie ein Hund nur sein kann. Sie war zutraulich, gelehrig, ausgeglichen und überaus freundlich. Und auch unter extremsten Belastungen blieb die zierliche Hündin stets ruhig und gelassen. Die Eigenschaften, die sie zu einem hervorragenden Familienhund prädestiniert hätten, führten dazu, dass Laika für die Sputnik-Mission auserwählt wurde.

Was Menschen Training nennen

Schlimmer als das Leid, das schließlich zu ihrem Tod führte, war das sogenannte »Training«, das Laika für ihre »Ausbildung« absolvieren musste. Sie wurde langsam daran gewöhnt, in immer kleineren Käfigen regungslos auszuharren. Zuletzt konnte sie zwanzig Tage lang in einem winzigen Behälter leben, in dem sie gerade einmal aufstehen und sich hinsetzen konnte. Laika musste in dieser Zeit Einsamkeit und Dunkelheit ertragen, Futter und Wasser in Gelform zu sich nehmen und ihre Ausscheidungen in unnatürlicher Haltung in ihrem »Wohnbehälter« verrichten, was Hunde normalerweise instinktiv vermeiden. Sie musste außerdem lernen, Vibrationen, Zentrifugen und enormen Lärm ohne Panikattacken zu überstehen, wenigstens einige Tage lang.

Mit einem langen Leiden des Hundes rechnete damals niemand. Laikas Rückkehr zur Erde war in diesem Experiment nicht vorgesehen. Aus Zeitgründen verzichteten die Erbauer der Rakete nämlich auf einen Hitzeschutzschild für Laikas Kabine. Der Satellit würde bei der Rückkehr in die Atmosphäre verglühen, das war klar. Offiziell hieß es, Laika würde nach einigen Tagen im All automatisch ein schmerzlos wirkendes Gift über ihr Futter erhalten. Aber Insider wussten, dass es dazu nicht kommen würde.

Laikas »Heldenflug«

Schon drei Tage vor dem Start musste Laika ihren tonnenartigen Behälter innerhalb des Satelliten beziehen. Sie trug darin eine Art Korsett und war an Elektroden angeschlossen, die ihre Körperfunktionen aufzeichneten und weiterleiteten. Ein Lüftungssystem sorgte für Sauerstoff.

Die Aufzeichnungen zeigen, dass Laika vor dem Flug aufgeregt war, aber dennoch Nahrung zu sich nahm. Beim Start der Rakete stieg ihr Puls auf das Dreifache des Ruhewertes an und beruhigte sich auch in der Folgezeit nicht wie geplant. Wie erst Jahrzehnte nach der Mission bekannt wurde, zeichneten die Messgeräte schon fünf bis sieben Stunden nach dem Start kein Lebenszeichen der Hündin mehr auf. Laika war an Überhitzung und Stress gestorben.

Ihr Leichnam umkreiste aber noch 2250 Mal die Erde und verglühte erst nach 162 Tagen im All.

Ein großer Schritt für Laika, ein kleiner für die Menschheit

Trotz ihres frühen Todes hatte Laikas Flug ins All immerhin eines bewiesen: Lebewesen konnten Schwerelosigkeit überleben. Tatsächlich hätte man dies aber mit mehr Vorbereitungszeit auch unter Bedingungen herausfinden können, die das Tier überlebt hätte. Die beiden Hündinnen Belka und Strelka beispielsweise, die 1960 mit ausreichendem Hitzeschutzschild ins All starteten, landeten nach ihrem Flug wohlbehalten auf der Erde. Dennoch mussten auch sie vor dem Flug dieselben grausamen Trainingseinheiten über sich ergehen lassen wie Laika. Noch Juri Gagarin, der 1961 als erster Mensch ins All befördert wurde, bezeichnete die vorangehenden Belastungstests als unmenschlich. »Ich weiß nicht, wer ich bin: der erste Mensch oder der letzte Hund im All«, soll er darüber gesagt haben.

Und wozu das Ganze? Darüber streiten Experten noch heute. Viele sind inzwischen der Meinung, dass grundsätzlich alle Kosten und Risiken der bemannten Raumfahrt in keinem Verhältnis zu ihrem Nutzen stehen. Messgeräte, Roboter und Maschinen verrichten die meisten Aufgaben weit zuverlässiger als der störungsanfällige und sterbliche Mensch.

80 Einen Hund klonen

Das erste geklonte Säugetier der Welt war ein walisisches Bergschaf namens Dolly. Keith Campbell, der geistige Vater dieser Schafsdame, entnahm 1996 Zellkerne aus Euterzellen eines erwachsenen Schafes und setzte sie in eine Schafseizelle ein. Das Experiment gelang, und aus der Eizelle erwuchs ein richtiges, echtes Schaf.

Der erste Hund, der auf diese Weise geklont wurde, hieß Snuppy, sein Name war eine Abkürzung für »Seoul National University Puppy«, denn in der südkoreanischen Hauptstadt Seoul hatten Wissenschaftler ihn im Jahr 2005 erschaffen.

Snuppy war ein schwarzer Afghanenrüde. Sein Erbgut stammte aus einer Hautzelle vom Schlappohr seines Vaters. Ausgetragen und geworfen hatte ihn eine Labradorhündin, die aber rein genetisch betrachtet nicht seine Mutter war.

Snuppy wusste das alles natürlich nicht und wuchs auf wie ein ganz normaler Hundewelpe. Heute ist er längst selbst Vater und hat von zwei ebenfalls geklonten Afghanenhündinnen gesunden Nachwuchs.

Die beiden Experimente ebneten den Weg für eine kommerzielle Nutzung dieser Technik. 2008 kamen in Südkorea sieben geklonte Drogenspürhunde zur Welt, allesamt Kopien des erfolgreichen Drogenschnüfflers Chase, eines Golden Retrievers. Alle sieben hießen Toppy.

Forever dog

Inzwischen machten weitere Klonhunde Schlagzeilen. Ein Ehepaar aus Florida ließ in Südkorea seinen Labrador Lancelot für angeblich 155 000 Dollar klonen. Das Paar hatte vorsorglich Genmaterial des Hundes einfrieren lassen, bevor er starb. »Lancelot Encore« gleicht angeblich in all seinen Eigenschaften seinem Vorgänger. Für ein Drittel dieses Betrages ließ eine New Yorkerin ihren Lhasa-Apso-Mischling klonen. Die Hundebesitzerin hatte zunächst erwogen, noch zu Lebzeiten ihres Hundes namens Trouble einen Klon anfertigen zu lassen, dann hätten sich die beiden noch kennenlernen können. Sie entschied sich aber dagegen und legte das Projekt im wahrsten Sinne des Wortes auf Eis. Als Trouble starb, verwendete sie die tiefgefrorenen Genproben, um ihren Hund zu einem zweiten Leben zu erwecken. Da sie bereit war, an einer amerikanischen Fernsehshow mit dem Titel *I Cloned My Pet* teilzunehmen, konnte sie den Preis drücken. Nun lebt sie mit der Kopie ihres verstorbenen Hundes zusammen, die den Namen »Double Trouble« trägt.

Leuchtende Vorbilder

Inzwischen haben südkoreanische Forscher erfolgreich einen Hund geklont, der im Dunkeln leuchtet. Ein fluoreszierendes Gen lässt die Tiere in Grün erstrahlen, wenn sie mit einem Antibiotikum gefüttert und im Dunkeln mit ultraviolettem Licht bestrahlt werden. Dank dieser Experimente hoffen die südkoreanischen Wissenschaftler, irgendwann Gendefekte beim Menschen behandeln zu können.

In Deutschland ist das Klonen von Tieren genehmigungspflichtig; eine Erlaubnis wird nur erteilt, wenn dadurch neue Erkenntnisse, etwa bei der Bekämpfung von Krankheiten, gewonnen werden können.

81 Hunde erforschen

Hunde sind inzwischen auch selbst oft Objekte wissenschaftlicher Studien. Dabei haben Forscher schon erstaunliche Erkenntnisse gewonnen:

Forscher aus Toulouse stellten fest, dass Hundeflöhe höher springen als Flöhe, die auf Katzen leben.

Der amerikanische Hirnforscher Gregory Berns fand heraus, welches Hirnzentrum bei Hunden aufleuchtet, wenn man den Tieren ein Stück Wurst zeigt: das Belohnungszentrum. Wer hätte das gedacht?

Gregg A. Miller aus Missouri erfand Prothesen für Hundehoden in drei Größen und drei Härtegraden, um zu verhindern, dass kastrierte Hunde psychische Schäden erleiden.

Tierärzte stellten fest, dass es nicht nur Menschen mit Hundeallergie, sondern auch Hunde mit Menschenallergie gibt.

Eine Studie an der Universität San Diego belegte die Ähnlichkeit von Herrchen oder Frauchen mit ihren Hunden. Die Wissenschaftler vermuteten, dass die Hundehalter unbewusst Hunde wählten, die ihnen ähnelten.

Die Richtung, in die ein Hund mit dem Schwanz wedelt, sagt viel über seine Stimmung aus. Das haben italienische Forscher herausgefunden. Wedeln Hunde eher mit einer Tendenz nach rechts, sind sie vergnügt und neugierig. Wedeln sie aber nach links, würden sie am liebsten zurückweichen. Man

kann den Unterschied allerdings meist nur auf Videoaufnahmen
erkennen.

Männer sind wie Hunde, zumindest wenn es um die Tonlage ihrer
Stimmen geht. Das behaupten amerikanische Wissenschaftler.
Dominante Hunde und dominante Männer grollen in tiefen Tönen, unterlegene Exemplare beider Arten kommunizieren mit
hoher Stimme.

82 Einen Hund mit GPS wiederfinden

Nach dem Sputnik-Schock und Laikas Start ins All holten amerikanische Wissenschaftler den Vorsprung der Sowjetunion schnell wieder auf. 1958 entwickelten US-Forscher für die Marine das erste Satelliten-Navigationssystem, das zunächst nur militärisch, später aber auch zivil genutzt wurde. Das Nachfolgesystem GPS wurde vom amerikanischen Verteidigungsministerium entwickelt; seit dem Jahr 2000 wird es auch zivil genutzt und kann Objekte mit einer Genauigkeit von wenigen Metern orten. Mit Hilfe von GPS kann man inzwischen sogar entlaufene Hunde wiederfinden.

Bei allen marktüblichen Geräten befestigt man dazu einen GPS-Sender am Halsband des Hundes. Via Empfangsgerät, Internet oder Smartphone-App kann man dann den Aufenthaltsort des Tieres von fern abfragen. Einige Geräte senden sogar automatisch eine SMS an Hundebesitzer, wenn Hunde bestimmte Bereiche verlassen, zum Beispiel den Garten. Bei anderen Geräten kann man zusätzlich ein Mikrofon aktivieren und mithören, was sich am Aufenthaltsort des Hundes gerade ereignet.

Praxismängel

Was in der Theorie nützlich klingt, zeigt in der Praxis aber noch deutliche Mängel. Geräte, die über Mobilfunknetze arbeiten, funktionieren nur in Gegenden mit Netzempfang. Solche, die Daten per Funk übermitteln, scheitern oft schon an einem Berg, der zwischen Hund und Mensch

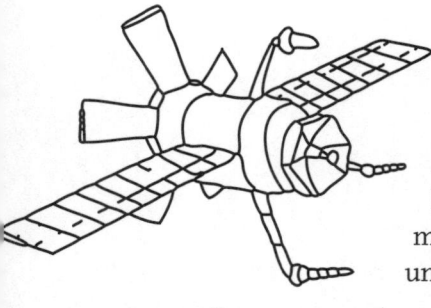

liegt. Manche Geräte sind unprak-
tisch groß, nicht schlag- oder was-
serfest. Und gute Geräte mit langen
Akkulaufzeiten sind teuer. Zu den
hohen Anschaffungskosten kommen
meist auch noch Anmeldegebühren
und Betriebskosten.

Da streunende Hunde vielen Gefahren ausgesetzt sind, selbst wenn
man sie rasch findet, scheint es
sinnvoller, Geld in gute Zäune, Leinen
oder Hundeerzie-hungskurse zu investieren.
Deshalb werden GPS-Or-tungssysteme für Hunde
vor allem von Jägern und Ret-tungshundeführern verwendet, die darauf angewiesen sind, Hunde allein in
unwegsames Gelände zu schicken. Hier leisten solche
Geräte schon gute Dienste.

Übrigens: Putins Hund Koni besitzt angeblich ein
solches Satellitenhalsband, allerdings wird die Hündin
über das russische Satelliten-Navigations-system
Glonass geortet.

83 Hundesprache übersetzen

Der Tierarzt Doktor Dolittle in dem Kinderbuch von Hugh Lofting kann die Sprache aller Tiere verstehen, auch die seines Hundes Jip. Welcher Hundebesitzer würde das nicht auch gern können? Wie reizvoll wäre es, wenn es ein Gerät gäbe, das die Hundesprache für uns übersetzen könnte!

Solche Hundesprachenübersetzer gibt es tatsächlich. Ein Mikrofon am Halsband des Hundes oder eine Smartphone-App zeichnen Bellgeräusche von Hunden auf und übersetzen Frauchen oder Herrchen, was der Hund ihres Herzens ihnen mit seinem Bellen sagen will.

Einziges Problem: Hunde kommunizieren nicht über Gebell. Sie wollen mit lautem Wauwau nur das unterstützen, was sie mit ihrer Körpersprache und ihrem Geruch ausdrücken. Und solche Signale analysiert bis jetzt noch kein Gerät der Welt. Das schaffen nur andere Hunde und sensible Menschen mit offenen Augen und guter Kenntnis ihres Hundes.

84 Einen Hund in der Waschanlage reinigen

Manchmal geht es im Hundeleben nicht anders, manchmal muss Waschen einfach sein. Wenn ein Hund ein Schlammbad genommen oder sich in Aas oder Jauche gewälzt hat, kann man ihn bei aller Liebe unterm Tisch oder neben dem Sofa nicht mehr ertragen, auch wenn er selbst sein Styling gelungen und seinen Duft umwerfend findet.

Ein Bad in der heimischen Badewanne ist eine Tortur für Hund und Mensch, und wenn ein großer Hund sich anschließend so richtig schüttelt, können Herrchen und Frauchen mit dem ohnehin schon schmerzenden Rücken gleich auch noch das Badezimmer renovieren.

Wer keine Lust auf eine solche Prozedur hat, kann seinen Vierbeiner jetzt in vielen Städten in eine Hundewaschanlage bringen. Solche Geräte gibt es beispielsweise in Stuttgart, Duisburg, Leipzig, Kiel, Berlin und Hamburg. Manchmal stehen sie in Hundeboutiquen oder -salons, manchmal neben Waschanlagen für Autos.

Solche Hundewaschanlagen sind keine vollautomatischen Waschmaschinen; das wäre Tierquälerei. Tatsächlich waschen Besitzer ihre Hunde dort selbst. Sie haben dafür aber eine erhöhte Wanne mit Duschkopf und gläsernem Spritzschutz zur Verfügung und können aus einem Programm unterschiedliche Angebote, vom Flohshampoo bis zur Spülung für seidenweiches Hundefell, wählen. Einmal waschen, einschäumen und föhnen kostet in solchen Anlagen weniger als zehn Euro.

Für Hunde sind solche Anlagen auch nicht unangenehmer als ein Vollbad im heimischen Badezimmer. Einziger Nachteil: Man muss mit dem schmutzigen, stinkenden Hund irgendwie zur Waschanlage kommen. Und wenn dieser Weg zu Fuß zu weit ist, muss hinterher auch noch das Auto gereinigt werden. Wer einen Gartenschlauch besitzt, kann sich die Waschanlage in den meisten Fällen sparen.

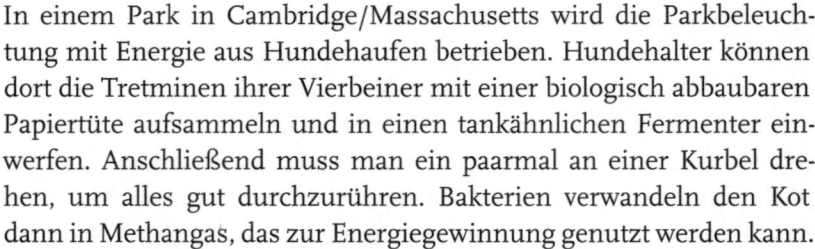

85 Aus Hundekot Strom gewinnen

In einem Park in Cambridge/Massachusetts wird die Parkbeleuchtung mit Energie aus Hundehaufen betrieben. Hundehalter können dort die Tretminen ihrer Vierbeiner mit einer biologisch abbaubaren Papiertüte aufsammeln und in einen tankähnlichen Fermenter einwerfen. Anschließend muss man ein paarmal an einer Kurbel drehen, um alles gut durchzurühren. Bakterien verwandeln den Kot dann in Methangas, das zur Energiegewinnung genutzt werden kann.

Auch in Deutschland sieht man Hundekot seitdem in neuem Licht, und die Berliner Stadtwerke ließen das Verfahren in einer Studie sogar wissenschaftlich überprüfen. Ergebnis: Hundekot ist zwar grundsätzlich für die Fermentation geeignet und weist ein nicht unerhebliches Biogaspotenzial auf, allerdings gelangen beim Einsammeln leicht Störstoffe wie Steine, Erde oder Laub in die Fermenter und erschweren den Prozess. Zudem gibt es noch keine Tüten auf dem deutschen Markt, die schnell genug abgebaut werden.

Das mexikanische Telekommunikationsunternehmen Terra setzte für eine ungewöhnliche Marketingstrategie eine ähnliche Idee um und nannte sie Poo Wifi. In zehn verschiedenen Parks von Mexiko City wurden dafür Behälter aufgestellt, in die Hundehalter gefüllte Kotbeutel einwerfen konnten. Strom wurde aus diesen Hundehaufen nicht erzeugt, aber der Container ermittelte das Gewicht des Hundekotes und berechnete danach eine Zeitspanne, in der zur Belohnung im gesamten Park kostenlos WLAN-Zugang zur Verfügung gestellt wurde. Angeblich konnte das Gerät feststellen, ob die Beutel tatsächlich Hundekot enthielten.

86 Einen Hund mit Stromschlägen erziehen

Einen Hund, der in wilder Hatz ein Beutetier jagt, stoppen meist kein Ruf, kein Pfiff und kein Leckerchen in der Hand seines Besitzers. Ein Stromschlag aber kann den Hund selbst in solchen Momenten bremsen.

Elektrische Telereizgeräte für die Hundeerziehung bestehen aus einem Sender, der ähnlich aussieht wie ein altmodisches Handy mit Antenne, und einem Empfänger, einem Kästchen an einem Hundehalsband. Zwei Metallstifte im Empfänger stellen im Bereich der Hundekehle durch das Hundefell hindurch Hautkontakt her. Über diese Stifte werden dem Hund Stromschläge verabreicht, deren Intensität individuell eingestellt werden kann. Es gibt Geräte, die wie ein unsichtbarer Zaun wirken und dem Hund beim Verlassen seines Grundstücks Stromschläge versetzen. Sogenannte »Anti-Bell-Halsbänder« reagieren mit Stromschlägen auf Vibrationen des Kehlkopfes bei lautem Bellen. Stromschläge können aber auch vom Besitzer gezielt ausgelöst werden, wenn ein Hund unerwünschtes Verhalten zeigt.

Telereizgeräte sind in der Hundeerziehung jedoch ein Reizthema. Befürworter argumentieren, Hunde mit starkem Jagdtrieb seien ohne den Einsatz solcher Geräte zu einem nicht artgerechten Leben an der Leine verurteilt. Gegner kritisieren, die Erfolge der Geräte seien nur durch die starke Schmerzwirkung der Stromschläge im Halsbereich erklärbar.

Die Verwendung solcher Geräte ist in Deutschland nach Paragraph 3 des Tierschutzgesetzes grundsätzlich verboten, da sie das artgemäße Verhalten eines Tieres erheblich einschränken und dem Tier dadurch nicht unerhebliche Schmerzen, Leiden oder Schäden zufügen können. Bei einem Verstoß drohen Bußgelder bis zu 25 000 Euro, wobei hier der Grundsatz der Verhältnismäßigkeit gilt und die Strafen wohl meist geringer ausfallen.

Unerheblich ist dabei, ob dem Hund tatsächlich Schmerzen zugefügt wurden. Entscheidend ist allein, ob die Geräte rein technisch gesehen dem Tier erhebliche Schmerzen zufügen können.

87 Spielzeug, das die Hundewelt nicht braucht

Die Zeiten, in denen man Hunden ein Stöckchen warf, um sie zu erfreuen, sind vorbei. Stöckchenwerfen steht bei vielen Hundeschulen inzwischen auf dem Index, weil sich schon viele Hunde dabei erhebliche Verletzungen im Rachenraum zugezogen haben. Auch das Bällchenwerfen ist inzwischen verpönt, denn Tennisbälle haben eine schädliche Wirkung auf Hundezähne. Der raue Filz wirkt auf den Zahnschmelz wie eine Feile; abgeschliffene Zähne und Zahnschmerzen sind die Folge.

Spezielle Hundebälle schaffen hier Abhilfe, und mit einer Ballmaschine muss man die nicht einmal mehr selbst werfen.

Wer ganz auf Bälle verzichten will, kann sich in den USA auch eine Seifenblasenmaschine für Hunde bestellen. Die »Bubbles« schmecken nach Schinken, Huhn oder Rindfleisch und sind angeblich ungiftig. Und wenn das den Hund noch nicht ausreichend in Bewegung setzt, kann man noch einen Dog Walker anschaffen, ein Laufband für Hunde.

Hunde, die sich auf diese Weise bis an den Rand der Erschöpfung ausgepowert haben, können sich anschließend auf einer Hundetoilette erleichtern. Und auch bei einem Spaziergang müssen die müden Kerlchen nicht zu Hause bleiben. In einem Hundebuggy können sie bequem durch die Straßen rollen.

Wenn dann im Frühling gewisse Triebe einen Rüden »übermannen« und der Wunsch nach einer Artgenossin übergroß wird, kann er seine Leidenschaft an einer Hotdoll abreagieren, einer Sexpuppe für Hunde.

Streicheln muss man Hunde allerdings immer noch selbst. Dafür gibt es noch keine technischen Geräte.

88 Hund und Sport

Auch vor dem Hundesport macht der Fortschritt nicht Halt, und so haben aktive Hunde heute die Wahl zwischen vielen anspruchsvollen Sportarten:

Agility: Hunde bewältigen auf Zeit einen Hindernisparcours.

Canicross: Hund und Mensch werden mit einer flexiblen Leine verbunden und rennen querfeldein.

Discdogging: Menschen werfen Frisbeescheiben, Hunde müssen sie holen.

Doga: Hunde-Yoga

Dogging: Das ist nichts anderes, als mit Hunden zu joggen.

Dog-Scooting: Hunde ziehen Menschen, die auf Rollern stehen.

Dog-Dancing: Hunde befolgen Befehle ihrer Menschen im Takt der Musik.

Dock Diving: Hunde springen mit Anlauf von einem Steg ins Wasser.

Dummytraining: Hunde apportieren Jagdattrappen.

Flyball: Hunde springen über vier Hürden, betätigen den Schalter einer Flyballmaschine, katapultieren damit einen Ball in die Luft, fangen ihn und springen zurück über die Hürden ins Ziel.

Geodogging: Bei dieser Mischung aus Geocaching und Hundesport suchen Hund und Mensch verborgene »Schätze«, der Mensch via GPS, der Hund mit der Nase.

Jad: Dies ist eine abwechslungsreiche Mischung aus Dog-Dance- und Agility-Elementen sowie Longierarbeit und steht für »Jump and Dance«.

Longieren: Nicht nur Pferde können an Leinen im Kreis um ihre Menschen rennen. Auch Hunde können das.

Mantrailing: Hunde verfolgen die Fährten von Menschen.

Obedience: Hunde gehorchen auf den kleinsten Wink ihrer Menschen und sollten dabei auch noch gut aussehen.

Skijöring: Hunde ziehen Menschen, die auf Skiern stehen.

Treibball: Hunde manövrieren Gymnastikbälle in ein Tor; angeblich ist das ein guter Ersatz fürs Schafehüten.

Weight Pulling: Hunde ziehen eine Minute lang Gewichte auf Schlitten hinter sich her.

Zielobjektsuche: Hunde suchen versteckte Gegenstände.

89 Mit Hunden fliegen

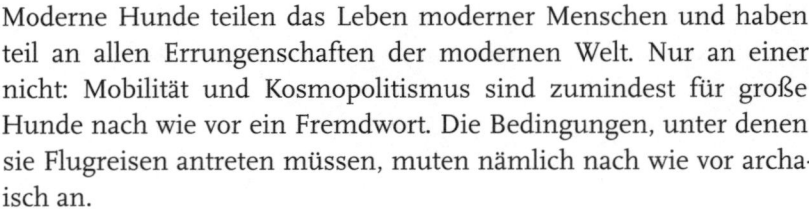

Moderne Hunde teilen das Leben moderner Menschen und haben teil an allen Errungenschaften der modernen Welt. Nur an einer nicht: Mobilität und Kosmopolitismus sind zumindest für große Hunde nach wie vor ein Fremdwort. Die Bedingungen, unter denen sie Flugreisen antreten müssen, muten nämlich nach wie vor archaisch an.

Nur kleine Hunde bis zu einem Gewicht von sechs bis acht Kilo dürfen in einer Transportbox im Passagierraum mitfliegen. Größere Tiere werden zu einem Gepäckstück, das in einer Box im Frachtraum mitreisen muss. Je nach Fluggesellschaft und Flugzeugtyp differieren Beleuchtung und Temperatur in diesem Transportbereich, laut ist es dort aber immer. Außerdem bleiben die Hunde während der gesamten Flugdauer allein.

Obwohl die Tiere bei Flügen extremem Stress ausgesetzt sind, sollten Beruhigungsmittel nur in Absprache mit einem Tierarzt verabreicht werden. Ein sedierter Hund kann seine Körpertemperatur nämlich schlechter regulieren, und bei großer Hitze oder Kälte kann das gefährlich sein. Wer seinem Hund einen Flug nicht ersparen kann, sollte auf jeden Fall einen Nonstopflug buchen, denn Hunde im Frachtraum werden ähnlich behandelt wie Gepäck, und das geht bei einem Flug leicht auch mal verloren.

Natürlich können Hunde es lernen, mit Fluglärm, Luftdruckunterschieden und Höhenangst umzugehen. Rettungshunde können nach einer speziellen Ausbildung sogar aus Helikoptern springen oder mit einem Fallschirm abgesetzt werden. Eine solche Ausbildung dauert aber drei Jahre.

90 Hund und Internet

Hunde werden immer öfter zu Internetstars: Youtube und Facebook machen es möglich. Das meistgeklickte Hundevideo auf der Plattform Youtube heißt »The Ultimate Dog Tease«, mehr als 129 Millionen Menschen haben es schon gesehen. In dieser Hundesynchronisation spricht ein Mensch mit seinem Hund über schwindende Essensvorräte und stürzt ihn damit in wahren Katzenjammer.

Platz zwei nimmt die Huskyhündin Mishka ein, die tatsächlich zu sprechen scheint. »I love you«, spricht Herrchen vor, und »I love you«, jodelt Mishka nach (»Husky Dog Talking«, siehe auch das Kapitel: »Einem Hund das Sprechen beibringen«).

Immerhin 64 Millionen Zuschauer hatten bisher Spaß an einem Video, in dem ein badendes Baby mit einem Dackel herumalbert und dabei so hinreißend lacht, dass man einfach mitlachen muss. (»Bath time fun. Super cute!«)

Facebook-Stars

Eine Facebook-Berühmtheit ist Boo, ein Zwergspitz, dessen Fell so verknotet war, dass seine Besitzerin ihn am ganzen Körper scheren musste. Nur am Kopf hatte Boo noch Pelz, und mit diesem »Haarschnitt« sah er aus wie ein lebender Plüschteddybär. Die Facebook-Gemeinde kürte Boo zum süßesten Hund der Welt, und er hat inzwischen mehr als 6,5 Millionen Likes. Obwohl es inzwischen sogar schon ein Boo-Buch gibt, weiß niemand, wo er lebt und wem er gehört.

Facebookliebling »Louk« (»Würstchen«) hingegen wohnt in Athen und hat keinen Besitzer. Der Hund trägt ein blaues Halsband, das ihn als kastrierten und geimpften Straßenhund kennzeichnet. Er gewann auf Facebook mehr als 67 000 Anhänger, weil der »Riot Dog« oder »Krawallhund« seit 2008 auf jeder Demo in Athen dabei ist. Seine Beliebtheit verdankt er der Tatsache, dass er stets die Demonstranten unterstützt und die Polizisten verbellt.

Inzwischen besitzt selbst Facebookgründer Mark Zuckerberg einen Hund. Der weiße Puli namens »Beast« hat natürlich auch eine eigene Facebook-Seite. Als Hobbys gibt er dort an: »Hüten, Kuscheln, Lieben, Essen.«

91 Unnützes Hundewissen zum Thema Hund und Fortschritt

Ein »e-Dog« ist ein Spielzeug in Hundeform, das regelmäßig mit Musik gefüttert werden muss, um dann in unterschiedlichen Farben zu leuchten. Es reagiert positiv auf Streicheln und wird wütend, wenn man es am Schwanz zieht.

Paul Greengard und Günter Blobel waren lange die einzigen Wissenschaftler der Rockefeller Universität, die regelmäßig ihre Hunde zur Arbeit mitnahmen. Beide erhielten den Nobelpreis. Zufall?

Beim Arbeitgeber Google dürfen alle Mitarbeiter ihre Hunde an den Arbeitsplatz mitbringen.

Von insgesamt 1300 zum Thema »Scheidung« befragten Bankern wollten 23,4 Prozent das Sorgerecht für die Kinder haben. 67,3 Prozent bestanden auf dem Sorgerecht für den Familienhund.

Auch Hunde können Blut spenden. In einigen Großstädten gibt es Blutbanken für Haustiere.

Hunde können auch Auto fahren. Das haben drei Mischlinge in Neuseeland bewiesen. Die drei galten als schwer erziehbare Problemhunde. Hundetrainer brachten ihnen in Spezialfahrzeugen das Fahren bei, um zu zeigen, wozu die Vierbeiner fähig sind.

Der Hund, der im November 1940 beim spektakulären Einsturz der Tacoma Narrows Bridge als einziges Lebewesen mit in die Tiefe stürzte, konnte leider nicht Auto fahren. Er saß in einem Fahrzeug, das auf der Brücke geparkt war. Die damals drittlängste Hängebrücke der Welt geriet aufgrund statischer Konstruktionsmängel in Schwingungen und stürzte nach nur vier Monaten Betriebszeit ein.

Bis in die 1950er Jahre hat man in Paris die Kanalisation gereinigt, indem man Pudel durch die Röhren jagte.

In den USA steht angeblich auf vielen Mikrowellen der Warnhinweis: »Nicht zum Trocknen von Haustieren geeignet«. Eine Frau soll nämlich vor Jahren versucht haben, ihren Hund in einer Mikrowelle zu trocknen. Als der Hund das nicht überlebte, verklagte sie die Herstellerfirma. Diese Geschichte ist Experten zufolge allerdings nicht wahr, sie gehört zu den modernen Mythen, die sich wie von selbst verbreiten.

UNNÜTZES HUNDEWISSEN ZUM THEMA HUND UND FORTSCHRITT

Nachwort: Hund und Zukunft

Hunde bewohnten mit uns Menschen schon Höhlen, Zelte, Pfahl-bauten, Hütten, Villen und Wolkenkratzer. Sie hüteten unsere Tiere, jagten mit uns, zogen Seite an Seite mit uns in den Krieg, eroberten gemeinsam mit uns Kontinente und teilten unsere Sofas. Hunde zo-gen unsere Lasten, dienten uns als Nahrung und Heilmittel, litten für uns in Laboren, und wenn wir darauf bestehen, laufen sie für uns auch mit zwei Brötchenhälften an der Seite als Hot Dog verkleidet durch New York.

Die Domestizierung des Wolfes zum Haushund ist eines der längsten Tierexperimente in der Geschichte der Menschheit, und die-ses Experiment ist noch lange nicht abgeschlossen. Was kommt als Nächstes auf unsere Hunde zu? Wie werden sie künftig aussehen? Was müssen sie tun?

Hunde-Design von morgen

Ganz bestimmt werden Hunde auch in den kommenden Jahrtausen-den noch an der Seite von Menschen leben. Und ziemlich sicher wird die Entschlüsselung ihres Genoms im Jahr 2005 dazu beitragen, dass Menschen Hunde bald gezielt nach ihren Vorstellungen designen. Wenn sich dann die derzeitigen Trends fortsetzen, wird es vielleicht irgendwann drei Sorten von Hunden geben: Der »Canis lupus fami-liaris administer« übernimmt als Gehilfe des Menschen Spezialauf-gaben in der Gesellschaft als Wachhund, Spürhund, Kampfhund oder Sportgerät. Der »Canis lupus familiaris ornans« hingegen dient dann als schmückendes Beiwerk. Als Gesellschaftstier hat er alle läs-tigen Hundeeigenschaften abgelegt. Solche Hunde haaren, bellen und beißen nicht, sie sind allergenfrei, können sich von Gemüse er-nähren und trinken grüne Smoothies, ohne zu schlabbern. Sie produzieren keine klebrigen Hundehaufen mehr, sondern scheiden winzige Hasenköttel aus, die in wenigen Tagen von selbst zu Kompost zerfallen. Ihr Sexualleben hat sich auf ein Minimum reduziert, und falls es ganz wegfällt, kann man gelungene Exemplare einfach klonen. Diese Hunde werden auch nicht einmal mehr annähernd aussehen wie domestizierte Wölfe. Jeder wird ein Unikat sein, entworfen nach den individuellen Vorstellungen seines Besitzers. Einzelne Eigenschaften werden züchterisch ins Groteske übersteigert, und manche Hunde sehen aus wie ganz andere Tiere: wie kleine Bären, Löwen, Affen oder Hasen zum Beispiel oder in Fellfarbe und Gesichtsausdruck gar ähnlich wie ihre Menschen. Kurz nach der Geburt implantiert man dieser Sorte Hund vielleicht einen GPS-Chip unter die Haut, sodass man sie stets orten kann. In diesem Chip lässt sich auch eine Route für den Gassigang einprogrammieren. Wenn der Hund ohne Begleitung unterwegs ist und vom Weg abweicht, erhält er über diesen Chip Stromschläge, die ihn auf den Pfad der Tugend zurückbringen.

Und dann entwickeln Designer vielleicht noch eine dritte Sorte Hund, den »Canis lupus familiaris retro«. Diese Exemplare werden aus den letzten verwilderten Haushunden am Rande von Müllkippen rückgezüchtet und sehen genauso aus wie unsere heutigen Hunde. Sie sabbern, schlabbern, haaren und miefen bei Regen, und sie produzieren gigantische Hundehaufen. Für ihre Besitzer sind sie ein Symbol für eine selbstbestimmte Lebenshaltung, eine Art Manifest für die Forderung »Zurück zur Natur«, so wie heute die ganzen Geländewagen in unseren Großstädten. Das ist aber dann nur etwas für Menschen, die sonst schon alles haben.

Ein Freund – ein Buch

Auch dieses Buch war ein Experiment. Es bietet keine Erziehungstipps, keine Ernährungsvorschläge, keine Deutungsversuche hundlichen Verhaltens, es ist kein Ratgeber und enthält nichts, was das Zusammenleben von Mensch und Hund direkt beeinflussen könnte oder sollte. Stattdessen bietet es ein buntes Sammelsurium von nütz lichem und unnützem Wissen rund um den Hund, das zu eigenen Gedanken anregen soll.

Bei der Recherche zeigte sich zum einen, wie groß dieses Themengebiet ist. Die vielen Jahrtausende gemeinsamer Geschichte von Hund und Mensch haben in fast jedem menschlichen Lebensbereich Spuren hinterlassen. Zum anderen beweist dieses Buch, wie wenig wir trotzdem immer noch über Hunde wissen. »Hier können wir nur spekulieren«, dieser Satz kommt in vielen Kapiteln so oder so ähnlich vor. Und immer wieder stößt man beim Thema Hund auch auf dieselben ethischen und moralischen Fragen und findet keine Antwort. Wie weit darf man Hunde vermenschlichen, und wo ist die Grenze? Darf man überhaupt noch Hunde züchten, und wie sehr darf man sie dabei den Bedürfnissen von Menschen anpassen? Dürfen Menschen sich Hunde zunutze machen, und wo verläuft hier die Grenze? Fast jedes Kapitel in diesem Buch wirft daher neue Fragen auf, und vielleicht wird es nie eindeutige Antworten darauf geben.

Es sind aber immer nur Menschen, die Fragen stellen und Antworten suchen. Hunden ist das alles egal. Vielleicht ist das Zusammensein mit ihnen deshalb so schön.

Literatur

Amundsen, Roald: *Die Eroberung des Südpols.* München 1912

Aspöck, Horst: »Wie viele Würmer hat der Mensch?«, in: Österreichische Gesellschaft für Tropenmedizin und Parasitologie Wien (Hrsg.): *Helminthologische Fachgespräche 2006 »Von Würmern und Wirten«, Programm und Kurzfassungen für den 24.05.2006.* Veterinärmedizinische Universität Wien 2006, S. 13 ff.

Auer, Tim-Bastian; Lehmann, Sven: »Die Tierhalterhaftung nur bei intrinsisch verwirklichter spezifischer Tiergefahr – eine negative Typenkorrektur«, in: *Versicherungsrecht* Nr. 19/2011 vom 01.07.2011, S. 846 ff.

Auster, Paul: *Timbuktu.* Reinbek bei Hamburg 2000

Bloch, Günther: *Die Pizzahunde. Freilandstudien an verwilderten Haushunden.* Stuttgart 2007

Brehm, Alfred: *Brehms Thierleben. Allgemeine Kunde des Thierreichs. Große Ausgabe, Band 1: Säugetiere.* Leipzig/Wien 1876

Burgess, Colin; Dubbs, Chris: *Animals in Space. From Research Rockets to the Space Shuttle.* Berlin/Heidelberg/New York 2007

DiCamillo, Kate: *Winn-Dixie.* München 2003

Coren, Stanley: *Hunde, die Geschichte schrieben. Von Richard Wagners Peps bis Bill Clintons Buddy.* Stuttgart 2006

Coren, Stanley: *Die Intelligenz der Hunde.* Reinbek bei Hamburg 1997

Custance, Deborah M.; Mayer, Jennifer: »Empathic-like responding by domestic dogs (Canis familiaris) to distress in humans: an exploratory study.« In: *Animal Cognition,* 2012, pp. 1–31

Berthelsen, Detlef: *Alltag bei Familie Freud. Die Erinnerungen der Paula Fichtl.* Hamburg 1987

Etold, Sabine: »Als alter Mann entdeckt Sigmund Freud seine Liebe zum Chow-Chow«, in: *DIE ZEIT* 23.02.2006

Feddersen-Petersen, Dorit Urd: *Hundepsychologie. Sozialverhalten und Wesen, Emotionen und Individualität.* Stuttgart 2004

Frank, Barbara: *Die Rolle des Hundes in afrikanischen Kulturen.* Wiesbaden 1865

Franz, Johann Georg Friedrich: *Ausführliche Geschichte der Hunde von ihrer Natur verschiedenen Arten. Erziehung, Abrichtung, Krankheiten und mannigfaltigen pharmaceutischen Gebrauch.* Leipzig 1781

Gansloßer, Udo; Kitchenham, Kate: *Forschung trifft Hund. Neue Erkenntnisse zu Sozialverhalten, geistigen Leistungen und Ökologie.* Stuttgart 2012

Gautschi, Andreas: *Wilhelm II. und das Waidwerk, Jagen und Jagden des letzten deutschen Kaisers.* Melsungen 2009

Glattauer, Daniel: *Der Weihnachtshund.* München 2009

Grogan, John: *Mein Hund Marley und ich: Unser Leben mit dem frechsten Hund der Welt.* München 2010

Grossman, Loyd: *Der Hund ... und seine wahre Geschichte: der beste Freund des Menschen.* Mürlenbach, 1995

Hagencord, Rainer: *Diesseits von Eden. Verhaltensbiologische und theologische Argumente für eine neue Sicht der Tiere.* Regensburg 2005

Harris, Marvin: *Wohlgeschmack und Widerwillen. Die Rätsel der Nahrungstabus.* Stuttgart 1988

Huntford, Roland: *Scott und Amundsen. Dramatischer Kampf um den Südpol.* Athenäum 1980

Horowitz, Alexandra: *Was denkt der Hund? Wie er die Welt wahrnimmt – und uns.* Berlin/Heidelberg 2010

Jung, Christoph: *Rassehund am Ende? Sind Mischlinge, Nothund, Tierheimhund die Alternative?* Norderstedt 2011

Klever, Ulrich: *Die dickste Freundschaft der Welt: 5000 Jahre Hund und Mensch; die amüsante und erstaunliche Kulturgeschichte des Hundes.* o.O. 1966

Langner, Rainer-K.: *Duell im ewigen Eis. Scott und Amundsen oder Die Eroberung des Südpols.* Frankfurt am Main 2007

Koep, Werner: *Wie Hunde Menschenleben retten. Denkmäler in aller Welt erinnern an treue Gefährten.* Berlin 2008

Krall, Karl: *Denkende Tiere, Beiträge zur Tierseelenkunde auf Grund eigener Versuche.* Leipzig 1912

Laufmann, Peter: *Scott und Amundsen. Der tödliche Wettlauf zum Pol.* München 2011

Mann, Thomas: *Herr und Hund.* Frankfurt am Main 1955

Márais Sándor: *Ein Hund mit Charakter.* München 2001

Mendl, Michael et al.: »Dogs showing separation-related behaviour exhibit a ›pessimistic‹ cognitive bias.« *Current Biology,* Volume 20, Issue 19, pp. R839-R840, 12.10.2010

Meyer, Helmut; Zentek, Jürgen: *Ernährung des Hundes. Grundlagen, Fütterung, Diätetik.* Stuttgart 2010

Miklósi, Ádám: *Hunde. Evolution, Kognition und Verhalten.* Stuttgart 2011

Ninomiya, Hiroyoshi et al.: »Functional anatomy of the footpad vasculature of dogs: scanning electron microscopy of vascular corrosion casts.« In: *Veterinary Dermatology,* Volume 22, Issue 6, pp. 475–481, December 2011

Nübling, Damaris et al.: *Namen. Eine Einführung in die Onomastik.* Tübingen 2012

Oeser, Erhard: *Hund und Mensch. Die Geschichte einer Beziehung.* 3. Auflage, Darmstadt 2009

Ohr, Renate; Zeddies, Götz: *Ökonomische Gesamtbetrachtung der Hundehaltung in Deutschland.* Göttingen 2006; abrufbar auf der Homepage der Universität Göttingen

Overath, Angelika: *Hunde mitzubringen ist erlaubt. Ein literarischer Salon.* Berlin 2008

Plumhoff, Edith Maria: *Diagnosefindung der Toxocariasis anhand von anamnestischen, klinischen und serologischen Parametern.* Inaugural-dissertation zur Erlangung der Doktorwürde der Medizinischen Fakultät an der Bayerischen Ludwig-Maximilians-Universität zu Würzburg, Würzburg 2006

Prosl, Heinrich: »Wie viele Würmer hat mein Hund?«, in: Österreichische Gesellschaft für Tropenmedizin und Parasitologie Wien (Hrsg.): *Helminthologische Fachgespräche 2006 »Von Würmern und*

Wirten«, *Programm und Kurzfassungen für den 24.05.2006.* Veterinärmedizinische Universität Wien 2006, S. 9 ff.

Richter, Jutta: *Der Hund mit dem gelben Herzen.* München 2000

Riepe, Thomas: *Hundeartige. Das Nachschlagewerk der Wild- und Haushunde.* Bernau 2008

Robert-Koch-Institut: »RKI-Ratgeber für Ärzte Echinokokkose«, in: Epidemiologisches Bulletin 45/2005, November 2005

Römhild, Dorothee: »*Belly'chen ist Trumpf«: poetische und andere Hunde im 19. Jahrhundert.* Bielefeld 2005

Sakuragi, Satsuki: *Vom Luxusgut zum Liebesbeweis. Zur sozialen Praxis und symbolischen Bedeutung des selbstgebackenen Kuchens.* Dissertation zur Erlangung des Doktorgrads der Wirtschafts- und Sozialwissenschaftlichen Fakultät der Eberhard-Karls-Universität Tübingen, Tübingen 2008

Schaab, Eva: »Von Bello zu Paul: Zum Wandel und zur Struktur von Hundenamen«, in: *Beiträge zur Namenforschung,* Band 74, Heft 2, Heidelberg 2012, S. 131 ff.

Schmidt, Wolf-Rüdiger: *Geliebte und andere Tiere im Judentum, Christentum und Islam. Vom Elend der Kreatur in unserer Zivilisation.* Gütersloh 1996

Schmitt, Jean Claude: *Der heilige Windhund. Die Geschichte eines unheiligen Kults.* Stuttgart 1982

Schnickmann, Heiko: *Der Hund im Hoch- und Spätmittelalter. Status, Prestige, Symbolik.* Examensarbeit. München 2011

Schöneck, Nadine M.: *Zeiterleben und Zeithandeln Erwerbstätiger. Eine methodenintegrative Studie.* VS Verlag für Sozialwissenschaften. Frankfurt am Main 2009

Scholz, Helmut: *Der Hund in der griechisch-römischen Magie und Religion.* Inauguraldissertation zur Erlangung der Doktorwürde an der Philosophischen Fakultät der Friedrich-Wilhelms-Universität zu Berlin, Berlin 1937

Schroer, Silvia: *Die Tiere in der Bibel.* Freiburg 2010

Sheldrake, Rupert: *Der siebte Sinn der Tiere: Warum Ihre Katze weiß, wann Sie nach Hause kommen, und andere bisher unerklärte Fähigkeiten der Tiere.* Frankfurt am Main 2011

Silva, Karine, Bessa Joana, de Sousa, Liliana: »Auditory contagious yawning in domestic dogs (Canis familiaris): first evidence for social modulation«, in: *Animal Cognition*, Volume 15, Number 4 (2012), pp. 721–724

Stein, Garth: *Enzo. Die Kunst, ein Mensch zu sein.* München 2008

Strickerschmidt, Hildegard: *Geerdete Spiritualität bei Hildegard von Bingen.* Berlin 2006

Treu, Martin (Hrsg.): *Martin Luther und die Tiere. Begleitbuch zur Ausstellung »Samt allen Kreaturen«.* Wittenberg 2004

Willers, Christiane: *Hinduismus/Buddhismus.* Berlin 2009

Wippermann, Wolfgang: »Biche und Blondi, Tyras und Timmy. Repräsentation durch Hunde.« In: Lutz Huth, Michael Krzeminski: Repräsentation in Politik, Medien und Gesellschaft. o.O. 2007, S. 185–202

Wippermann, Wolfgang; Berentzen Detlef: *Die Deutschen und ihre Hunde. Ein Sonderweg der Mentalitätsgeschichte?* München 1999

Woolf, Virginia: *Flush.* Frankfurt am Main 1993

Zimen, Erik: *Der Hund. Abstammung – Verhalten – Mensch und Hund.* München 1992

Dank

Für Informationen, Ideen und Anregungen danke ich:

Edith Baumann (Für Hunde backen), Dr. Elke Donalies (Wo der Hund begraben liegt), Tobias Elliger (Korrekturlesen), Barbara Hirsch (Hund und Religion), Prof. Dr. Rainer Hirsch-Luipold (Hund und Religion), Prof. Dr. Peter Kühn (Wo der Hund begraben liegt), Regula Kennel (Hunde in der Schweiz), Constanze Koeppe (Luthers Hund), meiner Agentin Anja Koeseling (Dank für alles!), Uta und Dieter Mecke (Hund und Intelligenz), Mareike Neukam (Lektorat), Rebekka Nöcker (Wo der Hund begraben liegt), Susanne Oswald (Fragen rund um den Mops), Tina Schrade (Anregungen, Diskussionen, Ermutigung, konstruktive Kritik), Anton Schoberwalter (Hund und Musik, Hund und Museum), den Kolleginnen und Kollegen des Internetforums »Schreibwelt« (Tipps und Ideen), Ulrike Strerath-Bolz (Lektorat), Sabine Thümler (Aus Hundekot Strom gewinnen), Elisabeth Vater (Hund und Steuer, Hundewitze), Prof. Dr. Damaris Nübling (Hundenamen)